JN173390

戎光祥研究叢書 14

戦国期越前の領国支配

松浦義則
Matsuura Yoshinori

戎光祥出版

目次

第Ⅱ部　戦国期越前の在地社会

凡例

一、収録した論考は、最初に公表したときのままとすることを原則とした。文章をわかりやすくするために句読点を増やしたり、表現を変えたところがあるが、論旨は変えていない。もとの論考について、現時点で評価や解釈が適切でないと思われるものは、【付記】で指摘している。

一、引用史料は、論考執筆の時に参照しえた市町村史や刊本などを記していたが、現時点での参照の便宜を考えて、できる限り『福井県史』資料編によることにした。文書名は、もとの市町村史や刊本の題名を用いていることがあるので、『福井県史』資料編の文書名と異なることがある。

『福井県史』資料編は次のように略記した。

県資①＝『福井県史』資料編1 古代
県資②＝『福井県史』資料編2 中世
県資③＝『福井県史』資料編3 中・近世一（福井市）
県資④＝『福井県史』資料編4 中・近世二（吉田郡・坂井郡）
県資⑤＝『福井県史』資料編5 中・近世三（鯖江市・丹生郡）
県資⑥＝『福井県史』資料編6 中・近世四（武生市・今立郡・南条郡）
県資⑦＝『福井県史』資料編7 中・近世五（大野市・勝山市・足羽郡・大野郡）
県資⑧＝『福井県史』資料編8 中・近世六（敦賀市・三方郡）

県資⑨＝『福井県史』資料編6 中・近世七（小浜市・遠敷郡・大飯郡）

また『福井県史』資料編における個別の家や寺社の文書は、西野次郎兵衛家文書、西福寺文書、大滝神社文書のように「〜（家）文書」と称しているが、本書ではこの「（家）文書」の部分を省略させていただいた。

一、中世の越前の郡は複雑で、その郡域を確定しがたいため、近世の郡名を用いた。

序章　朝倉氏の戦国大名化と名・内徳について

第一節　朝倉孝景の地位

ここでは、本論の理解の助けとするため、朝倉氏の戦国大名化についての補足的な考察を行い、次いで越前の在地社会を特徴づけた名と内徳についての概論を述べることで、序章に代えたいと思う。

まず、朝倉氏が守護家以外の家として、日本で最初に一国を支配する戦国大名となりえた背景とその実態について考えてみたい。それには、越前守護家である斯波氏の家臣団の特徴と内紛が要因となっていると判断される。南北朝期において、斯波氏の家臣団の中心となったのは、譜代家臣の島田・二宮・細川（完草）・由宇・長田らであったと思われる。例えば、暦応四年（一三四一）に守護斯波高経が軍忠のあった東方百姓の今年の年貢三分一を免除せよと命じている嶋田平内兵衛尉は[1]、建武二年（一三三五）に坂井郡川口荘に乱入した「守護代　平内太郎」と同一人と判断され[2]、守護代は譜代家臣嶋田氏が任じられていた。また、第Ⅱ部第二章で述べるように、南北朝期から室町期にかけて斯波氏が獲得した越中・信濃・加賀において、斯波義種系庶子家が守護（守護代）となった場合には二宮氏が守護代に任じられている。そのほかの守護代や郡代も、越中の由宇又次郎や細川安芸太郎[3]、若狭の細川（完草）上総介義春[4]などにおいても[5]、「義種系庶子家と譜代家臣」という組み合わせがみられる。

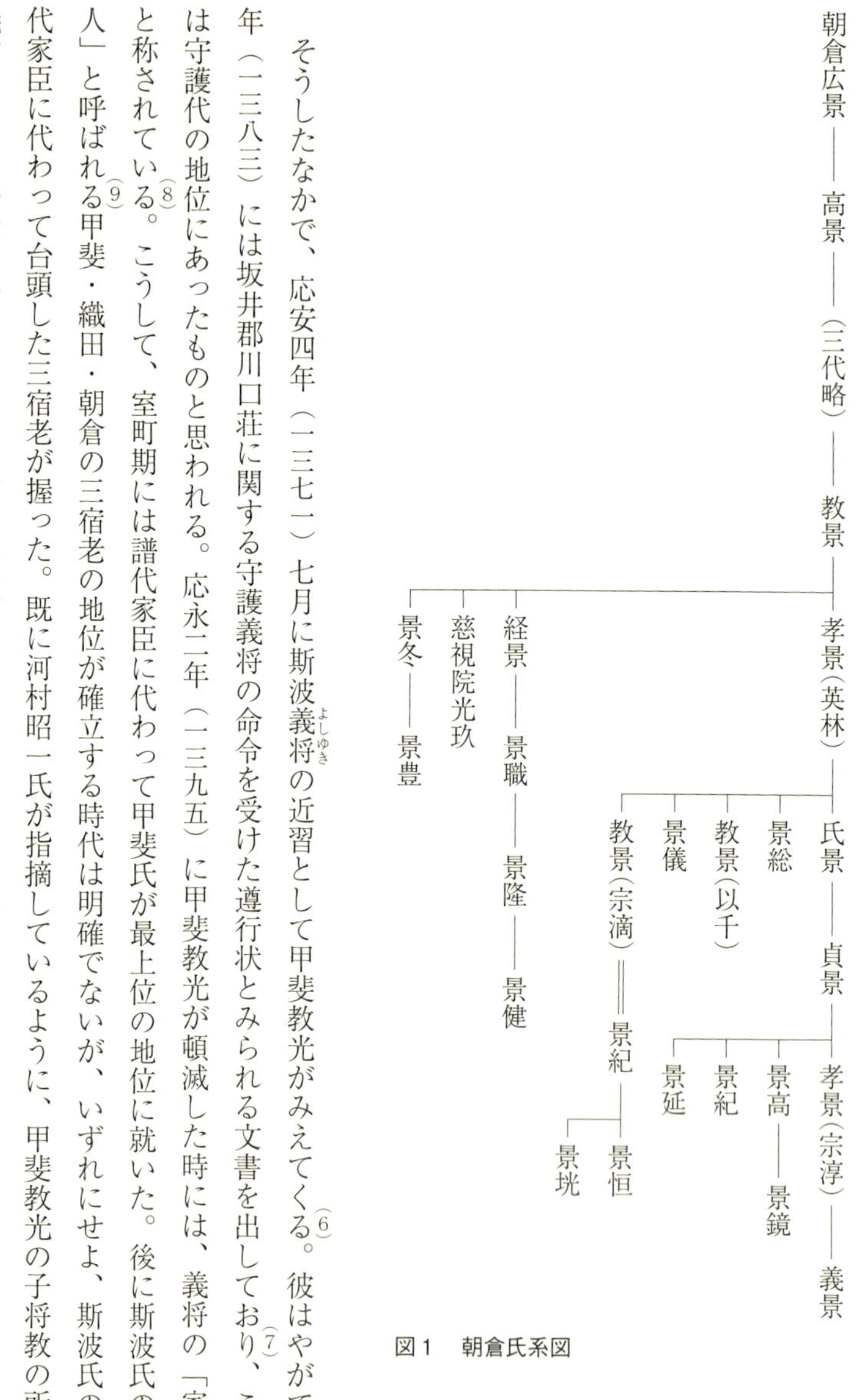

図1　朝倉氏系図

そうしたなかで、応安四年（一三七一）七月に斯波義将の近習として甲斐教光がみえてくる。[6] 彼はやがて、永徳三年（一三八三）には坂井郡川口荘に関する守護義将の命令を受けた遵行状とみられる文書を出しており、[7] このころには守護代の地位にあったものと思われる。応永二年（一三九五）に甲斐教光が頓滅した時には、義将の「家人執事」と称されている。[8] こうして、室町期には譜代家臣に代わって甲斐氏が最上位の地位に就いた。後に斯波氏の「内者三人」と呼ばれる[9]甲斐・織田・朝倉の三宿老の地位が確立する時代は明確でないが、いずれにせよ、斯波氏の実権は譜代家臣に代わって台頭した三宿老が握った。既に河村昭一氏が指摘しているように、甲斐教光の子将教の所領は将軍義満によって安堵され、また正月などに将軍が甲斐氏の家を訪問することが恒例化しており、甲斐氏は将軍との結びつきも深かった(10)。

右に述べたように、斯波氏庶子家と譜代家臣は、南北朝期以降に斯波氏が獲得した信濃・越中・加賀・若狭の守護・守護代・郡代となっていたため、活躍の場があった。しかし、やがてそれらの国の守護職は他家に移り、最後の加賀も応永二一年（一四一四）に失われた。そこで、庶子と結ぶ譜代層の不満は三宿老に向けられることになり、対立が深まった。享徳元年（一四五二）に直系の絶えた斯波氏惣領家は、義種系庶子家から入った義敏が跡を継ぐ。はじめは平穏であったが、譜代家臣たちに後押しされた義敏と守護代甲斐常治の対立が激しくなり、長禄二年（一四五八）三月に甲斐氏の守護代の地位は認めるが、義敏方の家臣の所領はもとのごとく安堵することで和平がなった(11)。しかし、七月には越前において合戦が始まり、研究者はこれを「長禄合戦」と称する。

長禄合戦は甲斐氏をはじめとする三宿老と守護義敏との戦いで、「主従の合戦未曾有の次第也」と称されている(12)。はじめは甲斐方が優勢であったが、越前の最有力国人堀江利真が守護義敏方となり、越前を制圧する。しかし、将軍が甲斐常治を支援し、また朝倉孝景の奮戦もあって翌長禄三年八月に甲斐方が勝利した。守護職は義敏の子の松王丸が継いだが、それも廃されて、渋川家から入った義廉が守護となった。長禄合戦により、惣領家を支える庶子家とそれを支えた譜代層が打撃を受けたため、守護職の権威は低下したであろう。代わりに、朝倉孝景の地位は強められた。

寛正六年（一四六五）四月、尾張守護の斯波義廉は幕府料所の青山荘に勘料段銭を賦課し、守護代織田氏が放火するなどの濫妨に及んだ。幕府の制止も効果がなかったため、幕臣の伊勢貞藤の書状で朝倉孝景に違乱を停止するよう依頼している(13)。孝景に依頼する理由として挙げられているのは「幸い其方御奉公の事に候間」ということであったが、この「御奉公」は文脈からして孝景の将軍への奉公という意味である。甲斐氏と同じく孝景も将軍との結びつきを持っており、それによって守護義廉から一定程度の自立性を持っていたとみることができる。ただし、守護の地位に影響を与えるようなものでは到底なく、守護を左右しうるのはあくまで将軍であった。孝景たちが排除した斯波義敏は地位回復運動を続け、文正元年（一四六六）八月に越前守護などに任命された。幸いというべきか、義敏は直後に起こった文正の政変により越前守護職を失うので、孝景が守護義敏との関係で悩むことはなかったと考えられる。しかし、守護を左右するのは将軍であることを孝景は深く認識したことであろう。

応仁の乱において、孝景は義廉のもとで西軍として活動した。「朝倉家記」所収文書により、東軍の細川勝元などが既に応仁二年（一四六八）九月から孝景を東軍に寝返らせる工作を始めていることが知られる[14]。東軍と孝景の交渉は、文明三年（一四七一）五月二一日付け将軍義政御内書の「越前国守護職事、任望申之旨訖」という文言によって、一応の決着がつく（朝倉家記所収一四号）。孝景の要求は、東軍の交渉担当者の書状では「今度被申条々」「御所存之趣」などと記されているが（同、七・八号）、内容をうかがわせるものはない。そこで、この後の孝景発給文書やその後長享元年（一四八七）と延徳三年（一四九一）に朝倉氏と斯波氏との間で起こった相論における朝倉氏側の主張などから推定が試みられてきた[15]。本節の冒頭に記した最初の戦国大名としての朝倉氏という観点から、改めて整理しておきたい。

孝景が将軍義政から認められた第一の基本的なものは、奉公衆としての将軍直属身分であった。これは、長享元年の相論で朝倉側が、貞治五年（一三六六）一一月に将軍義詮が朝倉高景に越前の所領を宛行った文書などを提示し（同、三三号）、主張したところである。それについては斯波氏も認めており、ただその身分を世襲することは許されないと主張しているのである（同、三〇号）。長享元年に朝倉側は、孝景の子の氏景が将軍義政に拝謁した時のことを

「准奉公、懸御目」と表現しており、奉公衆そのものではなく、奉公衆待遇であったと思われる。奉公衆としての身分を得るということは、何よりも斯波氏との主従関係を断ち切るためであった。長享元年の相論で、斯波義寛（義良）より改名）が「文明六年（一四七四）ころまでは孝景の軍忠は斯波氏を経て細川勝元に披露されていた」と述べたのに対し、朝倉側の慈視院光玖の提出した書付は、「勝元の没する文明五年までは軍忠は勝元に直接伝えていた」と強く反発している（同、三〇号）。これは将軍直属身分を強調し、斯波氏と主従関係はないとするためであった。

しかし、孝景の将軍直属の地位は確固としたものではなく、不安定な側面があった。そのため、孝景は細川勝元に軍忠を直接伝えると共に、斯波義敏の子義良にも合戦の様子を伝えていた。「朝倉家記」所収文書には、孝景が伝えた越前合戦の状況に対する斯波義敏の父持種（道顕）による文明三年八月と閏八月の返事が収められている（同、一九・二〇号）。その説明として「英林（孝景）書付」が添えられており、それによれば、義良はまだ幼少ではあるが、孝景としては「大切存知候間」（大切に思っていたので）合戦の様子を伝えていたのであり、我々として義良に「不儀（義）」はしていないと述べている。そして光玖書付によれば、細川勝元没（文明五年五月）後は、勝元の子政元がまだ幼少であったので、軍忠は斯波氏（持種・義敏・義良）を介して将軍に伝えるようになった。それに続けて「其儘任運て家督之覚悟をも可成候処」（解釈は後述）、文明六年一二月に甲斐氏が東軍となり、翌七年四月に義敏が敵方の大野土橋城に入ったため、義敏と対立することになったとしている。注目されるのは先に引用した箇所で、光玖書付のいう「家督」とは、長禄三年に甲斐氏や孝景たちが「於義敏者、子々孫々不可用家督之義連署仕」ったとあるように、主君として認めることを意味する（同、三〇号）。したがって、引用箇所は「斯波氏を介しての軍忠披露がこのまま続けば、斯波氏を主君とする覚悟をしなければならないところだったが」という意味になり、斯波家臣に戻ることもありえた。そして、孝景は土橋城に入った義敏に対しては義敏の身の安全のために城攻撃を控え、最後には文明七年一二月に義敏を城から出して上洛させたが、これは全て将軍義政の意向を受けたものだと弁明している（同、一八号）。

孝景の将軍直属身分の不安定さを説明する史料はないが、斯波氏との直属身分をめぐる相論において、朝倉氏側が提示した根拠は、三年間ほど細川勝元に軍忠を伝えたことと（義良にも伝えていたが）、南北朝期に将軍から直接に知行を与えられたという由緒だけであった。おそらく、将軍直属身分というのは勝元との約束で、勝元が亡くなると不安定になる性質のものであった。孝景は、将軍より奉公衆とする、または奉公衆に準じるという証文を獲得してはいなかった。なお、文明一一年一一月より孝景は越前で義良・甲斐軍と戦うが、この軍忠を将軍に報告し、将軍直属身分を裏付けるような文書は「朝倉家記」所収文書には存在しない。

次に、孝景が将軍義政や勝元と交渉して獲得した権限について考えてみたい。第Ⅰ部第一章で述べるように、孝景が認められたのは守護代の権限であった。孝景による奉書形式の安堵状の書止文言「仍執達如件」は、「慈眼寺文書」の甲斐常治安堵状を引用して論じているように、守護代の用いる文書形式であった。これに対し、守護斯波氏の安堵状の書止文言は「不可有相違之状如件」であった。[16] さらに、孝景の奉書安堵状は大永五年（一五二五）一〇月の孝景（宗淳）安堵状まで歴代当主によって踏襲されており、孝景（英林）のありかたは朝倉氏の原型として引き継がれている。

しかし、守護代の権限としてより重要なことは第Ⅰ部第一章でも強調しているように、この守護代は守護―守護代という職制上の地位でなく、上位に守護のいない守護代としての権限であった。そのように考える理由は、まず孝景の奉書形式の安堵状が大永五年まで引き継がれていることであって、これは特定の守護を前提とした守護代ではないことを示している。もうひとつの理由は、長享元年の相論の際、斯波義寛は斯波氏の「正敷被官」である朝倉氏が奉公人になるとは許せないと主張しているが、守護である斯波氏を無視して勝手な振る舞いをしたとは述べていないことである。

さらに、長享元年の相論の際、細川政元から斯波・朝倉両方に示された妥協案は「朝倉者以忠節奉公罷成候間、於今為其分、国事ハ武衛江進名代、守護代を彼名代相拘」というものであった。引用前半で朝倉氏を奉公人のままとし、引用後半で朝倉氏より斯波氏に名代を指し出し（この時、当主貞景は奉公人であるため斯波氏の臣下にはなれず、名代＝別人を出すのである）、この名代が守護代になるとしている。朝倉氏が守護代になるのだから、斯波氏は越前の守護のようにみえるが、斯波氏が越前の守護であるという記述は注意深く避けられている。後半の名代と守護代については、奉公人朝倉氏と尾張守護家斯波氏を並べてみると朝倉氏のほうが格下だとするもので、支配のありかたに関しては実質的な意味はない。よって、この点に関しては斯波・朝倉双方とも全く関心を示していない。

問題は、越前において守護のいない守護代が生まれており、これはもはや室町幕府の守護と守護代の関係を当てめることができなくなってしまっていることである。そのようにみると、孝景は守護代の権限を得たというのは正確ではなく、守護代の格付けを得たというべきであろう。それは、細川政元の提案が守護代（の格付け）であったように幕府の認識であったし、朝倉氏が守護代の奉書を用いているように朝倉氏自身の認識でもあった。自他共に朝倉氏は守護代の格付けと認識されていた。いうまでもなく、その格付けは武士の間に序列秩序をもたらすためのものであって、権力の実態に対応するものではない。朝倉氏の権力は旧来の守護・守護代の枠に収まらないもので、そこに朝

表１　売券と家臣・寺社の所領目録における分米・本役・内徳（単位：石）

年代	所領	分米	本役	内徳	内徳率
文明13年（1481）	敦賀善妙寺領 *1	81.306	14.289	67.017	82.4%
文亀3年（1503）	敦賀郡西福寺常住分 *2	120.105	18.152	101.953	84.9%
	同　塔頭分	112.856	41.856	71.44	63.3%
永正11年（1514）	敦賀郡和久野村春庾買得 *3	7.2	3.29	3.95	54.9%
永禄10年（1567）	丹生郡立神吉藤買得目録 *4	1.34	0.66	0.68	50.7%
		2.0	0.45	1.55	77.5%
元亀4年（1573）	今立郡木津宗久買得地 *5	22.2106	12.9106	9.3	41.9%
天正2年（1574）	三国滝谷寺領 *6	69.0	6.81	62.19	90.1%

典拠：*1 善妙寺12号、*2 西福寺149号、*3 同177号、*4 山本重信10号、*5 木津靖1号、*6 滝谷寺139号。

倉氏権力の新しさ、戦国大名としての性格がある。奉書形式とともに直書形式の安堵状を出し、孝景が「守護分」になったとされるなど[17]、朝倉氏は簡単に割り切って捉えることができないのである。

第二節　内徳の概要

次に、内徳を取り上げたい。第Ⅰ部第四章で述べるように、朝倉氏家臣の鳥居氏の給地はほぼ内徳からなっていた。むろん、朝倉氏家臣の杉若吉藤が坂井郡河口荘新郷の本役銭を少なくとも七一貫文収納しているように、本役銭を給地として支配する家臣もいた[18]。すなわち、朝倉氏の知行制は重層的な構造を持っており、そこから色々と複雑な問題が生じてくるが、それは各章および終章に譲り、ここでは内徳の概略と、それをめぐる一つの帰結を示す丹生郡織田荘の指出帳と公事納帳を取り上げ、戦国期越前の在地構造に迫ってみたい。

まず内徳とは、広い意味では、ある得分地を持っている人がその土地に課せられる本役（本米・本役米、本役銭）を負担した後に残る得分の

表2　敦賀郡嶋郷徳円名

田数	52-120（分米 55.12）
殿様へ本役	29.12
代官へ雑米	2.5
公事免	5.0
名代給	4.0
残内徳	14.5

単位：田数＝段　米＝石

表3　今立郡池田各間郷東俣宗光名物領分

分米	37.2	地子分	6200 文
公方年貢	6.563	内徳に立	1200 文
公事免	7.1	此内県服 一乗九郎左衛門殿江	
名代給	2.0	増打ち	200 文
増恩	1.0	宮廻り	20 文
（内徳負担）	20.537	（名代得分）	4780 文

単位：米＝石

ことである。寺社や武士が持っていた所領のなかで内徳が占める比率を示したのが、表1である。彼らの得分はまさに内徳を基本としており、またそれが確定するのが戦国期であることも確認される。内徳率が高くなるのは、内徳を売却する時、買主の負担を少なくするために、売主が本役を負担し続ける名抜き売買が盛んであったからである。典型は平泉寺賢聖院領で、院主が買い集めた名田の正供（しょうぐ）（本役に相当）はほぼ百姓の負担とされている。[19]

内徳が形成される過程を示す史料はないが、第Ⅱ部第五章で太良荘を例に述べるように、検注が行われなくなり、年貢・公事が百姓の指出にもとづいて行われるようになれば、耕地拡大や生産力の上昇によって生まれてくる剰余が長年にわたり蓄積されてくる。例えば、坂井郡春近郷の末永名の分米は応安五年には一七・九五石とされているが、天文一八年（一五四九）には三七・二石とされ、その内の二七石が納入免除とされており、この免除分が内徳になったと考えられる。[20]このように、内徳の原型となったのは名の内徳とみられるので、それを示す二つの例を挙げよう。

表2は、永正七年（一五一〇）七月の敦賀郡西福寺清観院目録写にみえるもので、名主清観院は徳円名には代官である名代を置いて支配していた。[21]名の分米五五・一二石（段別一・〇五石）の内より、殿様への本役と嶋郷の代官への雑米を負担する。また、寺僧である清観院は名代を置いて名代給四石を与えているが、名代が殿様などに

負担する夫役などへの補助として公事免五石が与えられている。残りが「内徳」（史料上の表現である）一四・五石となり、内徳率二六・三％は表1の内徳率と比較するとかなり低い。それは、表1の所領の多くが名抜き買得を含む買得・寄進によってあちこちから集められた地であるのに対して、これは本役・公事をまるまる負担しなければならない一名全体であったためである。徳円名の名主が寺僧でなく百姓であれば、公事免と名代給の支出はなくなるが、公事負担がなくなるわけではない。この徳円名では本役の比率が大きく、段別賦課は〇・五五六石である。

　次の表3は、今立郡各間郷東俣の宗光名惣領分目録である[22]。この目録には年号が記されていないが、残されている天文一一年・永禄七年（一五六四）・元亀二年（一五七一）の宗光名(満)の年貢請取状には、年貢米一三石余、呉服銭二二六七文、さらに色代銭一九二文が固定されて記されている[23]。この額は、表3の公方年貢や一二〇〇文以下とみられる呉服とも一致しないので、この目録作成はそれ以前と推定される。この名代家には、大永五年一一月に良円が「東俣宗満名四分三名代職」を女子の乙子に譲与するという譲状があるので、このころまで遡るかもしれない[24]。この目録作成者と宗光名との関係が譲状にいうように名代であったことは、地子分の内から一二〇〇文を内徳として内徳収納者に負担せよとしていることから確かめることができる。表3より、名主（内徳収納者）は分米三七・二石より二〇・五三七石の内徳米を（内徳率五五・二％）、地子分から一二〇〇文の内徳を受け取り、その内から呉服銭を納入するのであろう。名代についてみると、分米からは公事免と名代給、それに増恩を加えた九・一石の役職給を受け取るが、地子分においては内徳一二〇〇文の他は名代の得分とされたのである。また、目録の最後には山二〇箇所が書き上げられている。その負担などには何も触れていないが、名代の支配下にあったと考えてよかろう。

　最後に、この宗光名の事例から注目すべき点を二点挙げておきたい。一つはこの宗光名名代家――天文以後は東俣浄蓮彦太郎、あるいは東俣彦太郎と称される――の名代としての基盤が強固であったことである。第Ⅰ部第一章以下で述べるように、今立郡山本荘久恒名の名代や敦賀郡の名代のようにすぐに年貢未進を起こして名田を売却し、最後は上表したり逐電したりする、われわれが見慣れた名代とは違った姿がここにある。利得を目指して名代を請け負うという姿勢でなく、先祖伝来の田・畠・山での生業を基礎にする名代もいたことを心に止めておきたい。この名代家の子孫は、天保一一年（一八四〇）に一年中の祭礼と農作業（種蒔き、畔塗り、田掻きなど）と激しい労働の慰労日（休世、稲刈り納め）など、万事について百姓に振る舞う食事の内容を実に詳細に記している。(25) 第Ⅱ部第五章でいう領主の指出の系譜につながり、村人達とのつながりを保ちたいという想いがこの帳面に込められている。内徳も、本来はこのような堅固な基盤を基礎とすべきものであった。

もう一つ注目されるのが、目録作成段階には領主に負担するものが公方年貢六・五石余と呉服一二〇〇文以下であったものが、天文一一年以後の請取状に見られるように貢米一三石余、呉服銭二二六七文、さらに色代銭一九二文と倍増していることである。どのような事情によってそうなったのかは不明であるが、第Ⅱ部第五章で強調するような指出による年貢の固定化とは異なる、領主側からの収納強化の動きが見られたのである

第三節　織田荘の名と散田

次に、戦国期の領主と農民の収納をめぐる動きの一つの帰結である散田について、特にその名田との関連について

考えてみたい。特に散田と名との関連については、丹生郡織田荘に二つのまとまった史料が知られており、それにより戦国期在地構造に少しでも迫ってみたい。

散田には、平安期以来の意味、すなわち耕作者や年貢額を固定しないで、領主ができる限り利益を得ようとする側面がある。南北朝期や室町初期に、散田であった敦賀郡西福寺領櫛川の是時名を楽音寺門前が預かるようになり、何かと名主西福寺に抵抗するようになったため、守護代甲斐常治より奉書を出してもらい、楽音寺門前の持つ作職を改替したという[26]。この作職を否定するというのが、以前のように名主西福寺が名を散田として支配することなのである。しかし、時代が降ると、永禄元年に織田荘赤井谷の領主朝倉景亮は本荘北分常円分を近年は散田としていたが、今年よりは沽却地も集めて名として支配する（＝名立）としているように[27]、散田は名田と対比されるようになる。それでは、織田荘の名と散田はどのようになっていたかの検討に移ろう。

1、名・散田指出帳について

戦国期の織田荘は本所方と料所方に分かれ、それぞれ荘内の谷ごとに本所方あるいは料所方に属していたが、荘の中心地である近世大明神村に相当するところだけは名ごとに等分されている[28]。剣神社より北に延びる谷の村々は本所方に属していたが、そうした村の一つである赤井谷には本所方の指出帳が二点伝わっている。そのうち、これまで単に指出帳と呼ばれてきたものをここでは名・散田指出帳と呼び、公事納帳と呼ばれてきたものを呉服銭・納所銭指出帳と呼ぶことにする[29]。両帳とも名と名に含まれる散田について知ることができるが、その構造については名・散田指出帳のほうが詳しいので、まずこれについて検討する。この指出帳の内容は表4に示しておいた。

表４　織田荘本所方名・散田指出帳（単位：米＝石、銭＝文、面積＝段）

分数名名分	御年貢米	呉服銭	新出来	分数名散田分	面積	分米	本米	散田分	新出来米	呉服銭	地子銭
大童丸名 7/24	1.8775	1480		17/24	9-060	11.9	4.7343	7.1657		1760	
助光半名	3.9215	710									
安延散仕名				1/2	6-180	8.0					
安弘名 1/2	2.6634		地子 2000								
恒仕田名				堤御散田	4-0	4.54					2000
末宗名	6.8538	2969	2.0								
徳光名 8/9	8.42866	3 両 4020		1/9	3-300	4.826	1.05844	3.76756			300
印賢名 1/6	1.41726	1131		2/6？	8-120	8.1	1.32494	4.77506	2.0	838	300
犬王丸名 3/4	8.5056	2360		1/4	6-0	8.421	3.4753	3.4457	1.5		533
友弘名 2/3	4.38247	1950		1/3	4-300	5.36	2.85133	2.45267			200
福町御散田					2-120	4.0					
和田分呉服		3711									
一王丸 1/2	4.6808	446			1-0	1.0858	0.5858			1162	
行末名	3.085	1794									
宗友名 1/2	1.20475	1523		1/2		15.064	1.2047		13.859		2100
為房名 1/10	0.12202	204	分米 0.3		3-0	3.81006		1.416	1.4		703
宗平名 1/2	0.659			1/2	1-0	2.285	0.659	1.62			2600
延景名				1/4	2-120	3.1	1.54415		1.55585		3200
正清名 1/2	0.328	紙 1800	1.378						1.05		
寄名分					26-092	33.73997	-0.04 江代				7450
＜織田本庄御本所山より北分名々分・同御散田指出帳＞											
真弘名	8.899	6142									
包弘名	7.2289	2559									
延弘名 1/2	4.8327	2752									
国弘名	5.8502	4187									
包国名 3/4	5.8635	5748		1/4	2-300	5.476	1.9545	3.5215	1.76		550
犬丸名 7/12	4.328	3314		5/12	4-0	8.68	2.572	5.9992	0.94		753
重清名	4.239	4081				1.3	0.507	0.7929 内徳			
綾丸名	6.4222	8130									
包重名 13/24	3.2132	2776		11.4/24	3-180	7.85	2.9573	2.4527	2.44		1360
末真名 56/60	11.26973	13908		5/60	1-180	2.41	0.903	0.757	0.75		500
宗清名 9/16	1.92544	618		7/16	1-240	3.55	1.49486	1.03514	1.02		
友安名 5/6	7.2019	2375		1/6	3-0	4.3	1.441	0.959	0.9		130
貞方名	6.3127	1236									
延景名 1/4	1.54415	2330									
寄名	12.027	2346				11.0316					500
	91.15762	62502			16-180	44.5976	11.82966	15.51744	7.81		3793

そこに記される名には二種類あり、ひとつは、

一、真弘名御年貢米八石八斗九升九合　段米共

同名呉服　拾三両壱分　此代六貫百四拾弐文　目銭共ニ

のように記され、指出帳で「名々分」と称されている散田を含まない本来の名である。もう一つが散田を含むもので、ここでは記述の比較的簡単な包国名を挙げる。

一、包国半名幷四分一御年貢米五石八斗六升三合五勺　段米共

此外壱石九斗五升四合五勺ハ御散田分之本米也、

同名呉服　拾弐両一分三朱六才　此代五貫七百四拾八文　目銭共

同名之内四分一　了源分御散田

半　分米八斗　上嶋五郎兵衛作

大　分米壱石弐斗　赤井谷衛門二郎作

半　分米壱石　赤井谷左衛門作

大　分米壱石五升　赤井谷山岸作

半　分米壱石　山田ノ兵衛二郎作

壱所　分米四斗弐升六合　赤井谷助二郎作

已上　五石四斗七升六合

　　　　　　　壱石九斗五升四合五勺ハ本米方
　　　　此内　三石五斗二升一合五勺ハ御散田分
　　　　　　　又此内一石七斗六升新出来也、
　　畠之地子五百五十文新出来也、
　　　御名分・御散田分・新出来分
　　　　合拾壱石参斗三升九合五勺

織田荘の散田の最大の特徴は、散田となっても名内に止めおかれていることである。通常は散田となれば、名とは別に扱われる。例えば、第Ⅱ部第五章で扱う天文二〇年の若狭太良荘の本所方指出では、本来七つの名で構成されていた名が今は三名半でその分の本役を負担しているが、それとは別に「落下地」三四石余が記されている。[30]この「落下地」が散田に相当するものとみられる。これに対して、名に含まれる散田の問題を考えるために、この包国名を例に名の構成要素の呼び方を決めておきたい。この名全体を分数名とし、そのなかで名である部分（半名と四分一）を分数名名田分と称し、散田部分（四分二）を分数名散田分と呼ぶことにする。この指出帳を中心にこれまで宮川満氏、[31]山本孝衛氏、[32]古田憲司氏、[33]神田千里氏[34]の研究がある。

まず、分数名の分数が何を基準としているかについて、宮川氏以来これは田数の比率であるとし、特に山本氏は、犬丸名の二つの八分一散田の田数が等しいことからそれを主張された。しかし、神田氏はこの分数は分数名名田分の「御年貢米」や分数名散田分の「本米」が、「御年貢米」と「本米」の合計分のなかに占める比率だと正しく指摘された。引用の包国名で確認すると、「御年貢米」と「本米」の合計分七・八一八石の四分三（分数名名田分半名・四分一）＝五・八六三五石、その四分一（分数名散田分）＝一・九五四五石と見事に一致する。また、名田の「御年貢米」が散田化すると、「本米」と称されることも知られる。神田氏も指摘されているように、この比率に合わない名も少し見られるが。これが原則であることは後述する呉服銭・納所銭指出帳によってさらに明確になる。なお、表4では名田分と散田分の比率が一目でわかるように通分している（包国半名四分一は四分三としている）。散田が名に含まれているのは、「本米」を負担させるためであった。

次に、散田化とは何かについて検討しておきたい。宮川氏は、散田化の要因として名田が寄進・売買・譲渡により職が分化することと、百姓による公事・夫役の拒否を挙げられたが、古田氏はそれを否定し、散田化の要因は年貢未進にあるとされた。その結論に異論はないが、依拠された弘治三年（一五五七）一〇月二五日の一乗谷奉行人連署奉書は散田化を示す史料ではなく、織田神社領石丸名の元の拘主が売却した名耕地も含めて織田寺社が支配することを認めたもので、名支配の強化ではあっても散田化を示すものではない(35)。続いて、名が散田化するとどうなるのかについて古田氏は、それまで名主が取得していた名主得分・加地子得分・内得分――要するに名主の内徳分――が散田分となり、領主の得分として分米の一部に組み込まれるとされる。分数名散田分の多くが、包国名の例でいえば「了源分御散田」のように人名で呼ばれており、宮川氏はこれを散田分の中間地主とされたが、古田氏の推定のように了源は分数名田分のもとの持ち主の名前とみるべきであろう。こうした古田氏の考えは基本的に誤りないものと思うが、ただ古田氏は本米の説明において、本米は名が散田となった時に名分の御年貢米が本米と名称を変えて、散田の分米の一部に組み込まれたものであると説明された。

確かに、本米のこの説明では、合勺才にまで及ぶ御年貢米＝本米を組み込むと散田分分米も合勺才にまで及ぶはずだが、それがみられないから、この考えは成り立たないという神田説が出されるのも無理はない。神田説は、散田分米から本米を確保した残りが散田分だとされ、これは正しいのだが、さらに本米中心主義を貫徹させて、「散田は、名の本年貢の一部を負担すべく、分米の定まった耕地が編成されたものと考えられる」とされる。もしそうであるなら、散田分米は本米を考慮して「編成」されるはずで、両者の間に一定の関連があってもよさそうだが、山本氏が既に本米が散田分米に占める比率は散田によって五四％から六％の開きがあるとされており、関連は認め難い。そもそも、散田を「編成」して補わなければならない本米の欠損はどうして生じたのか、その散田はどこから調達してくるのか、散田分年貢は誰が収取するのかなど、素朴な疑問も多い。

この散田分米と本米の関係を考える場合に、第Ⅰ部第三章で展開する論が有効であると思われる。これは、同じ織田荘で正本名四分一、有次名四分一、安次名八分一の名主であった織田寺玉蔵坊の、天文二年と永禄元年における年貢・公事の収納と本役米以下の負担を記した納帳を分析したものである。

その結論は、名主玉蔵坊は名耕地をその地がどの名に属するかなどをほとんど考慮することなく、作人から分米と地子を徴集しており、その分米の平均段別は一・三石で、この指出帳の分数名散田分の平均段別一・三二石とほとんど変わらない。つまり、名主の作人支配は散田支配と同じであった。作人は、原則として一二月一三日の「惣納」の日に名主玉蔵坊に分米や地子銭を納入し、名主玉蔵坊は一二月二六日に「会所」で本役米や公事銭を領主（二人の代官）に納入した。本役米が問題となるのはこの時であり、個別の耕地や作人の次元で本役米が問題となることはない。よって、名主の内徳分というのは本役米を納入した結果実現されるもので、個別の耕地や作人ごとに形成されているわけではない。

逆にいえば、個別の耕地や作人ごとに本役米（本米）が確定されているわけではなく、名主の持つ分数名名田分に応じた本役米（本米）が総額として決められているだけである。ただ、名主がこの名耕地（＝内徳地）を売却する時に、本役米を買主から名主玉蔵坊に負担させる場合は、個別の地について本役米と内徳を決めた上で売却された。永禄元年五月、名主玉蔵坊は経営破綻から名主職を織田寺に返却し[36]、永禄元年帳はそのために作成された帳簿であるが、この時玉蔵坊は色々な人から合計二・二一石の本役米を受け取っている。この地が玉蔵坊による売却地とみられ、正本名以下の本役米は一二・六石余とみられるから、分数名名田分の一八％程度を売却していたことになる。

以上の説明から、散田化の内容が理解できるであろう。分数名名田分の名主は、その分数名の比率に応じた「本役米」負担を義務付けられていたが、それが未進となって経営が破綻したり、犯罪などにより闕所とされると、分数名名田から分数名散田とされ、分数名名主がそれまで行ってきた作人に対する散田支配を基本的に引きつぐかたちで領主の支配するところとなる。ただし、表4からもわかるように分数名名田は非常に細分化されているにもかかわらず、散田を含まない場合は「名々分」の一つの名として記され、内部の名主たちによる分割状態は表面に出ないため、領主がその分数名に属する田畠・作人・分米を把握することは著しく困難であったと考えられる。

よって、散田として把握するには玉蔵坊のように本の名主の指出によるか、作人たちの指出によったのであろう。ただし、領主とその代官はいったん確定した散田分に対しても吟味を怠らなかったようで、新出来が把握されている。

次に、名に対して散田の占める比率を確認しておこう。この指出帳の前半は欠けているが、幸い、途中の「山より北分」については全体を把握することができるので、表4に合計を記しておいた。まず、「御年貢米」と「本米」（以下この両者を「本役米」と呼ぶ）の総計（一〇二石余）のなかに占める「本米」（一一石余）の率をみると一一・五％で、

「本役米」の九割近くは名と分数名名田分が負担している。分数名名田分と分数名散田分の比率がわかる包国名以下六つの名について、名田分に対する散田分の比率をみると三一％で、散田化した場合でも名の三分一に達しない。ただし、散田分の分米から散田分本米を引いた散田分と新出来はそれまでの名主得分などを把握したものであるから、年貢増になることは間違いない。それでも、散田分と新出来の合計二三石余は「本役米」に対して二二・七％の増加で、大幅増ということではない。散田化すると、その分だけ呉服銭が減少することにも注意しておこう（後述する御服銭・納所銭指出帳の段階になると減少しないが）。

このようにみてくると、織田荘において確かに散田化が一定程度進行しているが、それが名体制を根底から揺るがすようなものでなかったと判断される。織田荘の散田の特長は、散田となっても名を離れるのではなく、名の内部に位置づけられていることである。その直接の理由は、散田においても「本役米」が課されていることにある。それは、この地の領主の他に名からの「本役米」を与えられている給人があり、その名の一部または全部が散田となっても、この給人への「本役米」の額を減らさないように散田分の「本役米」を宛てる必要があったためであろう。

2、呉服銭・納所銭指出帳について

次に、呉服銭・納所銭指出帳を検討する。この史料は宮川氏以来、公事納帳と称されてきたが、先の指出帳との関連で言えば、これも織田荘百姓による呉服銭・納所銭指出帳とすべきである。その理由は、この史料は呉服銭・納所銭の納入において百姓が扱うかどうかを基準にして記されており、百姓が扱う場合には「けたいなくまいる分（懈怠なく参る分）」とされている。この言葉は収納する側の帳簿であることの多い納帳の表現でなく、納める側の百姓よりする表現であり、納入に「同意」するという指出の持つ機能をも兼ねているといえよう。

さて、この呉服銭・納所銭指出帳はどのような帳簿なのかをみるために、先に引用した包国名の記載を引用する。

高
七貫五百八文　　包国名御ふくせん
　但此内四分一御名ニなり申候ニ付て、新出来せん御さなく候、
弐貫百五十文　　同名御納所せん
　已上　九貫六百五十八文　けたいなくまいる分

先に引用したときには包国名の内四分一が散田となっていたが、それを名田分に戻したとある。したがって、この呉服銭・納所銭指出帳は先に検討した指出帳より後に作成されたものであることがわかる。散田から名田となったため、公事である呉服銭を負担しなければならず、四分三名田分に課されていた呉服銭五七四八文は四分四名田分に合わせて七五〇八文に加増される（計算上は七六六四文）。これは自然なことであるが、実はこの呉服銭・納所銭指出帳は散田分にも呉服銭を課すところに特徴がある。それについて、真弘名の記載を表にした表5によって検討してみよう。

表5　真弘名の負担と扱（単位：文）

	呉服銭	御納所銭	合計と注記
真弘名	6122	2400	
百姓扱分 4/8	3061	1200	4261　懈怠なく参分
進藤民部殿扱 1/8	761	300	1061
御散田 2/8	1627	600	2227　百姓扱不申候分
広部将監殿扱 1/8	761	300	1067　百姓扱不申候

註：百姓扱分の御納所銭を史料は 2200 としているが、1200 に改めた

表5によれば、真弘名は本来の名のかたちを取っていたが、その後、八分二が散田となった。それまでは散田とな

れば公事である呉服銭は課せられなかったのであるが、名の呉服銭を散田にも割り当てるようになった。もとの呉服銭六一四二文を六一二二文と算定し、分数名散田分の八分二に応じて一六二七文（計算上は一五三一文）と定めたのであり、他の百姓扱分・進藤民部殿扱分・広部将監殿扱分についても同様に割り振られている。従来のように、散田化すれば呉服銭を免除していては呉服銭を給分として与えられている人の取り分が減少することに対して、給人の呉服銭を減少させないために取られた策であろう。その意味では、散田化しても本米という「本役米」を負担させたように、呉服銭も「本役銭」化したのである[37]。

このことにより、呉服銭はもと全て名田であったときの額に戻されることになる。友弘名は、名・散田指出帳においては表4に示したように、分数名名田分三分二に一九五〇文の呉服銭が課されていただけであった。それが、呉服銭・納所銭指出帳では全て散田化したため、呉服銭は増加して二九一四文となり（一九五〇文×二分三＝二九二五文）、呉服銭収納者には収入増となり、彼らにとっては散田化が名田化でもあるという逆説的状態となる。これまでは散田化しても「本役米」負担のために名に止められたが、さらに呉服銭という公事負担のためにも散田は名の枠にはめ込まれた。

さらに、全て散田化したために友弘名は「百姓あつかい不申候分」となったが、このことは百姓が扱う分＝名田分であることを示している。よって、百姓が扱うとは百姓が名主の立場で作人から分米などを収納し、分数名名田分に応じた呉服銭と納所銭を納入し、名としての夫役（夫役銭）や雑事（吉書銭や造帳米など）などを勤めることを意味する。分数名名田分の内部には、表には出ないが複数の分数名名主が存在したであろうから、調整が必要であった。逆に、散田においては領主やその代官が分米・分銭を収納し、そこから散田分の呉服銭と納所銭をその収納権者に納入するため、百姓は関与しないのである。なお、詳しい数字は後述するが、百姓扱分は呉服銭と納所銭総額の五五・六％、進藤民部殿や広部将監殿などの殿原層の扱分は八・四％であるから、残り三六％が散田であったことになる。名・散田指出帳の「山より北」における散田化率と直接比較できないが、散田化が進んでいるという印象を受ける。

次に、納所銭についてみておく。納所銭は引用した包国名のような散田を含まない名にも課されており、また名・散田指出帳のと同じく散田にも課されているため「本役米」に相当すると考えられるが、ことはそれほど簡単ではない。表4では、三石余の「本役米」を持つ行末名の納所銭が一八〇〇文とされ、一石三斗余の「本役米」とされている宗平名の納所銭が六〇〇文となっており、単純に「本役米」を銭に換算したとはいえないからである。しかし、納所銭に一定の規則性がみられないわけではない。表4の名の内で、その時には散田を含んでいなかったが、その後、散田を含むようになった真弘名・包弘名・綾丸名と名田を維持している貞方名について、「本役米」と納所銭の関連を示した表6を見られたい。これらの名においては、納所銭が一律に二四〇〇文に設定されているのは意図的かどうか明らかでないが、意図的でないにせよ、それでも換算和市はほぼ二〇〇文代後半から三〇〇文代後半の範囲内にある。(38) 全体として見ると、こうしたありかたが主流であると言えるため、先に挙げた行末名（換算和市石別五八文）と宗平名（換算和市石別九一一文）というのは例外で、これらは何らかの個別の事情を考慮して納所銭が設定されたのであろう。

表6　「本役米」と納所銭の関連

名	本役米	納所銭	換算和市
真弘名（名田分 4/8：散田分 4/8）	8.899	2400	石別 270 文
包弘名（名田分 3/16：散田分 13/16）	7.2289	2400	332
綾丸名（名田分 7/16：散田分 6/16）	6.4222	2400	374
貞方名（名を維持）	6.3127	2400	380

最後に、進藤民部殿や広部将監殿という殿原層の扱分についてみておく。史料現存分の呉服銭・納所銭指出帳に記された呉服銭・納所銭の総額（殿原・百姓扱い以外の領主・代官徴収分を含む）、殿原の扱分（扶持分も含む）、それと百姓扱分について表7に示した。

殿原の扱分は百姓扱分と同じく名田分に関してのものと思われるが、進藤民部が友安名一六分一散田で三七八文を扱分としている。これら殿原の扱分は全部合わせても一八二三六文で、総額の八・四％にしかならない。しかし、問題はこれら殿原扱分と百姓扱分が区別されていることで、在地社会における身分的階層差が明確になりつつあったことの反映であろう。そして、第Ⅰ部第四章で述べるように、朝倉氏給人の知行内容が内徳であったことを想起するなら、これら殿原は扱分の内徳を朝倉氏より安堵されている可能性があり、それゆえに百姓扱分と区別されているとみることも可能である。百姓扱分の「百姓」に進藤民部ら以外の殿原層が含まれていた可能性は大きいが、殿原層である進藤民部らの一部が年貢・公事の納入において「百姓」から分離されるようになったことが注目される。そして、そうした「百姓」が一二〇八五四文の呉服銭と納所銭を扱っており、全体の五五・六％に及んでいることは、散田化が進みつつあるとはいえ、名体制とそれに依拠する「百姓」の存在の大きさを物語っている。

第Ⅰ部第四章の末尾において、信長との決戦を控えた朝倉氏は、元亀三年（一五七二）とその翌年に岩本連満と木津宗久の買得地を目録安堵していることに注意を促している。この二人のおそらく殿原衆が朝倉氏末期まで「百姓」として得分を保持し

表7　殿原と百姓の扱分（単位：文）

総額　217432	
進藤民部殿扱	10565（9名分）
広部将監殿扱	5195（4名分）
戸田殿扱	503（2名分）
水間彦衛門殿扱	610（1名分）
水間弥右衛門殿扱	1363（1名分）
百姓扱	120854（34名分）

えたのは、名体制と「百姓」扱に支えられていたからであろう。

註

（1）県資⑥三田村士郎一号。
（2）大乗院文書「建武応永引付」（福井県立図書館・福井郷土誌懇談会共編『小浜・敦賀・三国湊史料』一九五九年所収）。
（3）「松雲公採集遺編類纂」一四一、永和二年七月一一日、左衛門尉宗直遵行状（『富山県史』史料編Ⅱ中世、一九七五年所収）。
（4）県資②本郷六〇号。
（5）東寺百合文書夕函一五、貞治四年六月一三日条。
（6）「社家記録」応安四年七月一二日条。
（7）県資②福智院七号。
（8）「常楽記」（『群書類従』巻五一三雑部）。
（9）『満済准后日記』正長二年六月二四日条。
（10）河村昭一「南北朝期における守護権力構造―斯波氏の被官構成―」（『若越郷土研究』二三―二・三・四、一九七八年。シリーズ室町幕府の研究1『管領斯波氏』戎光祥出版、二〇一五年に再録）。同「畿内内近国における大名領国制の形成―越前守護代甲斐氏の動向を中心に―」（広島史学研究会編『史学研究五十周年記念論叢』日本編、福武書店、一九八〇年）。
（11）『大乗院寺社雑事記』長禄二年三月二五日条。
（12）『経覚私要鈔』長禄三年正月一四日条。
（13）『親元日記』寛正六年四月七日条。
（14）「朝倉家記」所収文書は色々と翻刻されているが、ここでは『福井市史』（資料編2、古代・中世、一九八九年）に収載されたものを、文書番号と共に用いる。以下、本文では「家記所収」と略称する。

(15) その推定の中心になるのが孝景の得た権限である。これについては、最近のまとめとして今岡典和「戦国期の守護権をめぐって―越前朝倉氏の場合―」（関西福祉大学『社会福祉学部紀要』一二号、二〇〇九年）がある。そこでは孝景の権限として、松原信之氏・白崎昭一郎氏が幕府から委任された守護職とし、佐藤圭氏、重松明久氏、小泉義博氏、松浦が守護代の権限とし、今岡氏自身も守護代とされている。

(16) 県資⑧西福寺四〇・五〇・七四号。

(17) 『経覚私要鈔』十七（『福井市史』資料編2、四六六頁所収）。

(18) 県資②春日大社三号。

(19) 県資⑥白山神社二号。

(20) 大日本古文書『大徳寺文書』三〇二九号・三〇四八号。

(21) 県資⑧西福寺一六六号。

(22) 県資⑥飯田廣助二号。

(23) 同右三～五号。

(24) 同右一号。

(25) 同右九号。

(26) 県資⑧西福寺一一六号。

(27) 県資⑤山岸長五号。

(28) 拙稿「中世越前の諸地域について」（『福井県文書館研究紀要』六号、二〇〇九年、本書第Ⅱ部第四章）参照。

(29) 名・散田指出帳は県資⑤山岸長一二号、御服銭・納所銭指出帳は同一三号。両帳とも前欠・後欠なので作成年代は不明である。指出帳に名の見える広部将監や関新左衛門などは、享禄元年（一五二八）の剣神社の所領注文（県資⑤劔神社三〇号）に見えているが、彼らの襲名制を考えると決め手にならない。しかし、戦国期のものであることは確かである。

(30) 県資⑨高鳥甚兵衛一七号。

(31) 宮川満「室町後期の土地関係—越前国織田庄を中心に—」(日本史研究会史料研究部会編『中世社会の基本構造』御茶の水書房、一九五九年)。

(32) 山本孝衛「織田荘の分数名と散田」(『若越郷土研究』六—二、一九六一年)。

(33) 古田憲司「戦国時代織田庄に出現した散田について」(日本史研究会史料研究部会編『中世日本の歴史像』創元社、一九七八年)。

(34) 神田千里「越前朝倉氏の在地支配の特質」(『史学雑誌』八九—一、一九八〇年。戦国大名論集4『中部大名の研究』吉川弘文館、一九八三年に再録)。

(35) 県資⑤劔神社三九号。

(36) 同右四〇号。

(37) 名・散田指出帳の包国名の記載の引用からわかるように、散田分には呉服銭は課されていない。しかし、この散田から分米を収納した領主或いはその代官から呉服銭収納者に散田分の呉服銭が納入されていた可能性がある。そうすると呉服銭の「本役銭」化は始めからみられたことになるが、名・散田指出帳が散田分の本米「本役米」を記していながら散田分には呉服銭を「本役銭」として記していないため、散田分には呉服銭負担はなかったものと考えておきたい。

(38) 戦国期のこの地域の和市については、本書第I部第三章の註(12)において検討し、石別四〇〇文としている。

第Ⅰ部　戦国期の朝倉氏領国

第一章　戦国大名朝倉氏領国と寺社領

はじめに

戦国大名の領国支配について、その性格を解明するためにはまず大名権力の内部構造の分析が不可欠である。しかし、越前の戦国大名朝倉氏についてみると、今日残されている史料はいわゆる寺社文書が中心であって、大名と主従関係を有して大名権力を直接に構成した武士の文書は極めて少ない。したがって、我々は寺社文書を中心として戦国大名朝倉氏領国を考えざるをえないという史料的制約を受けているわけであるが、この史料的制約は研究を進める場合の方法論に関わる問題として自覚的に捉えなければならないと思う。

右のように考える理由は、勝俣鎮夫氏の次のような戦国大名領国支配論を念頭に置くからである。氏によれば、戦国大名が支配の客体として主張する「国家」とは、大名の家（大名の主従制支配下にある家臣団全体をも含む家）と、その政治的支配領域としての国を合体したもので、大名と直接主従関係をもたない領国内人民であっても、この「国家」の保全・平和・秩序の維持にあたる大名の支配に服さなければならぬという理念が形成されていたという。[1] この勝俣氏の捉え方について、大名の支配理念はあくまで「事実史的アプローチ」によって捉えるべきだとする西山克氏の批判がある。[2] これは妥当な指摘であるが、大名の主観においてはともかく、客観的に見て大名の領国が「家」と

「国」から構成されていることは認めざるをえない。私も「家」については貧しい報告をしているが、勝俣氏が「国家」を問題とした時に重視された「国」の側面については十分な検討をしていない[(3)]。ところで朝倉氏領国支配を考えるため今我々が利用しうる寺社の史料は、大名の「家」ではなくして、まさに「国」にかかわるものである。したがって、寺社文書を用いて大名領国を考える時に自覚的であらねばならないとしたのは、大名のこの「国」支配の側面に関する事実史的アプローチを追及するという自覚をさす。

しかし、視角がおぼろげながら右のように定まったとしても、戦国大名領国における「国」とは何かということは、小稿の手におえるような問題でないことはよく承知している。西山氏はこの問題に迫るためにStändestaat（「身分制国家」）に注目されたようであるが、慎重にもそれは未発酵の酒として他人に奨められなかった[(4)]。「国」をめぐる問題がこのような状況であるから、小稿の未熟さも到るところで露呈するであろうが、以下において朝倉氏の寺社領安堵状の形式、寺庵役の性格、寺社領に対する作職進退権の付与という問題を取りあげて具体的に考えて見たい。

第一節　朝倉氏の寺社領安堵状

1、朝倉英林の地位と権限

朝倉氏の領国支配権の性格を捉えるため、本稿では朝倉氏の寺社宛所領安堵状に奉書形式と直書形式の二通りがあることを手掛りとして論を進めたいが、この問題は文明三年（一四七一）に朝倉英林孝景（以下、英林とのみ記す）が越前国について将軍より認められた権限は何であったかという論争点と密接な関係を持っている。そこで叙述の都合上、まずこの後者の問題について小稿の立場を明らかにしておきたい。

これまで英林を守護に任じた文書とされてきた文明三年五月二一日付の将軍義政御内書に重松明久氏が疑問を呈されて以来、これについて種々議論が行われているが、(5)先学の研究によって明らかにされた点をふまえるならば、

(1)同時代の確実な史料からは英林が守護であったことを証明できないこと、

(2)「朝倉家記」所収文書によれば、(6)英林は文明二年より越前国守護に関する問題を含めて、越前についての何らかの権限を将軍に要求しており、文明三年五月二一日にその要求が認められたこと、

の二点を確認することができる。その上で問題となるのが「朝倉家記」所収文書中の文明三年五月二一日付で将軍・管領より出された次の四点の文書である（一二～一四、一六号）。

①越前国守護職事、任望申之旨訖、委細右京大夫（細川勝元）可申候也、

文明参
　五月廿一日
　　　　　　　　慈照院殿様
　　　　　　　　　御判
　　　朝倉弾正左衛門尉（孝景）とのへ

②越前守護職事、任被望申之旨、被成　御自筆之御書候畢、面目之至候、早々可被抽軍戦候也、恐々謹言、

文明三
　五月廿一日　　　　　　　勝元
　　朝倉弾正左衛門尉殿

③今度条々注進被申候間之事、悉以任請之旨被仰出候、仍而孫右衛門尉（朝倉氏景）馳参御方、既現形之上者、重而　御判事可

中沙汰候也、恐々謹言、

文明三
五月廿一日　　　勝元

朝倉弾正左衛門尉殿

④被　仰付朝倉弾正左衛門尉孝景子細候、雖合戦始候、其之事（元カ）者不可有出張之由、被　仰出候、対二宮将監弥可有計略候、恐々謹言、

文明三
五月廿一日　　　勝元

左兵衛佐殿（斯波義敏）

右の四点のうち、実際に発給されたと見なしてよいのは③と④であろう。④はこの文書を渡された英林が、当時大野郡佐開城にいた守護斯波義敏を訪ねて、この文言のように義敏に自重ないしは協力を求めたとされているから[7]、実際の文書と考えてよい。③については傍証を欠くが、作為の必要性の薄い文書であり、また氏景の現形などリアリティも備わっているので、確かなものとしてよいだろう。この③は英林の要求した「条々」を将軍は悉く了承すると「仰出」されたという内容を持つが、英林の諸要求とそれについての将軍の了承事項を守護職補任の一事に集約できると考えることは不可能ではないが、それとは別のことが「仰出」されたと考えることも十分可能である。また、この「被仰出」が御内書が出されたことのみを直接意味しないことも考慮すべきであり、②で「御自筆之御書」が出されたと特記しながら、③では単に「被仰出」となっていることも注意されよう。また、勝元が同日のうちに②と③の書状を英林に発していることについて、②は御内書をうけた公的な添状で、③はより私的な書状であるとの解釈も可能

ではあるが、やはり不自然さを免れえない。

小稿は、右に述べたようなことをもって①②を偽作と断じようとするものではない（それは不可能であろう）。しかし、比較的確実な文書とみられる③は①②を前提としなければ理解できないというものでもない。換言すれば、③は①②とは独立してもその内容を考えることができるのである。より確実な④についても同様のことがいえるのであり、「被　仰付朝倉弾正左衛門尉孝景子細候」とある文言を、英林を守護に任じたので、と解するのは強引というべきである。このように③④が①②とは独立しても理解しうる以上、①②に全面的な信憑性を置くことはできないというのが小稿の態度である。

それでは、この時点で英林が獲得した地位や権限はなんであったろうか。英林の将軍に対する要求は「条々」をもって注進されたとあるから、いくつかの地位や権限を含んでいたと考えられるが、まずは「公方奉公分」となったことが挙げられよう。この点は、長享元年（一四八七）に朝倉氏は斯波氏の「被官」であるか否かが争われた時、(8)朝倉方が主張し、斯波氏も認めざるをえなかったことである。

次に、英林を守護代とする説がある。英林の奉書形式の安堵状の存在に注目し、その意味を検討されたのは小泉義博氏である。(9)氏は英林の奉書安堵状で現存するものが文明六年一一月二九日付の文書までであることを基礎に、英林は斯波義敏を推戴する守護代であったとし、文明七年四月に義敏が英林に敵対するに及んで両者の関係は破棄されたと述べられている。詳しくは後述するが、英林が奉書形式の安堵状を用いたことは、彼が守護代であったことを示すものといわざるをえない。しかし、英林は義敏という特定の守護の守護代であったかどうかは疑問である。現存する英林の奉書のみを検討の対象とした小泉氏においては問題とされていないが、洞雲寺文書中に文明九年七月一四日付の慈視院光玖の遵行状があり[10]、それには「任昨日御奉書旨」せて寺領を安堵するとみえている。光玖が奉書に任せて安堵すると述べている場合の奉書とは、英林の奉書安堵状を指すことは府中総社の例より明らかである[11]。だから義敏と敵対関係にある文明七年以降の英林の奉書は義敏という特定個人を守護として前提にしたうえで発されたものではないと判断される。

このように英林は守護代ではあっても、特定の守護と結びつけられた守護代ではないようにみえる。そうすると英林はやや特異な「守護代」とみなければならないが、この点について「朝倉家記」所収長享元年の朝倉氏由緒覚書の第六条の次の部分が注目される[12]。

㋑甲斐御構江参候付而、西方より御一家様・諸大名御連暑(署)ニて、既甲斐者若斯候上者、西方江罷成候得、越前之事者不及相論候、其外約諸之子細共被仰下候、

㋺甲斐御構へ参候事、（中略）上意無許容事候、其上孫右衛門(朝倉氏景)被准奉公懸御目候時者、甲斐事ハ御構江参候而も、かゝわらさる子細候与被申下候時者、御連暑(署)之御返事抔申候得者、忠節茂無曲候間、不及是非之由申候而、使節を上申候、文明八年二月之比ニ候哉、

㋑は西軍方が、代々越前守護代であった甲斐氏が東軍となったのであるから、英林は元のように西軍に復帰されたいと勧誘し、西軍方となれば越前について英林が「相論」する必要もないだろうと述べた部分である。これに対して英林が取った態度を示す㋺は、将軍義政は甲斐の東軍帰参を許さないつもりであること、および英林の子氏景が「准奉公」じて義政に拝謁したとき、たとえ甲斐が東軍となっても英林に与えられた権限には変わりがないことを義政が保証していること、の二点を勘案して西軍からの勧誘を断ったと記している。すなわち、英林の越前における権限は

甲斐氏が東軍化すれば「相論」の対象となりうるものであったが、朝倉側は義政の保証約束を信じて行動すべきことが得策であると考えていたことが知られる。これらを総合して考えると、英林の越前についての権限は以前の守護代甲斐氏の権限に相当するものであったこと、およびその権限は将軍より直接に与えられ、保証されたものであって、守護斯波氏との間には職制上の関係を直接持たないものであったと推定される。したがって、英林が「守護代」であるというのは守護—守護代という職制上の地位（役職）を指すのではなく、将軍に対して「公方奉公分」という地位を持つ英林が将軍より直接与えられた権限としてのそれであったと考えたい。

実は、英林のこうした地位・権限は彼の時に始まったものではない。河村昭一氏が指摘されているように[13]、先行する守護代甲斐氏自身が将軍と深い結びつきを持つ守護代であり、長禄三年（一四五九）八月の守護代甲斐常治の没後、その守護代職以下の遺跡を甲斐千喜久丸に安堵したのが将軍であったことも既に注目されている[14]。応仁の乱前後において将軍と深い結びつきを持つ守護代があったことは、美濃守護代斎藤妙椿、赤松氏守護代浦上氏[15]、近江六角氏守護代伊庭氏についての指摘があり[16]、けっして特殊なことではなかった。

2、安堵状における奉書と直書

文明三年五月に英林が獲得した地位と権限について以上のような理解に立って、次には英林の寺社領安堵状の検討に入りたい。表1は後世に伝えられた英林安堵状（宛行状一通（ハ）を含む）であるが、表からただちに知られるように書止文言に「仍執達如件」という奉書形式の文言を含むもの（イ～ニ、ト）と、そうでなく直書形式のもの（ホ・ヘ、チ～ヌ）の二通りがみられる。まず奉書形式のものから考えたいが、奉書のうちにも「…之由所仰出之也」また

表1　朝倉英林（孝景）安堵状

年月日	年号	署名	内　容	書止文言	典　拠
イ）文明 4.10.22	書下	左衛門尉孝景	所領を「先例」に任せ	之由所被仰出之也、仍執達如件	県資⑥総社大神宮1号
ロ）〃 4.11.10	書下	左衛門尉孝景	御祈願所たること	之由所被仰出之也、仍執達如件	県資⑥少林寺3号
ハ）〃 4.11.13	書下	孝景	大塩保内公文名の知行	之由に候也、仍執達如件	徳山文書
ニ）〃 5. 4. 8	書下	左衛門尉	寺領等を「綸旨・公方御判」に任せ	之状、仍執達如件	県資④称念寺7号
ホ）〃 5. 9.28	書下	弾正左衛門尉	社領を「先例」に任せ	之状如件	県資⑥大塩八幡宮6号
へ）〃 6. 閏 5.17	付	孝景	以前一行に任せ	之状如件	県資④龍沢寺25号
ト）〃 6.11.29	書下	弾正左衛門尉	寄進状の旨に任せ	之状、仍執達如件	県資⑥慈眼寺4号
チ）〃 6.12.12	書下	弾正左衛門尉	当知行に任せ	之状如件	県資⑤劔神社8号
リ）〃 11.2.22	付	孝景	当知行に任せ	状如件	県資⑥大塩八幡宮8号
ヌ）〃 11.2.22	付	孝景	買得・当知行に任せ	之状如件	県資⑤劔神社9号

註：この表には現存する文書のみを挙げている。

は「…之由に候也」とあって、命令としての上意が存在したことを書止文言中に記している（イ）（ロ）（ハ）の三点と、そうした文言を持たない（ニ）（ト）をまず区別したい。

（イ）（ロ）（ハ）の三点は、その年代が文明四年一〇月、一一月に集中していること、また安堵（宛行）対象地が府中近辺であることにおいて共通性を持っている。まず、この時期の越前の状況を考えてみる。文明四年八月二～六日に英林は府中において甲斐勢を破り、ついで敗走する甲斐勢を追って彼らを加賀に放逐し、その日のうちに大野郡を除く越前各地を制圧した。[17]この時、英林は越前の寺社本所領の半済を願って許されたと主張しており、[18]国内の荘園・寺社領を支配下に置いたものと推定される。これに対し越前国内に所領を持つ荘園領主は九月から一〇月にかけて、所領回復を実現すべく英林に働きかけた。大乗院尋尊も

同様の行動を取ったが、一〇月二日付の英林書状によれば[19]、

雖然就今度一乱之儀、内々公方様へ申請子細候、其上於国忠節之面々各歎申子細候間、旁以不及是非候、

という理由によって、英林は尋尊の要求に応じなかった。右の英林書状にみえる「内々公方様へ申請子細」とは具体的に何か不明だが、この時点で英林が将軍と交渉していることが知られる。その結果も明らかでないが、（イ）～（ハ）の奉書はこの交渉の結果出されたものとみるのが自然ではあるまいか。すなわち、将軍義政は英林の要求をある程度容れると共に、府中辺の寺社領の安堵と宛行いを命じたものと推察され、（イ）～（ハ）はこの将軍の意を書止文言に記した奉書とみなされるのである、

それでは、（ニ）と（ト）の奉書はどのように理解すべきであろうか。まず（ニ）について英林は「綸旨・公方様御判[20]」を先例として称念寺領を安堵しており、したがってこの場合は将軍の一般的あるいは個別的な安堵命令としての上意を受けているのではなくして、先行する天皇や将軍の安堵状を奉じるという意味であろう。（ト）は文明四年霜月一三日付の宗仏の寄進状の旨に任せて、同二九日に英林がこの寄進状を安堵したものであるが、この場合むろん先行する将軍などの安堵状はなく、また寄進から英林安堵までの一六日間に慈眼寺が将軍の安堵の内意を得て、英林に安堵を申請することは時間的にみて無理であろう。そうすれば英林は直接にこの寄進地を安堵したとみるほかないが、そのとき何を先例としたのかについては、同じ慈眼寺文書中の次の守護代甲斐常治の安堵状が参考となろう[21]。

越前国徙都部郷宅良村内依真名事、任売券之旨、顕孝庵知行不可有相違之状、仍執達如件、

享徳四年五月三日　　沙弥（甲斐常治）（花押）

当庵住持

この守護代甲斐常治奉書安堵状と（ト）の英林安堵状はむろん安堵する対象地は別ものであるが、安堵地が慈眼寺領全体ではなくて一方は買得地、他方は寄進地という共通する内容を持ち、また両文書は書下年号・官途書・書止文言において一致する形式を持っている。そこで、英林の安堵は右の甲斐氏奉書安堵状を拠るべき先例として行われたものと推測し、（ト）は英林が甲斐氏の権限を継承していたことの具体的例と考えたい。（ニ）（ト）の例から、英林は先行の将軍などの安堵状を支証として安堵する場合、および先行の安堵状は存しなくとも、先代の文書形式に拠るべきものと判断した場合には奉書を用いたと思われるのである。

奉書形式の安堵状について考えたところから推せば、英林が直書の安堵状を発するのは拠るべき先行の安堵状が存在しなかった場合ということになる。まず、この推定が成立するかどうかを表1の英林直書を伝える大塩八幡宮、織田寺社について現存の文書から吟味したい（直書安堵状を伝える龍沢寺については後述する）。大塩八幡宮は英林以前の安堵状を伝えていないので検討しえないが、織田寺社領を安堵した（チ）の関連で劔神社文書をみれば、①応永二年（一三九五）八月一八日、斯波義将奉書（神領内百姓以下臨時課役検断停止、県資⑤劔神社二号）、②宝徳元年（一四四九）八月一〇日、妙法院宮令旨（社領内江並村公文国近名買得安堵、同三号）、③長禄四年七月一〇日、妙法院宮令旨写（寺社領内百姓以下検断課役停止の宝徳元年令旨焼失についての紛失状の承認、同五号）、④文明三年五月二九日、山門檀那院安堵状（奉書形式、千手坊宛、買得相伝地安堵、同七号）がある。

しかし、これらは何れも特定の権限、特定の買得地についての安堵状であって、英林が（チ）で安堵している「劔大明神神領所々」の安堵の先例とはなしがたいと判断されたのであろう。（ヌ）は織田寺塔頭玉蔵坊の買得地安堵であるから、右の②と④の奉書は英林安堵の際の奉書安堵状の先例になりうるようにみえるかもしれないが、令旨や檀那院安堵状が奉書の形式を取ることと、先の守護代甲斐常治の安堵状が奉書形式を用いることとは全く意味が違うことを考えるならば、この場合英林が②④を先例とみなさず、直書を用いたのは自然なことであった。

こうして、英林直書についての右の推定は現存文書については大きな困難に遭わないと考えられるのであるが、文書の散失を思えばこれだけでは不十分なことを認めざるをえない。後述するとした（へ）の龍沢寺領直書安堵状は、実は現存しない文書にも関連し、かつ英林以降の安堵状との関連のなかではじめて理解されるものであるから、次に英林以降の朝倉氏当主の安堵状をも含めて検討する。

表2は英林の安堵状と、それ以降の朝倉氏当主の安堵状（Sは禁制）について必要と思われる寺社をあげたものである。[22]この表からさし当たり指摘しておくべきことは、以下の点である。第一に、表2には義景の安堵状を載せていないが、これは享禄二年（一五二九）の朝倉孝景の安堵状を最後として、[23]奉書形式の安堵状がみえなくなり、次の義景はもっぱら直書安堵状を用いるからである。この意味で、孝景代の後半から義景代にかけての時期は朝倉氏にとって一つの画期であったといえる。

次に、英林以降の朝倉氏当主はその拠るべき先例を英林の安堵状以外には求めていないことが注目され、[24]朝倉氏においても以前の公的権力の効力を断つ安堵原則が存在したとみなされよう。[25]しかも同時に、例えば表2―1の英林奉書Aを受けた氏景の安堵状B、さらにそれを受けた貞景の安堵状Cはいずれも奉書形式を取っており、要するに英林安堵状の形式に従うという原則がみられる。

ただし、表2―2大塩八幡宮のF、表2―3の織田寺社のJにみられるように、氏景は先行する英林安堵状が直書であるにもかかわらず、特にFでは英林直書たるEを「奉書」と言い換えてまで、奉書安堵状を用いている。この点

表2　朝倉氏の安堵状

	年月日	年号	署名	内容	書止文言	典拠
2－1　少林寺						
A	文明4・11・10	書下	左衛門尉孝景	当寺を御祈願所とすべき旨	之由所被仰出之也、仍執達如件	県資⑥少林寺3号
B	文明13・12・19	書下	右衛門尉（氏景）	Aに任せ	之由候也、仍執達如件	〃4号
C	延徳2・8・28	書下	貞景	Bに任せ	之由候也、仍執達如件	〃5号
2－2　大塩八幡宮						
D	文明5・9・28	書下	弾正左衛門尉	社領を「先例」に任せ	之状如件	県資⑥大塩八幡宮6号
E	文明11・2・22	付	孝景	社領を「当知行」に任せ	状如件	〃8号
F	文明14・4・9	付	氏景	E（＝奉書）に任せ	之由候也、仍執達如件	〃9号
G	明応5・7・28	付	貞景	Fに任せ	之由候也、仍執達如件	〃11号
H	大永5・10・22	付	孝景	「代々一行旨」に任せ	由候也、仍執達如件	〃12号
2－3　織田寺社						
I	文明6・12・19	書下	弾正左衛門尉	神領を「当知行」に任せ	之状如件	県資⑤劔神社8号
J	文明14・3・17	書下	右衛門尉（氏景）	Iに任せ	之由候也、仍執達如件	〃10号
K	明応6・12・9	書下	貞景	IJに任せ	之状如件	〃18号
L	享禄元・11・28	書下	弾正左衛門尉（孝景）	IJKに任せ	之如件	〃29号
2－4　織田寺玉蔵坊						
M	文明11・2・22	付	孝景	買得・当知行に任せ	之状如件	県資⑤劔神社9号
N	文明14・3・17	付	氏景	Mに任せ	之状如件	〃12号
2－5　龍沢寺						
O	文明4・8・16	？	（英林）	？	？	県資④龍沢寺30号
P	文明5・8・12	？	（英林）	（百姓召使権を安堵）	？	〃32号
Q	文明6・閏5・17	付	孝景	「当寺領」を「以前一行」に任せ	之状如件	〃25号
R	文明7・4・28		（孝景）	？	？	〃33号
S	延徳3・6・晦	書下	貞景	禁制、当寺四至内殺生禁断	之由、仍執達如件	〃26号
T	明応5・8・19	書下	貞景	「当寺領」をOQに任せ	之状如件	〃30号
U	永正11・12・12	書下	孝景	「当寺領幷諸末寺等」をRTに任せ	者也、仍執達如件	〃31号
V	大永3・5・14	書下	弾正左衛門尉（孝景）	O～R、TUに任せ	者也、仍執達如件	〃33号

については、英林の跡を継いだ氏景が斯波義廉の子息を守護と仰いでいたことから説明されよう。既に先学が指摘されているように[26]、文明一三年七月二六日英林が甲斐・斯波義良との対陣中に病没し、朝倉氏には大きな危機がおとずれたが、この難局を乗り切るため朝倉方は斎藤妙椿の仲介によって斯波義廉子息を守護と仰ぐことにしたのであり、FJはその具体的あらわれなのである。また、氏景の奉書はこうした特殊な事情によって発せられたものであったから、この危機を克服した貞景には先例とされず、Kにみえるように貞景は再び英林の形式に従っているのである。ただし、大塩八幡宮の場合には、貞景安堵状GはDEの英林直書安堵状が先例として提出されなかったためか、氏景の例を踏襲している。これは要するに朝倉氏においては先代の形式を踏襲すること、とりわけ英林を先例としてこれに従うという原則が貞景代より形成されたことを示す。なお表2―4の氏景安堵状Nはなぜ直書の形を取っているのかという疑問が予想されるが、これはNの出される前年に玉蔵坊が氏景より「祈願所」とされているからである[27]。玉蔵坊は朝倉氏の私的な祈願所であったから、氏景が直書を用いるのは自然なことであった。

右のように考えた上で、残された龍沢寺の例（表2―5）を検討する。龍沢寺領安堵において何よりも問題となるのは、Tの貞景安堵状が直書であるにもかかわらず、UVの孝景安堵状が奉書となっていることであろう。実は、表2―5に英林安堵状として挙げているO～Rのうち現存するのはQのみであり、OとRはそれぞれ後のTとUによって、Pは寺蔵文書中の大永三年（一五二三）五月一四日付龍沢寺慈春申状によってその存在が知られるのである。

ただし、弘治三年（一五五七）の龍沢寺重書目録には「英林之判形　寺領物間之儀、諸末寺之事在之、四通」と記されているから[28]、英林安堵状はO～Rの四点しかなかったことが知られる。そこでTの貞景直書安堵状をみると、

当寺領事、任去文明四年八月十六日・同六年閏五月十七日孝景一行之旨、不可有相違之状如件、

とあって「当寺領」をOQに任せて安堵するとしている。次にUの孝景奉書安堵状をみると、

当寺領并諸末寺等事、任去文明七年四月廿八日英林一行・明応五年八月十九日貞景一行之旨、如先規之寺務不可有相違者也、仍執達如件、

とあって、「当寺領并諸末寺等」はRTに任せて安堵されている。すなわち、貞景の直書安堵状と孝景の奉書安堵状では安堵対象に「諸末寺」が含まれるか否かという違いがあり、その違いは先証として拠った英林安堵状の違いでもあったと考えられる。Oの英林安堵状は「当寺領」のみを安堵した直書であり、Rの英林安堵状は「当寺領并諸末寺等」を安堵した奉書であったと判断され、この両者の違いが、貞景のTが直書、孝景のUが奉書として発せられた理由であったということができる。(29)

さて、右のように考えると一つの疑問が生じてくる。それは先述の龍沢寺重書目録に「北山殿(足利義満)御教書　寺領之儀也、二通」「同武衛(斯波氏)之状　此内寺領之儀在之、勝定院(足利義持)之仰、五通」とみえ、また当寺には幕府奉行人の裏判がある長禄二年の寺領目録が伝存しているが、これら将軍等の安堵状を無視して英林がOの寺領安堵状を直書で発したのはなぜかということであり、この点は特別の説明が必要であろう。Oの安堵状が出された文明四年八月一六日にはまた、南条郡今泉浦刀祢宛に軍勢甲乙人らの濫妨停止を命じた英林判物（直書）が出されている。(30)これによれば、八月一六日は先述の府中合戦に続き英林が甲斐勢を加賀に放逐して勝利を宣言した日ともいうべき時であったと推定され、このほかにも国内各所に濫妨停止や所領違乱停止の英林判物が出された可能性がある。したがって、合戦直後のあわただしい状態のなかで英林は寺社領のいちいちについて先行の安堵状等を吟味する余裕がなく、とりあえず禁制的な意味を含

めた直書安堵状を発したものと考えられるのである。

朝倉氏が安堵状に直書を用いたということは、旧来の将軍を頂点とする国家体制より自立した戦国大名であったという側面を示す。しかし、同時に英林が奉書形式の安堵状をも用い、一六世紀前半の孝景の代までそれが踏襲されたということは、抽象的な意味ではあるが、朝倉氏が旧来の国家体制より自立しえなかったことを示すものである。戦国大名朝倉氏の持つこの二面性は英林の持つ二面性であったが、貞景・孝景がその二面性を形式上忠実に継承したため、義景の代までいわば固定化されており、そのどちらの側面を重視すべきかは安堵状の形式的分析からは導き出しえない問題となっている。

しかし、さしあたり朝倉氏と寺社との関係についていえば、朝倉氏が直書安堵状を発する寺社は旧来の国家体制から切り離されて朝倉氏の領国内に組み込まれており、逆に奉書安堵状によって所領を保持する寺社は朝倉氏の領国支配から自立的であったというように考えるべきではないと思う。龍沢寺宛の安堵状に直書と奉書が用いられていたように、個別の寺社でなく一般的に寺社そのものが一面では朝倉氏の領国支配に組み込まれながら、他面で自立性を持つという二面性を有しており、寺社の有するこの二面性は朝倉氏が幕府に対して持つ二面性と対応していると判断される。

したがって、孝景代～義景代において朝倉氏がその二面性を克服していく過程は、また寺社が朝倉氏に対して有した二面性が失われていく過程でもあった。しかし、右に述べたことは甚だ抽象的な、レトリックの域をでない見通しであるから、以下で寺庵役と作職進退の問題を取りあげて右の過程を多少とも具体的に考えたい。

第二節　寺庵役の変化

朝倉氏の寺社領安堵は右に述べたような安堵状のみならず、寺社が自己の得分を一筆ごとに書き上げた所領目録に、朝倉氏当主あるいは郡司が外題や裏封を加えることによっても行われた。[32] 河村昭一氏は、こうした目録安堵を通じて寺庵の知行高の十分一、五分一の寺庵役を徴収していたことを明らかにされている。[33] 河村氏が寺庵役に注目されたのは、史料的制約によって知ることのできない家臣の知行制を考えるためであった。河村氏のこの視角や方法に異を唱えるわけではないが、越前の寺社（寺社領）に対象を限定して、そこから朝倉氏領国の性格を考えようとする小稿の立場からすれば、知行制における家臣と寺社の同一性を想定するまえに、大名領国における寺社（寺社領）の持つ意味をまず把握しておく必要があろう。

朝倉氏によって安堵された家臣の所領は「給恩之地」とされ、売買が原則として禁止されていたが、寺社領についてはそうした規定があったことは知られていない。[34] 家臣の給地の売買が禁止されているのは、水藤氏が指摘されているように「給恩之地」の自由な売買を認めては「いざ合戦と言う時に支障をきたす」からであり、[35] この意味でそうした規制の加えられていない寺社領は、朝倉氏の主従制的・軍事的な支配権から一応自立した所領であったといえよう。しかし、前近代の所有は社会的、したがって政治的な所有であるから、[36] 寺社（寺社領）が主従制的負担を免れているということは、それとは別の負担あるいは義務が課せられていることを意味するに過ぎない。所有者（さらには保有者）のこうした「社会的な義務」を尾藤正英氏に従って「役」と称することにし(37)、寺社の「役」について考えることにする。

言うまでもないことであるが、寺社に固有な「役」は祈祷であった。例えば、永禄四年（一五六一）横根寺宛の一乗谷奉行人の書状に(38)、

　就若州江御出勢之儀、諸寺庵へ御祈祷之事被　仰出候、然者大黒天王法有執行、御巻数可有御進上之由候、

とあるように、朝倉氏の若狭出陣にあたって諸寺庵には祈祷が「役」として課されている。さらに、次の天文二四年（一五五五）に敦賀郡司より陣夫の徴発をうけた江良浦惣百姓刀祢の申状案を見られたい(39)。

　江良浦御陣夫之儀、先日以書付申上候処ニ、寺庵・神子・祝御座候ニ付而重而被成御尋候、就其神子・祝聊之神田なとゝ申候て無御座候、為在所か様之除御公事等申候ニ付而、身を清め於神前馳走申御事候、但可為御意次第候、○并寺庵之儀ハ一書を以申上候、
　（中略、寺庵の注進）
　右何も庵領なとゝ申候ていさゝか無御座候、又少々手作なと仕候儀一向無御座候、此等之趣可然様ニ御注進忝可奉存候、仍状如件、

これによると、神子・祝についてはたとえ彼らに陣夫が課せられようとも、惣百姓中として免除し、神前祈祷に専念させるとしている。共同体によって維持されるという性格を持つ神社に対しては、このように陣夫等を共同体が肩代わりして、祈祷に専念させるというのが百姓中の慣行であったと考えられる。これに対し、本来二次集団によって維持される寺庵については朝倉氏の追及も厳しかったと思われ、刀祢は右の中略部分で三か所の寺庵について庵領の

ないことを具体的に注進している。この刀祢の申状は、寺庵・祝について注進しなかったことについての二度目の注進であるが、最初の注進をも含めて考えると、ここには「役」をめぐる百姓と朝倉氏との対立的な観念が存する。すなわち、百姓は寺社には祈祷という固有の「役」があるので、陣夫等は免除されるべきだという考えを持っているのに対し、朝倉氏の側では領国内に耕地を所有（保有）する以上、大名の課す「役」に応じなければならぬという主張がある。換言すれば、百姓は「役」を分業にもとづく社会的な意味において捉えているのであり、朝倉氏は領国君主の必要にもとづく政治的な義務であるとしているのである。

周知のように、西洋中世では戦う人（戦士）、祈る人（僧侶）、働く人（農民）という「役」の区分があり、一二世紀以降、農民は武器の携行を禁じられ、以前のような軍役義務もないとされたのであるが[40]、実際には一六世紀のラント召集軍として武装した農民が徴収されている例は少なくないという[41]。これは農民が領邦君主（ランデスヘル）に臣従する領民（ウンタータン）と位置づけられていたからであるが、同様のことは戦国大名領でも進行しつつあった。右の江良浦においても、刀祢の申状は神子・祝の陣夫役免除が浦共同体の慣行であると主張しながらも、「但可為御意次第候」と補筆して、朝倉氏の要求に応じる意図のあることを付け加えなければならなかった。こうして、「役」を領国君主の政治的必要から規定しようという大名の主張が百姓・寺社についても浸透し、確立していく。

文明三年（一四七一）丹生郡越知山の山方二一名の百姓の負担のうちに[42]、

御ちん（陣）はしまり候へハ、よき（斧）三丁もち候て、他国のちんまて仕候、これによりまんさうくしゆ（万雑公事）るされ申候、

とみえており、彼ら百姓は斧を持って他国まで随陣するため、万雑公事を免じられていたとあるが、この場合の百姓の随陣は公事のひとつというより、百姓の軍役ともいうべきものである。このように「役」の軍事的性格が強まると、

天文四年の今泉浦住人東衛門惣領禅門の馬の売券に[43]「但公方へのくんやく（軍役）として毎年塩壱升、榑壱支御さた候て、末代可有御知行候」とみえているように、公方年貢を軍役と称する例もあらわれてくるのである。こうして大名領国においては、寺庵の「役」として、祈祷の直接の軍事的徴発形態である陣僧が定着することになる。

陣僧がどのように徴発されたのかを、永正一〇年（一五一三）敦賀郡司朝倉教景が西福寺に発した条々のうちから示す[44]。

一、当寺之僧、号陣僧召仕候事令停止訖、但相当之用、又在陣之時□如先々陣僧可被出、然者寺内門外之塔頭寺領其外一行所持之衆可被出事、

この条文は陣僧と号して僧を使役することを禁止するというのが主目的であるが、「相当之用、又在陣之時」には朝倉氏より「一行」でもって所領を安堵されている塔頭より陣僧を徴発するという規定でもある。僧侶は祈祷以外の目的で使役されてはならないとされているところに、朝倉氏の課する役といえども社会的な義務としての「役」を前提にしていることが知られるが、陣僧は寺庵一般の「役」とは区別される、朝倉氏より安堵を受けているものが朝倉氏へ果たすべき「役」であると規定されている。これは、陣僧義務は家臣の「給恩之地」についての軍役と同じ、政治的な「役」であることを示している。したがって、戦国大名の目指すところは、分業にもとづく社会的な、その意味では分業社会的な「役」秩序を、大名による領国維持のために必要な政治的な、その意味で序列支配的な「役」体系に編成することであったといえ、安堵はそれを促進する契機であった。

朝倉氏の課した寺庵役は、右の安堵がさらに知行制にまで展開したところに成立する。しかし、その形成過程をみれば、朝倉氏家臣の主従制を表現する知行制と区別されるものが含まれていることに注目したい。河村氏は寺庵役と

表3　寺庵役

実施年	名　称	用途	典拠
永正 7（1510）	「郡内（敦賀郡）諸寺庵拾分壱」	「庄之橋要脚」	県資西福寺 172 号、永厳寺 13 号＊
享禄 4（1531）	「国中寺庵拾分一」	?	県資⑤越知神社 42 号
天文 4（1535）	「拾分一注文」	?	西福寺 304 号＊
天文 8（1539）	「拾分一仰付之折紙」	?	西福寺 304 号＊
永禄 13（1570）	「寺庵五分壱」	—	永厳寺 30・31 号＊、県資⑧善妙寺 23 号
元亀 3（1572）	「寺庵十分一米」	—	県資④滝谷寺 115 号

註：＊を付した永厳寺文書と西福寺文書はそれぞれ『敦賀市史』資料編第二巻、第三巻に拠る。

して三例挙げられているが、もう三例を追加して六例をあげることができる（表3）。表3のうち寺庵役賦課の初見である永正七年敦賀郡での賦課では、その用途を「敦賀庄之橋用脚」と明記しているのが特徴である。

次の享禄四年の史料は、寺庵役の免除状であるから用途をあえて記さなかったとも考えられるが、永禄一三年・元亀三年の例は史料が寺庵役請取状であるにもかかわらず用途は記されていない。小泉義博氏の興味深い指摘によると、[45]朝倉氏はこの永正七年の敦賀郡内の橋普請より惣国道橋普請を始めたと考えられ、永正一三年には北上して西海道（甲楽城～府中）、大永元年には浅水橋付近の普請を行ったものとみられる。残念ながら永正七年の敦賀庄の橋普請以外に寺庵役が道橋普請のために徴収された例を見いだせないが、寺庵役はその成立時においては朝倉氏の私的財政収入としてではなく、道橋普請という特定の「公的」な目的のために徴収されたものと判断してよいであろう。同じく小泉氏が述べられているように、永正一二年の西海道普請には百姓が夫役を、大永元年の浅水橋普請には水落町衆が出銭を、また降って永禄一一年（一五六八）の北庄橋修理には水落神明社も先例なき神木を、それぞれ負担しているが、寺庵役も本来はこうした国内領民たる者は免れることのできない「国」の義務としての「役」であった。

このように考えてよいとすれば、寺庵役が早ければ享禄四年、遅くとも永禄一三年に何ら用途を明記しないで徴収されるようになったことは、朝倉氏が「国」の「役」を自己の権力下に包摂する意図を実力でもって示したことを意味する。先述のように、朝倉氏の奉書形式の安堵状の最後の例が享禄三年であり、用途を記さぬ寺庵役が翌四年に現れるのは偶然であろうが、奉書形式の安堵状の消滅と寺庵役のこうした変化は形式・内容ともに戦国大名朝倉氏が領国内において自立せる公権力となり、寺社（寺社領）が朝倉氏の「国家」に編成されたことを意味すると思われる。

第三節　作職進退権の承認

これまで朝倉氏の権力が寺社に及ぼされていく過程を考えたのであるが、最後に視点を少し変えて、寺社が自らの支配を維持するために朝倉氏権力を必要とした側面から検討してみたい。具体的には、朝倉氏の寺社領安堵状にみえる「作職進退」権の成立過程を考えることにする。

朝倉氏が寺社にその所領における作職進退を認めた例としては、大永三年の龍沢寺宛孝景安堵状（表2―5のV）に「寺領之内居住名代散田作職已下、於向後無他競望可被全寺務者也」とあり、享禄元年織田寺寺社中宛孝景安堵状（表2―3のL）に「神領除諸役、作職已下、同検断等如先規可為寺社之進退」とある場合を挙げることができる。また、寺社の側も所領目録をもって朝倉氏の安堵を願う時、「年貢段銭諸済物未進之輩者、可致作職改易」と記す場合もある。(46)

まず、作職とは何かについて、比較的史料の豊富な敦賀郡西福寺領を例に考えてみよう。室町期に西福寺は櫛河郷内の是時名・久延名の名主職を寄進地として有していたが、この両名は西福寺の主張によれば、地頭山内将経のはからいで西福寺が作職を得替（改易）しえた所領であった。その作職得替を認めた地頭代宛の地頭の書状案は、

是時・久延名作職得替事

此原名之事は、如法なんき（難儀）ニ候へとも、始而申され候上、又連々等閑も寺家の事なく候之間、きしん状を遣候、巨細之段よく申され候へく候、作人方なにと申候とも、それよりはからハれ（計）、寺へさたしつけられ候へく候、（通用両名之契約状也）

とある（県資⑧西福寺一一六号、以下、西と略す）。これによれば地頭であっても作職改替は「如法なんき」とされており、作職は名主西福寺が自由に改替しうるものではなく、安定した権利であった。西福寺領について専論を発表されている須磨千頴氏は、この作職を「ふつうにいう新名＝中小規模名主職に該当するもの」と捉えられている[47]。須磨氏の西福寺領についての作職理解は、後に氏が山城国紀伊郡の分析において作職を「名主職そのものの分化形態以外何ものでもない」[48]と断じられている場合よりも実態に近いものと考えられる。しかし、この作職を名主職の「分化」でなく「分割」であるとするならば、それにも賛成できない。河村氏が指摘されているように、越前においては「名主職が耕地片とともに分割される例はない」[49]からである。したがって、この作職は名主職とは一応関係のない権利であり、最近の名研究が明らかにしつつある作手に系譜を持つ事実上の年貢納入者の権利とみるべきである[50]。

むろん、この作職は相対的な権利であるが、それが相対的にせよ安定した権利であることは、先述の地頭山内将経書状案に続けて西福寺が記した二つの覚書の二つ目によっても知られる[51]。

是時名作職事ハ

上古より散田と見へ候、康暦元年（八十九）ニハ十三人してもち候、応永卅二（四十三）八人してもち候、其上楽音寺と相論候、源ハ作職を彼門前ニあつけ候ニより、雑米等ニ重畳之不足を申出し、自専せしむるニより、濃州（甲斐常治）より奉書を成され、作職を改替すへきよし、郡代下知ニより知行全する事にて候、

この覚書の前半部分によって知られるように、作職を改替した耕地は散田として支配を行うことができる。西福寺が作職改替と散田支配を主張するのはいうまでもなく、作人の耕作権あるいは年貢請負を不安定なものに止めることにより、増年貢（内容は増内得分収取）をはかるためである。

ところで、この覚書の後半部分では①楽音寺の門前百姓に作職を預けたこと、すなわち西福寺の散田支配が常に行われていたわけではないこと、②是時名の作職を持つ門前百姓を支配する楽音寺は「雑米等ニ年貢之不足を申出し、自専」したことが知られる。楽音寺との相論は文安元年（一四四四）～二年に行われ、その結果は右の覚書に見えているように西福寺の勝利となったのであるが（西一一四・一一五号）、右の①②についてもう少し検討しておく必要がある。

まず、②にみえる「雑米」についてはやや後の史料であるが、西福寺清観院領嶋郷徳円名目録に「殿様」に納入する本役米とならんで、代官に納入する雑米一石五斗がみえている（西一六六号）。したがって、雑米は代官が収取する得分と考えられるが、是時名の作職とみなしてよい楽音寺が雑米を収取する地位にあったとは思えないから、楽音寺が「雑米等ニ年貢之不足を申出し」たのは、彼がこの地の代官へ雑米を直接納入していたからであると判断される。名内に作職を認める、あるいは作職を預けるということは、このように作職百姓の主体性を認め、諸役の一部を直接

に領家・地頭に負担させるということを含んでいた。

それでは、なぜ名主西福寺は右に①の問題として挙げたように、魅力ある散田支配を断念して、作職を預けたり、あるいは後述するように名代に名を預けなければならなかったのであろうか。その理由としては、やはり西福寺の所領が名体制をとり、かつ西福寺がその名主職を有する場合には、領家・地頭・大名より課せられる公事、とりわけ夫役を果たさなければならなかったことを挙げなければならない(52)。文安元年に敦賀郡和久野村念仏田のうち道観跡田畠居屋敷を西福寺に売却した平内二郎は、売却地について以後も「御年貢御公事等をけたいなく沙汰」するので「子々孫々公事代を御あつけ候へく候」と述べて、「惣御百姓たち証判請人」をもって願い出ている（西一〇八号）。この場合売却地を預かることが特に公事との関連で意識されていることが注目される。年貢・公事を負担するのであれば作職を預かるという表現で十分なように考えられるところを「公事代」と述べているのは、一つには彼が領家・地頭・大名より課せられる公事を西福寺に代わって負担するという意味を込めている。他方で、そうした公事納入の反対給付として公事料（公事免・公事田）を支配しうるからであろう。先に例として挙げた清観院領徳円名では、名代給四石のほかに「御公事免」五石が記されており、この公事免はおそらく名代の収取するところであったと思われる。

なお、特定の公事代・名代が設定されず、丹生郡赤井谷村のように「赤井谷村百姓中」が公事代地を認められている場合も少なくなかった(53)。このように公事を負担する農民には公事田が設定されていたが、それで問題が解決するわけではない。某年（朝倉氏支配以前）、櫛河郷地頭山内氏の一族とみられる広通は西福寺に宛てて、

就公事料田地之事、百姓等申子細候、無謂事存候へ共、歎申事候間再往口入申候、背本意候、乍去無子細本名主ニ御預も候ハヽ、自然無沙汰事をハ堅可加下知候、百姓等も進請文候由申候上ハ、更不可有無沙汰之儀候、

と述べており、公事料田をめぐる百姓と寺家の対立があり、それを解決するには本名主に預けられるのが得策と提案している（西一三一号）。須磨氏はこの「本名主」とは広通自身を指すと解されており[54]、おそらくそうであろう。いずれにせよ、西福寺は現地において名主の機能や義務を代行するものを設定せざるをえなくなる。これが「名代」と称されるものである。名代という語感から、名代を名主の忠実な代官と考えるならば、それは誤りである。名代は本年貢・公事・名主への内得分の請負人であることは、これまで述べてきた名代設定の経過から推察されるであろうし、織田剣大明神領山本荘久恒名の名代雨夜新左衛門尉の例からも確かめることができる[55]。是時・久延両名の作職改替と散田支配を理想とした西福寺であったが、文明一八年にはこの両名の名代が段銭・諸役を難渋しており（西一四二号）、これより少し前の西福寺領分配目録には是時名について「名代未定」と記されているから（西一三〇号）、名代を置くことはむしろ一般化していた。

以上、是時・久延両名を例に考えてきたが、実はこの両名は「如法なんき」を押して作職改替を行っていた所領であって、他の所領と同一視しえない特殊性を持っている。したがって、この両名においても戦国期までに名代あるいは作職の設定が一般化してくることは、他の所領におけるそれらの一般的存在を想定させるものとなろう。このように散田支配においてみられたような直接的作人支配が行われがたくなったがゆえに、寺社は以前にも増して権利としての作職進退を求めるようになり、朝倉氏もそれに応えることによって寺社の作職進退権は形成される。以下、この点に論を進めよう。

文明四年に是時・久延名のうち五段を西福寺より買得した櫛川住人孫大夫（のち孫権守と称す）は、この地を夫婦霊供田として西福寺に寄進し、毎年供料定分三石を進納することを約束するとともに、以降も「作人之事」は自分に預けてほしいと述べている（西一三六号）。しかし、文明一三年に西福寺より、孫大夫のこの田地についての権利は無効であるとの「ふる反故」（恐らく作職得替の証文）が持ち出されたため相論となった。孫大夫は領家方へ三〇貫文余の一献料を差出してこの五段地の安堵を受けるとともに、西福寺側からの違約を怒って西福寺への寄進を取り止め、他人（ここでは説明を省略するが、ある事情によって宛名の部分は故意に破られている）に契約している（西一四一号）。ここでは作職をめぐる争いが激しくなっていること、および孫大夫のようにみずからの作職を維持するため名主以外の有力者と結びつく農民の動きが注目される。この孫大夫はまた、文明一九年に石黒冬信知行内の勝阿弥沽却地八段小を買得し、石黒より安堵を受けているが（西一四三号）、この地も本来、西福寺領であったらしい。いずれにせよ、農民がこのような行動を取るとすれば、西福寺には朝倉氏権力に依存するほか方法はなかろう。

　こうして、西福寺は永正五年に是時・久延両名内五段の地を「作職共ニ」、また永正一〇年には勝阿弥沽却地を、いずれも郡司朝倉教景より還付あるいは安堵されている（西一六一・一七一号）。前者の是時・久延両名内作職は前述の歴史的由緒によって還付されたのであるが、後者の地についての郡司教景安堵状には、

> 西福寺領嶋郷内、壱町壱段宝寿庵寄進、七段阿仏寄進、并六段大勝阿弥寄進□事、孫大夫・源三郎為豊嶋分・石黒分之由申条、雖令糺明、天沢任一行之旨、如先々寺務不可有相違状如件、

とみえている。櫛川孫大夫は右に述べた石黒冬信安堵状を支証として西福寺領でないことを訴えたのであるが、郡司教景はその訴えを認めず、「天沢一行」すなわち文亀三年（一五〇三）の朝倉貞景裏判の西福寺領目録（西一四九号）にその地が載せられているということを根拠に西福寺に安堵したのである。換言すれば、朝倉氏が一度目録安堵によって認めた所領については、他の歴史的な由緒・証文は無効であるという朝倉氏の立法的意志にもとづいて安堵され

たのである。

これはまさに「理を破る法」の具体的あらわれであるが(56)、朝倉氏のこの「法」はたちまちに寺社の受け容れるところとなった。例えば、永正一七年大滝寺教賀分の所領に支配権を主張する小嶋九郎右衛門に対して、大滝寺は次のように反論している(57)。

右所々更以非教賀分之儀候、縦雖為其分、去文明十三年十二月廿三日　子春様(朝倉氏景)御判以前之寄進之儀、いかてか可有競望候哉、

右の言うところは、係争地となっている寄進地が文明一三年の朝倉氏景の目録安堵において教賀分として認められていない以上、たとえそれが教賀分であったとしても、文明一三年以前の寄進契約は現在では教賀分たることを証しえないもので、競望の資格はないということである。教賀分としての寄進が事実であったとしても、朝倉氏御判の前ではその事実も沈黙せざるをえないのである。朝倉氏の目録安堵はこのような力を発揮するのであるが、これは所領の一般的な意味での安堵であって、その所領の作職進退をも承認したものではない。朝倉氏による作職進退権の付与はこの目録安堵と関連しながらも、別の事情から成立してくる。

永正一〇年の西福寺は、名代の年貢未進と逐電、財政難、内部抗争、さらに郡司より一一〇石余もの隠田摘発などによって危機的な状況におかれていた。そこで、西福寺は再建のために郡司に願い出て「条々」を発してもらっているが（西一七三号）、その第三条に、

一、同寺領名代沽却ニ付而、為地頭検地之事、有限本役為寺家相当年貢有弁済者、彼田地寺家可為進退事、

とある。名代が名耕地を売却する例はかなり一般的にみられることであり、その結果、本役と名主得分の未進を生じ

て多くの場合、名代は逐電する。[58]そうした際には、その地の地頭が「検地」を行って収取維持のための処置をするが、その場合、地頭が名の田地をも進退することは名主西福寺にとっては迷惑であるので、西福寺が本役負担者の勤めを果たす限り、その田地の進退を認められたのである。

この条文によって、西福寺は名代逐電の場合でも田地進退権を維持しえたのであるが、さらに永正一八年六月には木崎郷の名について、

就名代逐電者、跡職山林竹木并沽却田地等、何茂縦雖有先一行、既文亀三年之目録仁名分名付被書載上者、除公方闕所、悉寺家進退之状如件、

とされている（西一九五号）。すなわち、ここでは逐電名代跡職・山林竹木のほか、名代沽却地についてもそれが朝倉氏目録安堵の地であれば、その沽却地を朝倉氏が安堵していたとしても、西福寺の進退とするというのである。ここにおいて、先に述べた目録安堵地の一般的安堵の「法」と名代逐電の際の個別的な立法的措置が結合されている。そして、翌七月に出された郡司教景の「条々」のうちに、

一、金山郷内関衛門名田之外、預り田畠之事、既文亀三年当寺惣目録天沢御裏判之上者、作職共可有御進退之状如件、

とあり（西一九六号）、名代逐電の際の田地進退という個別的な立法的措置を媒介として、目録安堵地一般について作職進退権が朝倉氏より認められるに到ったことが知られる。朝倉氏以前の作職改替が散田支配の実現を意味していたのと違って、この作職進退権は本役収取者の田地進退を阻止するとともに、沽却地の回復を目的としていたことも明らかであろう。右の史料で西福寺の作職進退が認められなかった関衛門名について、大永二年にこの関衛門が名田を

「売失」い「誅罰」されたときには、その沽却地は西福寺に還付されず、朝倉氏の一行を得ている買得衆より本役米負担をさせるべきであろうと、朝倉氏府中奉行人が意見を述べているが、これは作職進退権を持たない場合の例となろう（西二〇一号）。

敦賀郡以外の地域においては、作職進退権がどのようにして形成されてきたのか明らかでないが、そのなかで天文九年、朝倉氏一乗谷奉行人が大野郡崇聖寺に宛てた書状の内に、(59)

次百姓自名等之儀者、依無科至不及御闕所者、不可有別儀候之条、本役致其沙汰、任当知行旨、先可被為寺務由被仰出候、

とあるのが注目される。これは「百姓自名」について、その地が朝倉氏による「御闕所」（これが公方闕所であろう）とされず、かつ崇聖寺が本役を負担するならば、その名の寺務を認めるというもので、先の名代逐電の場合と同じく作職進退権の承認とみてよいと思う。ただし、この場合は沽却地に限定されておらず、例えば本役収取者や地頭が百姓の未進・死亡・離散、あるいは「御闕所」処分までには到らない軽い犯科を理由に百姓耕作地を押し置くなどの事態が想定されているのではないかと考えられる。本節の始めに挙げた龍沢寺領に対する朝倉孝景の作職進退権承認の文書のすぐ前には、「所々近年号百姓跡職」して寺納年貢を未進する朝倉家臣を改替したことが記されているが、これも百姓地を闕所地と称して年貢を押領しようとする朝倉家臣の動向を示している。したがって、これらの場合、作職進退とは重層的な収取体制のなかで誰が農民支配の基本的権利を持つかについての原則を示すものといえる。

以上、不十分な検討ではあったが、朝倉氏による寺社領作職進退権の承認は一六世紀になって形成された法的原則であったことを改めて確認しておきたい。それは、朝倉氏支配以前の西福寺の是時・久延両名の作職改替がこの両名

にのみ妥当する歴史的な権利であったことと対蹠的に、目録安堵地全体を対象とする権利であった。したがって、朝倉氏が寺社に与えた作職進退権が歴史的な権利でない以上、その権利は朝倉氏の立法的意志にもとづいて成立している権利とみなければならない。そのことをよく示すのが、作職進退をめぐる裁決における朝倉氏以前の甲斐氏と朝倉氏代々の当主との違いであろう。文安二年の甲斐常治の裁許状は是時名の作職進退の判決にあたり、「於作職者為名主相計之、至加徴米者地頭方へ致其沙汰旨、庄内之地頭・地下人相共ニ答申之上者」と荘園の慣行と地下の証言を重んじている（西一一五号）。これに対して、朝倉氏の裁決が何に拠ったかは既に述べたところである。この意味においても、朝倉氏は荘園・地下の慣行より自立していた。逆にいえば、名代の沽却・逐電や朝倉氏家臣の押妨などの事態のなかで、寺社は自らの所領維持の保証をもはや荘園制的な秩序でも慣行でもなく、また諸々の個別的な契約でもなく、朝倉氏権力のうちに求めるようになっていったのである。

おわりに

以上、冗長ながら朝倉氏領国における寺社（寺社領）の位置づけについて、安堵状・寺庵役・作職進退の問題を取り上げて考察を加えた。取り上げたこれらの問題はそれぞれ他の問題と直接関係のない事項であったが、最後にそれらを関連させてみると、一六世紀前半ころに朝倉氏の領国支配にひとつの画期があったことが推定される。寺社（寺社領）に素材を限定した小稿ではその画期を全面的に明らかにすることはできないが、朝倉氏の「家」権力には属さず、「国」の支配に服していた寺社が、この時期に朝倉氏の「国家」に形式的にも内容的にも組み込まれたことは指摘しうるかと思う。この意味で、小稿が先学の諸研究に欠けていた戦国大名朝倉氏の段階論的把握について、一つの問題提起ともなれば幸いである。

最後に、知識不足を承知の上で付言すると、日本中世が権門体制的構造をもつとされながらも、ドイツ中世の帝国的体制を生み出さなかったのと同様に、日本中世後期の「国」も領邦的要素をもちながらも領邦議会にみられるような「身分制国家」実現の可能性はなかった。戦国大名は、このラント的要素を否定することによって「国家」たりえるのではないかと思われる。むろん僧侶や土豪が等族として「国家」に参加する可能性は現実にあり、隣国加賀の門徒領国はそのあらわれとみなしてよかろうが、それはあくまで「国」を異にし、かつ戦国大名と対立する関係にあった。しかし、それらの問題の具体的検討はすべて今後の課題である。

註

（1）勝俣鎮夫「戦国法の展開」（永原慶二ほか編『戦国時代』吉川弘文館、一九七八年）一一五頁。

（2）西山克「戦国大名権力の構造に関する一試論」（『日本史研究』二三六号、一九八二年。戦国大名論集1『戦国大名の研究』吉川弘文館、一九八三年に再録）。

（3）拙稿「戦国期毛利氏『家中』の成立」（『史学研究五十周年記念論叢　日本編』所収。一九八〇年、論集戦国大名と国衆17『安芸毛利氏』岩田書院、二〇一五年に再録）。なお、拙稿「戦国大名の領主層掌握について―出雲尼子氏を例として―」（『福井大学教育学部紀要』社会科学三〇号、一九八一年。戦国大名論集6『中国大名の研究』吉川弘文館、一九八四年に再録）は「国並」の奉公という問題を取り挙げて、不十分ながら「国」について考えた。

（4）西山前掲論文、七〇頁註（11）。

（5）問題の義政御内書に対する評価に限定して諸説を挙げると、

　①御内書を偽作とする説……重松明久「朝倉孝景と越前守護職」（『若越郷土研究』一八―三、一九七三年）。同「朝倉孝景の任越前守護職をめぐって」（『史学研究』一三六号、一九七七年）

　②御内書によって英林の守護職補任を事実とする説……松原信之「朝倉孝景の戦国大名成長過程の研究」（『福井県地域史研究』七号、一九七七年）。同『朝倉氏と戦国村一乗谷』（福井県郷土史新書4、一九七八年）

　その他、水藤真『朝倉義景』（吉川弘文館、一九八一年）一四頁には小泉義博氏の教示として、御内書の文言は英林を守護に任じるとのみには解しえないという考えが述べられている。また、白崎昭一郎「勃興期朝倉氏に関する二、三の問題点」（『若越郷土研究』二二―一、一九七七年）は御内書を真物とするが、英林の守護就任には否定的である。

（6）富山県郷土史会『朝倉家録』一九八二年。所収文書は小泉義博「『朝倉家記』所載文書」（『鯖江史壇』第二集、一九七七年）、『福井市史』資料編2に載せられている。文書番号は『福井市史』による。

（7）朝倉家記所収文書一八号。

（8）この相論については、松原信之「朝倉貞景と斯波義寛の越前宗主権をめぐる抗争について」（『若越郷土研究』二一―六、一九七六年）、重松前掲「朝倉孝景の任越前守護職をめぐって」を参照されたい。

（9）小泉義博「中津原村と少林寺」（『武高評論』一二号、一九八一年）八一頁。

（10）県資⑦洞雲寺一号。

（11）県資⑥総社大神宮一～三号。この点については小泉義博氏の考証がある。同「十五世紀の越前国守護代について」（『一乗谷史学』七号、一九七四年）。

（12）朝倉家記所収文書三〇号。

（13）河村昭一「畿内近国における大名領国制の形成―越前守護代甲斐氏の動向を中心に―」（『史学研究五十周年記念論叢　日本編』福武書店、一九八〇年に所収）二一二頁。

(14) 鈴木良一『応仁の乱』(岩波新書、一九七三年) 二六頁。『大乗院寺社雑事記』長禄三年八月一三日条。
(15) 福田豊彦・佐藤堅一「室町幕府将軍権力に関する一考察」上・下 (『日本歴史』二二八・二二九号、一九六七年)。
(16) 今岡典和「戦国期の幕府と守護―近江六角氏を素材として―」(『ヒストリア』九九号、一九八三年)。
(17)『大日本史料』第八編五、文明四年八月六日条に所載の各史料を参照。
(18)『大乗院寺社雑事記』文明四年八月二八日条。
(19) 同右、文明四年一〇月一三日条。
(20) 県資④称念寺文書には長禄二年一二月二六日足利義政袖判御教書 (寺領安堵、二号) と寛正六年一一月一六日後土御門天皇綸旨 (光明院に祈祷を命ず、六号) が含まれている。
(21) 県資⑥慈眼寺二号。
(22) 表2は英林の安堵状を伝えており、かつそれ以降の当主の安堵状のある寺社に限っている。
(23) 県資⑤越知神社三九号。小泉前掲「中津原村と少林寺」は、天文四年に孝景が将軍より塗輿を免許されたこと (「御内書引付」) をもって、朝倉氏は名実ともに国持大名となり、それゆえ以後は奉書安堵状を用いなくなったのであろうとしている。室町幕府の礼式に暗い筆者はこの点の是非を論じえないが、もっぱら朝倉氏の奉書安堵状を問題とする小泉氏が貞景・孝景の直書安堵状をどのように考えられているか、今ひとつ明らかでない。
(24) 例外的なものとして、文明一三年の坂南郡洞昭庵宛朝倉氏景奉書安堵状が「長禄元年十一月三日安堵状」によって安堵すると記している。この長禄元年安堵状も該当する文書が二点あり、いずれもその花押は英林のものには見えないが、さりとて英林以外の朝倉氏のものでないとも断言できない (県資④松樹院一・二・六号)。
(25) 勝俣鎮夫「戦国法」(岩波講座『日本歴史』八、岩波書店、一九七六年)、同『戦国法成立史論』(東京大学出版会、一九七九年) 二六〇頁。
(26) 水藤真「朝倉氏景 (子春宗孝)」(『一乗谷史学』八号、一九七五年)。
(27) 県資⑤劔神社一〇号。

(28) 県資④龍沢寺三七号。

(29) 龍沢寺が「諸末寺等」の文言の有無に敏感であったことは、重書目録に「英林之判形　寺領惣間之儀、諸末寺之事在之　四通」「天沢（貞景）之判形　并制札在之　二通」「太岫（孝景）之判形　寺領惣間之儀、諸末寺之事并制札在之　三通」と書き分けていることより明らかである。

(30) 県資⑥西野次郎兵衛三号。

(31) 郡司については、河村昭一「朝倉氏の敦賀郡支配について」（『若越郷土研究』二〇―一、一九七五年）を参照されたい。

(32) 水藤前掲『朝倉義景』一二三頁。

(33) 河村昭一「戦国大名朝倉氏の領国支配と名体制」（『史学研究』一二三号、一九七四年。戦国大名論集4『中部大名の研究』に再録、一七三頁）。

(34) 例えば、永正一一年（一五一四）に敦賀郡司朝倉教景は春庚の買得田を安堵したが、翌年春庚はこの安堵地の内二段を西福寺永阿弥陀仏に売却した。そこで教景は改めて永阿弥陀仏に対し安堵状を発しているが、そこにはこの売買が朝倉氏の法にふれるものであることを示すような文言はない（県資⑧西福寺一七七・一八〇・一八四号）。なお、塔頭などが寺領を売却することが罪科とされるのは、寺領は「人物」「僧物」に非ずして「仏物」なりとする寺院の内部律にもとづくものである（笠松宏至「仏物・僧物・人物」〈『思想』六七〇、一九八〇年〉を参照）。

(35) 水藤前掲『朝倉義景』一二六頁。

(36) 川島武宜『所有権法の理論』（岩波書店、一九四九年）七五頁・一〇五頁以下。村上淳一『近代法の形成』（岩波書店、一九七九年）九六頁。

(37) 尾藤正英「徳川時代の社会と政治思想の特質」（『思想』六八五、一九八一年）。尾藤氏は近世の武士・農民・町民はそれぞれ「社会的な義務」としての固有の「役」を持っていたとし、こうした「役」の体系が近世社会の構成原理であったとされる。

この近世の「役」の体系に対応するものを中世に求めるならば、尾藤氏も注目されているように「職」の体系がこれに相当する。しかし、最近の永原慶二氏が確認されているように、「職」の体系は中世後期にはもはや社会を統合する体系としての有効性を失っている（同『日本中世の社会と国家』日本放送出版協会、一九八二年）。もともと中世の「職」は家産制的性格を帯びており（永原同書、二四〇頁）、さらに中世後期には加地子名主職の成立にみられるように「職」所有の「観念化」と「社会的性格」の喪失が進行していた。特に、寺社領は様々な「職」を集積して構成されているが、それはもっぱら得分収取を目的としており、彼ら僧侶・神官がその「職」に見合った「社会的義務」を果たすわけではない。したがって、戦国大名領国における社会的秩序を想定する場合には「職」より「役」のほうが適切であると考える。

(38) 県資⑥青山五平三号。

(39) 県資⑧刀根春次郎一三号。

(40) 安部謹也『中世を旅する人々』平凡社、一九七八年、六三頁。

(41) 中村賢二郎「十六・十七世紀の西ヨーロッパ諸国、ドイツの領邦国家」（岩波講座『世界歴史』15、岩波書店、一九六九年、三〇〇頁）。

(42) 県資⑤越知神社二五号。

(43) 県資⑥西野次郎兵衛三二号。この馬を売るとは馬借株の売却のことであろう。

(44) 県資⑧西福寺一七三号。

(45) 小泉義博「中世越前における北陸道」（『日本海地域史研究』第三輯、一九八一年、一五八頁以下）。

(46) 県資⑤越知神社四〇号。

(47) 阿部猛「中世末期における在地構造の一考察―越前敦賀の場合―」（『日本歴史』一一〇号、一九五七年）ではこの是時名の例から「名田の作人を任免するのは名主であった」とされるが、賛成できない。

(48) 須磨千頴「越前国野坂荘内西福寺領の考察」（一）（二）（『中世の窓』八・九号、一九六一年。引用は（一）一一頁）。

(49) 須磨千頴「山城国紀伊郡における荘園制と農民」（稲垣泰彦・永原慶二編『中世の社会と経済』東京大学出版会、一九六二年、一一四頁）。

(50) 河村前掲「戦国大名朝倉氏の領国支配と名体制」一五八頁。

（51）稲垣泰彦「中世の農業経営と収取形態」（同『日本中世社会史論』東京大学出版会、一九八一年、二二三頁〈初出一九七五年〉）。ならびにそれを継承する諸研究。

（52）この点は朝倉氏時代の「名立」に関連して宮川満「室町後期の土地関係―越前織田荘を中心に―」（日本史研究会史料研究部会編『中世社会の基本構造』御茶の水書房、一九五八年）、河村前掲「戦国大名朝倉氏の領国支配と名体制」が強調するところである。

（53）県資⑤山岸長六号。なお、朝倉氏時代末期の公事収取体制については拙稿「柴田勝家の越前検地と村落」（『史学研究』一六〇号、一九八三年、本書第Ⅱ部第六章）で簡単ながら検討を加えている。

（54）須磨前掲「越前国野坂荘内西福寺領の考察」（二）一九頁。なお、氏は「公事料」を西福寺の一種の内得分と推定されているが（二六頁）、従いえない。

（55）享禄元年（一五二八）、雨夜は久恒名の「殿様江参候御本役米諸納所夫役等」を厳重に沙汰し、織田寺に内得分定二〇石、地子銭五〇〇文を寺納すべきことを約して名代職に任じられている（県資⑤劔神社二五号）。

なお、神田千里氏は「越前朝倉氏の在地支配の特質」（『史学雑誌』八九―一、一九八〇年。戦国大名論集4『中部大名の研究』に再録）において、この久恒名名代職補任のもつ意味は「朝倉氏知行の本年貢と織田寺知行の加地子との双方を『作人中』から一元的に収取する機構として『久恒名』を機能させる」ことであったとされており（二〇四頁）、朝倉氏は「百姓」に年貢を請負わせたという氏の説の根拠の一つとなっている。神田氏のこの考えは、名代を年貢・公事の請負者と捉える小稿と対立する先行研究であるので少し吟味しておきたい。神田氏は、

去年被相押候剣大明神領山本庄内久恒名田畠沽却散在之地等、有算合、本役并社納分名代職可有執沙汰之旨、雨夜新左衛門尉方江被仰出候、年貢諸済物指出、急度可仕候由候也、

享禄元
十一月廿日　　久徳（花押）
景栄（花押）
景契（花押）

山本庄久恒名

作人中

という一乗谷奉行人連署状を引用し（県資⑤劔神社二八号）、これを「朝倉氏奉行人が新名代職の補任を伝え『年貢諸済物指出』を行うことを久恒名の『作人中』に命じたものである」と説明される。この限りでは全く異論がないが、これからいきなり「作人中」よりの一元的収取を説かれることは理解できない。右の引用に見える「指出」命令は、朝倉氏が沽却散在地の還付を命じるときの慣用語であって、それは沽却地を含めて年貢・諸済物の指出帳の提出を命じるものである。したがって、「指出」自体には年貢・諸済物の納入という意味はない。念のため用例を挙げれば、「庵室分之儀、早々指出調之、去永禄八年以来拘持年貢諸済物、急度可令寺社納」（同五四号）、「散在分指出調出之、年貢諸済物彼坊へ可令沙汰之旨、被　仰出候」（県資④大連三郎左衛門六号）のごとくである。右の神田氏の説明は指出帳の意味に解されていると思うが、そうであれば一元的収取の実現という評価が誤りである。神田氏のように考えると、後述するように名代が名耕地を沽却すること、およびそれを買得する者があることの説明ができなくなる。

（56）勝俣前掲「戦国法」二六一頁。

（57）県資⑥大滝神社七号。

（58）引用条文の前条には「一、同寺領之名代、年貢諸納所無沙汰ニ付而、令逐電、近辺隣郷居住之輩者、交名可有註進、然者為此方可申付事」と記されている。

（59）県資⑦洞雲寺一二号。

【付記】本章はかなり以前の論考なので、現在から見ると適切でない記述がある。五三頁において、寺社の給地については売買禁止でないとしたが、これは誤りであった。五九頁で河村氏を引用して名主職が耕地片とともに分割される例はないとしているが、一律にこのようには言えないと現在は考えている。また、六六頁に引用している崇聖寺宛文書は作職進退を示す文書ではない。

第二章　朝倉氏領国制下の府中両人

はじめに

石母田正氏によって戦国大名領国をひとつの国家とみなすべきだという提言がなされて以来[1]、戦国大名を公権力論の視点から捉えようとする研究がひとつの潮流となった。そのなかで注目されたのが、大名の公権力化における法と官僚制の役割であった。いま官僚制についてみれば、戦国大名の官僚は単に行政の効率化を促進しただけでなく、その非人格的規範や合議制によって、大名の公権力化の手段として少なからぬ役割を果したといえる。

そうした官僚の性格づけについては、毛利氏を例として研究者の間に意見の対立があり、そこでは拙論も批判の対象とされている[2]。本来であればそれらの批判をふまえた官僚制論を提示すべきであろうが、未だ十分な構想を得るに到っていない。小稿で意図しているのは、朝倉氏領国制下の官僚組織として知られている府中両人（府中奉行人）[3]を取りあげて、戦国大名官僚制論および戦国大名領国制論を深めていく手掛りを得ることである。

その場合に留意したいのは、官僚制組織やその機能を戦国大名領国制の全体的性格と切り離して考えないことである。最近、池享氏は「戦国大名の支配体制を合理的官僚制の整備という視角からのみ評価」することに「疑義」があることを重ねて表明されている[4]。拙論もその「疑義」の対象となるか否かはともかくとして、池氏のこの指摘を官僚制を論じる場合の方法論に関する戒めとして受け取りたい。戦国大名がたとえ合理性を志向したとしても、それは専制支配のための目的合理性なのであり、中世農民や職人の多様な発展可能性と激しく対立するものであったことを改めて確認しておきたい。さらに、この点と関連して、大名の専制化が官僚制に及ぼす影響についても考えてみたいと思う。

第一節　府中両人の職掌と問題の設定

1、府中両人の職掌

まず最初に先学の研究によって、府中両人組織の成立とその職掌を概観しておきたい。府中両人についてはまず松原信之氏が言及され(5)、ついで水藤真氏が専論を発表され(6)、松原氏も再びこれを取りあげて成立過程を論じられている(7)。斯波氏の守護支配下では越前府中（現越前市市街地）に小守護代両人が置かれていた。この小守護代両人に命令したのは守護代の甲斐氏であり、河村昭一氏が注目されたように(8)、府中小守護代は実質的には甲斐氏の代官とも称すべき性格をも持っていた。甲斐氏支配下の府中小守護代としては応仁元年（一四六七）一〇月まで、一井出雲入道と平右馬新左衛門尉の活動が知られる(9)。こののち朝倉孝景の東軍寝返りにともなって、越前国は合戦が絶えることのない状態となるが、文明一一年（一四七九）二月には守護方奉行人として青木康延と久原平兵衛がみえる(10)。水藤・松原両氏ともこの両人を「府中守護所」（当時の守護は斯波義良）の奉行人と判断され、この時期には朝倉氏一乗谷と府中守護所は「並存」あるいは「並立」の状態にあったとされている。

文明一三年九月に朝倉氏は決定的な軍事的勝利をおさめ、越前国の支配権を確立していくが、それと共に府中守護所の両奉行人も朝倉氏の奉行人化していく。松原氏によると、この変化の過程では孝景の弟の慈視院光玖が重要な役割を果たしていた。光玖は府中守護所に対抗するため「国中奉行人」として府中にあり、朝倉氏支配権の確立にともなって府中守護所の両奉行人を支配下に組み込むことに成功し、文明一八年までには朝倉氏の府中奉行人が成立する。この両人のうち久原は光玖に従って大野郡に転出し、明応五年（一四九六）八月以降は久原氏に代わって朝倉氏譜代家臣の印牧（かねまき）氏が就任し、以後府中両人の地位は青木・印牧氏が世襲するところとなる。府中両人の在任時期などについては表1をみられたい。

次に府中両人の職掌について松原氏は、その所轄が丹生・今立・南条の三郡であること、および彼ら両人はその所轄内において「訴訟および民政関係」を扱い、「重要な事項は一乗谷の朝倉奉行人にその裁定を仰ぎ、その

表1　府中両人の在任期間

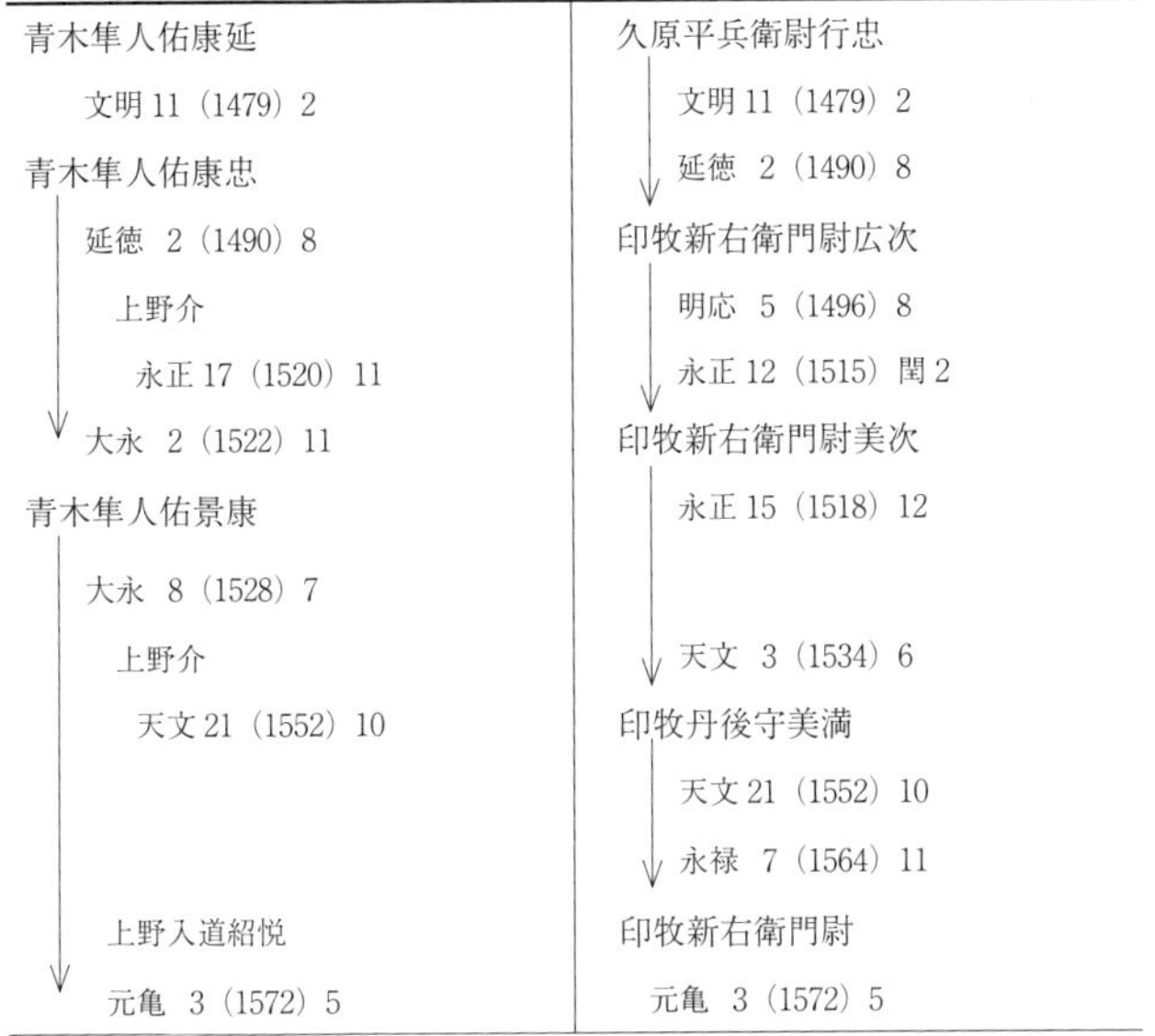

青木氏	久原・印牧氏
青木隼人佑康延	久原平兵衛尉行忠
文明 11（1479）2	文明 11（1479）2
青木隼人佑康忠	↓ 延徳 2（1490）8
延徳 2（1490）8	印牧新右衛門尉広次
上野介	明応 5（1496）8
永正 17（1520）11	↓ 永正 12（1515）閏 2
↓ 大永 2（1522）11	印牧新右衛門尉美次
青木隼人佑景康	永正 15（1518）12
大永 8（1528）7	↓ 天文 3（1534）6
上野介	印牧丹後守美満
天文 21（1552）10	天文 21（1552）10
	↓ 永禄 7（1564）11
上野入道紹悦	印牧新右衛門尉
↓ 元亀 3（1572）5	元亀 3（1572）5

指示に従って治政を行った」と指摘されている。[11] 水藤氏はさらにその職掌を区分して、①段銭・棟別銭の徴収、②夫役の徴収、③臨時（課税）徴発、④裁判の執行、取り次ぎ、⑤裁許状・安堵状・免許状等の執達、⑥管内寺社の造営・修理・参宮、⑦来客の接待を挙げられた。これらの活動を行う場合、府中両人はいずれも朝倉氏の命令や指示をうけたのである。例えば④の裁判についてみると、管轄三郡内の訴訟が府中両人に提訴されたとき、あるいは訴訟が一乗谷朝倉氏に提訴された場合でも朝倉氏が必要と認めた時には、[12] 相論の当事者双方の主張や証文の審理は府中両人が行い、その結果は府中両人より一乗谷に注進され、朝倉氏はそれにもとづいて決定を下したのである。水藤氏によれば①と③の段銭・棟別銭・臨時課税に関して府中両人は管轄三郡を越えた一国を対象とする徴収権を持っていたとされる。そして、府中両人がこうした一国的徴収の任にあたっているのは、越前一国の土地台帳をこの時代においても府中両人が集中管理していたからであろうと推定されたのである。

これら先学の論から府中両人の性格として、次のような点を導き出しえよう。まず、府中両人は朝倉氏一族が任じられた郡司[13]や「領」[14]の支配と比して管轄内に軍事的支配権を有していない。この点において、府中両人は行政（司法を含む）担当者という性格をその本質としている。また、郡司や「領」支配者が自らの判断にもとづいて寺庵の所領安堵をなしえたことと比較すれば、府中両人にはそうした権限は一般的には認められない。さらに、朝倉氏譜代家臣によって構成される一乗谷奉行人が朝倉氏当主の側近として評定に参加しているのに対し、府中両人はそのような大名権力の意志形成に参加していないという点からしても、彼ら府中両人は官僚としての性格をより純粋に示しているといえよう。それは、彼ら両人が府中の国衙機能を継承していることと関連するものと思われ、国衙に伝えられた土地台帳類や行政的経験の継承によって、府中両人は行政専門職的な性格[15]すら帯びているのである。

2、府中両人の独自の支配権

右に先学の説によって述べたように、府中両人の官僚的性格は明瞭であろう。しかし、右のように機能論的に再構成された府中両人の性格づけのみでは、府中両人は戦国大名支配の類型のひとつとしての官僚制にやや強引に押し込められ、その固有の性格を戦国大名領国制のなかに位置づけることができなくなる。そこで、小稿では府中両人の独自の支配権に注目し、その性格を検討したいと思う。さしあたり史料の上から明確に、府中両人が一乗谷朝倉氏の裁決や指示を受けることなく、自らの判断にもとづいて相論の裁許や安堵状を発している例として、次のものを挙げることができる。

(イ)永正一五年（一五一八）府中両人は織田荘紺屋教善左衛門に宛てて、丹生北郡内紺屋方の営業領域を安堵し、毎年二〇疋を府中紺屋中に納むべきことを命じている。(16)

(ロ)享禄二年（一五二九）府中両人は月尾郷と別印四方の用水相論を自ら「裁許」している。(17)

(ハ)永禄七年（一五六四）河野浦と池大良との間に畠地の帰属をめぐる相論が生じたとき、府中両人は裁決を加え、河野浦に理ありとしている。

このように府中両人が自らの判断によって裁決したことについて、彼らは一乗谷に宛てた書状のなかで、「前々自年寄共時、両所（河野浦・池大良）御手長ニ付而、此等式申付事ニ候」と述べており、「御手長」の地については両人独自の判断によって裁決を行いうるとしている。(18)この「御手長」の地としては他に今泉浦を加えることができる。(19)

右の例において(イ)は府中両人が安堵の主体となっており、(ロ)・(ハ)はいずれも裁決権を有していたことを示している。

以下では、このように府中両人が自らの判断によって安堵や裁決をおこないうるありかたを、府中両人の独自の支配権と称することにする。そうすると、この府中両人の独自の支配権がどのようにして形成されたのか、あるいは朝倉氏から認められたのかが問題となるが、残念ながら右の例について直接そのことを明らにすることはできないし、右の例すべてを満足させるような統一的説明も不可能である。

したがって本稿においては、府中両人の独自の支配権の存在そのものは指摘しうるものの、その性格を全面的に明らかにすることができず、その一部しか検討しえないという限界があることを断っておかなければならない。その上で、たとえ一部にせよその性格を明らかにするために、府中両人はどのような場合に独自の支配権を行使しえたのかについて、他の例を挙げてもう少し検討を加えてみたい。

第二節　府中両人と惣社支配

府中両人の独自の支配権を考えるための手掛りとして、府中両人と越前轆轤師の関係に注目しよう。次に示す文書は、南条郡五〓(20)（五箇）轆轤師が伝えたと推定される文書(21)である。

坂本　山王江為新御寄進、国中諸商買人へ御役銭被　仰付候、然者五〓中之儀、従栂野助左衛門尉方、松庵・拙者為承、執沙汰之儀吉田新兵衛尉（正久）ニ申触候処、諸役無之候旨、去天文三府中両人以一札之旨理之条、役銭有間敷候由、新兵衛尉ニ申付候、仍如件、

元亀三壬申

六月十八日　　景勝（花押）

轆轤師中

文書の内容は、朝倉氏が近江坂本山王に寄進するため課した国中諸商売人役銭について、五衙轆轤師が天文三年（一五三四）の「府中両人」の「一札」をもって免除を願い出たので免除するというものである。この景勝の指示を受けて、徴収担当者の吉田正久は同一九日に三尾河内轆轤師衆中に宛てて「諸役無之通御理之条、不可有別儀候」[22]と免除を告げている。

ここで問題としたいのは、諸役免除の証文となった府中両人一札の性格である。いま問題としている府中両人独自の支配権に関連していえば、この一札が朝倉氏の命を受けて出された広義の奉書であったか、それとも府中両人が独自の判断にもとづいて発した直書であったかを確定する必要がある。前者の広義の奉書には、(イ)一乗谷朝倉氏より命令あるいは裁決が文書で府中両人に発せられ、それを受けた府中両人が朝倉氏の文書に添えて執達する文書、すなわち正しく言えば遵行状の場合と、(ロ)府中両人が一乗谷朝倉氏の文書ではなく意を受けて発する奉書がある。右の府中一札がこれら遵行状・奉書のいずれに該当するかを知るため、その形式・文言より、府中両人が朝倉氏の命を受けて発したとみられる文書を掲示したのが表2[23]である（ただし、天文二三年より府中両人が発する棟別銭徴符は後述する理由によって表2には加えていない）。

表2から、まず朝倉氏の命令・裁決は「御一行」と称される文書をもって府中両人に伝えられたことがわかる。そのなかで、表2—②の例は「不可有相違之旨也」という奉書形式の文言を含みながらも、朝倉氏の「御一行」の存在

表2　朝倉氏の命を受けて発せられた府中両人の文書

年月日	命令・先証	書止文言	典拠
①　9.6	光玖の「御一行」が出されたことを告げ	「可有所持之也」	西野9号
②延徳2.8.7	甲斐氏小守護代両人の奉書に任せ	「不可有相違之旨也、仍状如件」	宮川2号
③明応5.8.27	鳥居奉加の「御一行」拝見	「恐々謹言」	瓜生13号
④文亀4.閏3.8	去3日「御一行」に任せ	「仍状如件」	越知30号
⑤永正4.8.2	去7月29日「御一行」に任せ	「可出府候也」	松雲公17号
⑥享禄2.6.2	去5月8日「御一行」に任せ	「仍執達如件」	越知41号
⑦天文21.12.27	「御一行」により	「仍如件」	西野43号
⑧天文24.正.26	天文22年「御一行」に任せ	「知行不可有相違之状如件」	中村11号
⑨永禄3.9.23	鳥居勧進「御一行」により	「恐々謹言」	瓜生22号

註：(1)　典拠の文書は県資②〜⑥に収載されている。
(2)　⑥の書止文言については註（24）を参照されたい。

については記しておらず、極めて特異な文書である。この文書が原本であれば、府中両人が朝倉氏の意を受けて発した前記(ロ)の奉書とみるほかないが、この文書は写しであり、他に(ロ)の形式の奉書が存在しないので、この「不可有相違之旨也」の「旨」は「者」の誤写であると考えざるをえない。したがって、表2—②は府中両人の独自の判断にもとづく文書とみられる。

右の検討が正しいとすると、府中両人は(ロ)のような奉書を発することはなかったとしてよい。はじめに述べたように、府中両人も一乗谷奉行人と同じく「奉行」と称されているが、一乗谷奉行人が一乗谷朝倉氏当主の側近として(ロ)のような奉書を出しているのに対して、府中両人はそのような意味での奉行人ではなかったのである。

したがって、いま問題としている五衙轆轤師宛の府中両人一札は(イ)の遵行状か、それとも府中両人独自の判断にもとづく直書かを吟味すればよいことになる。いま(イ)とすると、五衙轆轤師たちがなぜ肝心の朝倉氏の「御一行」を差し置いて、その遵行状にすぎない府中両人一札を役銭免除の証文として提出したのか、さらに景勝もそれを全く問題とすることなく役銭を免除したのかが理解できない。それゆえ、いま問題としている府中両人一札は遵行状ではなく、府中両人の独自の判断にもとづいて出された直書であったと結論しうるのであり、ここに五徧轆轤師に対する府中両人独自の支配権を認めることができる。

それでは、五徧轆轤師に対する府中両人の独自の支配権について、その歴史的性格はどのように考えるべきであろうか。次の文書[25]も同じく五徧轆轤師に伝えられたものとみられる。

於当府町、木地幷引物等二季津料役之儀、多重雖存分候、山衆両三人為我等取次、孫八郎殿(朝倉景鏡)御被官ニ被罷出候、殊御一行頂戴之事候間、向後不可有違乱候、仍後日之證文如件、

弘治三　　　　小原源介

七月廿八日　　美将（花押）

宅良・三尾河内

木地山衆中

この文書を出している小原美将は、文中にみえる孫八郎殿（朝倉景鏡）の家臣と判断される[26]。この文書の背景を推定しながら文意を取ると、次のようになろう。南条郡の宅良・三尾河内の木地山衆は「当府町」、すなわち府中において「木地幷引物等二季津料役」を負担していたが、朝倉景鏡の代官として府中にいた小原美将はこの津料役収取の権利があると主張して違乱に及んだ。小原の主張にはそれなりの根拠があったようであるが、木地山衆三人が小原の仲介で景鏡の被官となり、景鏡から一行も得たので、小原は以後の違乱を停止する旨を木地山衆に約束した。右の文書によって宅良・三尾河内の木地山衆は府中において二季津料役を負担していたことは明白であるが、次の史料もま

た轆轤師と府中の関係を示している。

国中轆轤師・同塗師屋方法頭之事、正安三年十一月日　御院宣幷府中両人折紙在之、殊ニ惣社両度之諸役等無懈怠云々、就其他国轆轤師引物者不及案内、商売之儀堅可令停止之、然上者任先規例可進退者也、仍如件、

永録（禄）弐

八月十日

景連（朝倉）（花押）

吉統（河合）

長利（小泉）（花押）

景定（前波）（花押）

越前国

鞍谷轆轤中

この文書[27]は、「愛智太山草」や「越前国名蹟考」にも載せられている周知の朝倉氏一乗谷奉行人連署状の原本に近いと推定される文書である。朝倉氏は鞍谷轆轤中が越前国の轆轤師・塗師方の法頭たることを認め、同時に他国者が無断で商売することを禁じているが、その証拠文書とされたのが正安三年（一三〇一）一一月の「院宣[28]」と「府中両人折紙」であった。

この「府中両人折紙」は先に検討した理由から遵行状でも奉書でもないから、ここではこれが朝倉氏の命を受けた府中両人が鞍谷轆轤中の証文や由緒などを調査して、朝倉氏に報告した注進状であったかどうかを吟味するだけでよかろう。もしこれが注進状であれば、大永元年（一五二一）朝倉孝景判物[29]に「去永正十七年十二月廿二日於府中令糺明如注進状、寺務不可有相違状如件」とあるように「注進状」と記される必要がある。そもそも「府中両人折紙在之」という表現は、「去天文七年　性安寺殿（朝倉孝景）様御下知之奉書幷府中両人前々被申付折紙数通在之[30]」という用法と同じ

く、現時点での安堵とは別に過去に出された文書があるという意味である。したがって、この「府中両人折紙」も府中両人が自らの判断にもとづいて発した文書であったとみなしうる。五衙と同じく鞍谷轆轤師についても府中両人は独自の支配権を持っていたのである。

さて、右に全文引用した一乗谷奉行人連署状によれば、鞍谷轆轤中は「惣社両度之諸役」を懈怠なく負担していたとされている。この文は「府中両人折紙」に記されていたのではないかと思うが、それはともかくとして、ここに轆轤師と府中惣社の関係が示されている。諸国の一宮や惣社と職人の結びつきが深かったことはよく知られており、例えば加賀の平野部の紺掻集団は一宮白山社の水引神人として臨時祭礼に用途を負担し、鉾役を勤仕していた[31]。轆轤師が府中惣社の神人であったかどうかは不明ながら、加賀の場合と類似の関係を想定しうるのではあるまいか。また、越後一宮の弥彦神社は府中において湊の上分を徴収する権利を有していたとされている[32]。この例から考えると、先にあげた五衙（三尾河内）木地山衆が負担していた「木地幷引物等二季津料役」も「二季」という限定のあるところからみて「惣社両度之諸役」に近いものではないかと思われる。

以上から、鞍谷や五衙の轆轤師たちは府中惣社をいわば本所とする職人集団であったことが知られる。したがって、府中両人の轆轤師支配は直接的支配関係ではなく、惣社（本所）と轆轤師との支配関係を前提としているのである。このように考えると、先に河野浦が府中両人の「御手長」であったとしたことも理解しうるようになる。河野浦については、長禄四年（一四六〇）一二月に府中惣社神主衡光が注進した「惣社御神領之内川（河）野浦本所分納所色々之事」と題する公事注文[33]があり、河野浦が府中惣社神領であったことは明白である。府中惣社神領であった河野浦は文明九年に船寄山の相論に関して逃散しているが、この相論を解決する力を惣社は失っており、相論は惣社社家の訴えを受けた朝倉孝景の裁許と「国中奉行人」の慈視院光玖の下知によって「落居」し、河野浦人の「還住」が命じられている。[34]このの ち惣社による河野浦裁判に関する史料は存在せず、朝倉氏領国下では府中両人の「御手長」とされていることからして、惣社の相論裁決権は慈視院光玖の手を経て、府中両人に委ねられたと考えられるのである。

府中両人が河野浦を「御手長」として支配するようになった後の河野浦と惣社の関係は不明である。しかし、惣社と轆轤師との関係と同じように、河野浦は形式的にせよ惣社の神領として続いたとみるべきであろう。したがって、府中両人の支配というのは惣社に代わって神領領主や職人の本所となって支配することではなく、相論裁決権と安堵権を中心とする支配であった。

朝倉氏領国制以前においても、また以後においても国衙支配の内容、あるいは国衙と惣社との関係は全く不明であるから軽々しい判断は控えなければならないが、府中両人がこのように惣社神領あるいは惣社支配集団について独自の支配権を持つことは、国衙支配権の継承を前提として初めて理解しうることのように思われる。[35]また、府中両人の独自の支配権としては先にあげた永正一五年の織田荘紺屋宛の安堵状のような例も含まれる。その文書を改めて引用すれば、

丹生北郡内紺屋かた四方掫、寛弘七年より之證文四通明白之時者、当府紺屋かたへ毎年弐十疋宛沙汰候て、任證文之旨、如先々執沙汰不可有相違之状如件、

永正拾五
十二月十三日　　　　　(青木)康忠（花押）
　　　　　　　　　　　(印牧)美次（花押）

織田庄
紺家
教善左衛門所

とある。ここで丹生北郡紺屋方は府中紺屋方の支配下にあったことは明らかである。そして、この両者は惣社と轆轤師との関係に類似したものとみることができよう。府中両人は、この府中紺屋方に対する支配権を認められていたがゆえにこのような安堵状を発しえたと思われる。このように考えると、府中両人の持つ独自の支配権は府中という町と深く結びついているのではないかと思われるが、今のところこれ以上は考えを進めることができない。

第三節　府中両人と朝倉氏領国

次に、府中両人の独自の支配権と朝倉氏領国との関連を考えたいと思うが、ここでは朝倉氏領国末期において進行した府中両人の地位低下、あるいはその独自の支配権が実質的に消滅していく過程をたどることによってこの問題に迫りたい。

まず、轆轤師に関して簡単にみておこう。これまで府中両人の独自の支配権を推定するために挙げた轆轤師の史料は、実は府中両人の独自の支配の変質していく過程を示すものであったのである。朝倉景鏡家臣の「違乱」をうけた宅良・三尾河内の木地山衆三人が景鏡の被官となったことは、彼ら木地山衆が惣社および府中両人の支配下にあるだけではもはや安定的地位を維持しがたくなり、より強力な保護を得るためには新たな権力との結びつきを求めざるをえなかったことを示している。また、永禄二年に鞍谷轆轤中が「国中轆轤師・同塗師屋方法頭」の地位と「他国轆轤師引物」の無断営業停止を朝倉氏に求めて安堵されていることも同様の傾向を示す。この場合、府中両人が以前に発した文書が根拠とされており、朝倉氏もそれを否定してはいない。しかし、後の元亀三年（一五七二）の国中諸商売人役銭免除の場合も含めて、府中両人の文書は先例として引かれてはいても、もはや彼ら両人は直接のかかわりを失なっていることに注意すべきである。

一六世紀後半になって鞍谷轆轤師たちが「他国」の同業者を排除しつつ、「一国」の特権を主張するようになると、その特権の保障はそれに対応する権限を有していない府中両人によってではなく、一乗谷朝倉氏によって行われるようになる。換言すれば、「自由」で漂泊する轆轤師というイメージとは逆に、被官化し、大名より一国的特権的地位を認められ、他国同業者を排除しようとする轆轤師の新たな動向とそれを承認することを通して領国支配を強化しようとする一乗谷朝倉氏の志向のなかにあって、府中両人の地位低下が進行しているのである。

1、馬借の相論をめぐって

次には両浦・山内の馬借について検討したい。室町期以降、越前海岸の河野・今泉の両浦と、そこから府中にいたる西街道沿いの山内と称された村々には馬借の組織があって運送と交易を行っていた(36)。この河野・今泉の両浦が府中両人の「御手長」であったことは既に述べたところである。ここでは、天文二一年におこった河野浦対今泉・山内の馬借中の里買い(37)をめぐる相論を取り上げたい。この相論については既に小泉義博氏の詳細な紹介(38)があるので、以下では必要な限りでの相論経過を記すにとどめたい。

天文二一年七月に河野浦の覚善五郎二郎が「新儀」の道を通って塩の里買人の手引きをし、里買塩を運送したことが発覚したため、今泉浦と山内の馬借がその荷を差押えたのが事件の発端となった（宮川三号）[39]。事件はこれで落着するかにみえたが、八月に入ると「左近衛尉殿」（朝倉景満）[40]が河野浦を支持して今泉浦と山内を訴える訴訟を一乗谷朝倉氏におこしたので、この争いは一乗谷裁判となった。今泉浦と山内は朝倉景鏡を通じて「先規筋目」を主張し、その根本証文である永正五年の朝倉貞景の里買禁止判物も追って提出した（西野四二号）[41]。一〇月になると一乗谷奉行人より府中両人に対し、これまでの経過や事情の調査が命じられた。府中両人はこれに応じて、永正五年の朝倉貞景判物以外の里買に関する府中両人の折紙や浦・山内の書違などの証拠書類を添えて、

今度条々御判証文之旨河野浦之者兎角申儀、一段不相届儀候、

と記しているように河野浦を不当と判断する旨の注進状を提出している（宮川三号）。こうした審理ののち朝倉義景は一二月二二日に府中両人に宛てて、貞景判物ならびにその他の証文に任せて先規の如く商売すべしとする判決を下した（同四号）。敗訴した河野浦は翌年六月にこの件について府中に訴え、また朝倉景満も義景に状を提出しているが、前年の判決は変わらなかった（西野四五号）。

この相論で注目されるのは、訴訟が朝倉景満によって直接一乗谷に提訴され、一乗谷奉行人の召文を受けて一乗谷へ出頭した今泉浦・山内も朝倉景鏡を通じて反論を加えているように、訴訟が府中両人を経由しないで進められていることである。この時点まで里買をめぐる問題がどのように処理されたかについては、右に述べた天文二一年一〇月に府中両人が証拠書類として提出した証文から推測しうる。それを示すのが表3であるが、里買についての処置は両浦・山内の書違（契約書）を除けばいずれも府中両人の折紙によって行われたことが知られる。特に、永正五年の貞

表3　天文21年（1552）10月府中両人提出証拠文書（宮川3号）

年月日	文書名	現存文書
寛正 6（1465）5.21	一井・平右馬奉書	宮川 1号
延徳 2（1490）8. 7	行忠・康忠折紙	宮川 2号
明応 6（1497）7.27	広次・康忠折紙	西野10号
永正 5（1508）11.24	両浦・山内馬借中書違	西野16号
永正10（1513）8.22	康忠・広次折紙	なし
大永 8（1528）5.23	美次・景康折紙	なし
天文15（1546）10.18	浦・山内書違	なし

景判物以後においても府中両人折紙によって処置されており、朝倉氏の判物などの文書はみえない。あるいは、天文二一年八月段階において今泉浦・山内が一乗谷に提出した文書中に、永正五年貞景判物以外の朝倉氏発給文書が含まれていたと考えうるかも知れない。しかし、天文二一年一二月二二日の義景判決には永正五年貞景判物以外には朝倉氏の文書は支証として挙げられておらず、またそうした朝倉氏文書も伝えられていないので、永正五年貞景判物以降にも里買について朝倉氏発給文書はなかったとみられる。天文二一年一〇月の注進状で府中両人が両浦を「御手長」と称したのは誇張ではなかったのである。

にもかかわらず、天文二一年の相論が直接に一乗谷裁判となったのは、この訴訟が「今度左近衛尉殿塩之儀依訴訟」とあるように提訴者が朝倉氏家臣（この場合は一族）の朝倉景満であったからである。河野浦は府中両人の「御手長」に属していたから、河野浦が訴訟をおこすとすれば府中両人のもとへ提訴しなければならなかった。しかし、右に引用した府中両人注進状が河野浦の行動を「一段不相届儀候」と強い口調で非難しているところから考えても、河野浦には府中裁決では勝訴する見こみは全くなかった。そこで、どちらが働きかけたのか不明であるが、朝倉景満が訴訟の当事者となって一乗谷裁判を実現したのである。

この訴訟と対比されるべきものに、享禄元年の越知山の山境をめぐる訴訟(42)がある。丹生郡越知山麓の小河村三方の百姓たちは朝倉教景（宗滴）に「炭御本役」を納入するため、越知山内に炭竈を築いていたが、この地は越知神社神領内であると主張する大谷寺はこの炭竈を破却した。そこで小河村百姓は府中両人に訴えたのであるが、同時に朝倉教景も家臣の小河三郎左衛門尉[43]を「雑掌」として小河村百姓に「相副」えて援助する態度を示した。訴えをうけた府中両人は事実調査のための検使を現地に派遣するなど審理を加えた結果、大谷寺側に理ありと判断し、一六通に及ぶ双方の証文と共にその審理過程を記した長文の注進状を一乗谷に提出した。そして朝倉孝景はこの注進状にもとづいて小河村百姓の違乱を禁じ[44]、相論は大谷寺の全面的勝訴となった。

この訴訟において注目されるのは、朝倉教景のように朝倉氏家中で重きをなす人物であっても、自ら提訴者となることなく、小河村百姓の訴訟について必要な援助を与えただけであったことである。それゆえ、この訴訟は府中両人の主導下でおこなわれたのである。小河村を援助する教景の希望を打ち砕くことになる注進状の筆を執った府中両人はむろん教景を意識していたであろう。しかし、教景がこの訴訟をあくまで「百姓」の訴訟にとどめたところに、府中両人に対する教景の信頼と尊重がうかがえるのではあるまいか。また、この時代としては長文の注進状のなかで審理過程を詳細に記す府中両人には司法官僚として「厳正」な態度をとった自負がうかがえるのである。

右の越知山境界をめぐる訴訟と比するならば、天文二一年の朝倉景満と河野浦の一乗谷訴訟は府中両人に対する不信を伴なっていたといえよう。府中両人が河野浦を「一段不相届儀候」と非難しているのはそのためであろう。しかし、この不信とは、それ以前にはともかくも信頼されていた府中両人の「厳正」さに河野浦が「不信」を抱いたという意味に解すべきではあるまい。新儀の道を構え、禁止されている里買塩を運んだ河野浦側の行為は今泉浦・山内の馬借中、あるいは府中両人からみれば確かに不正であるが、視点を変えてみればこの事件は旧来の馬借中の座特権に対してより自由な交易を求める者の行動といえる。したがって、河野浦や景満の府中両人に対する不信とは、府中両人を保証者として維持されている座特権秩序に対する不信にほかならない。

右に述べたように河野浦の訴訟は成功せず、そればかりか弘治三年（一五五七）には天文二一年一〇月の府中両人注進状に義景が裏判を加えており（西野五二号）、座的特権を維持しようとする朝倉氏の原則は強められた。この限りでは府中両人の地位も安定したようにみえる。しかし、それは表面的な観察であって、この河野浦の訴訟は、先に述べた轆轤師の場合とは逆に座的特権に反対する立場からなされたものではあるが、その問題解決をもはや府中両人に求めず、直接一乗谷に求めたという点では共通するものがある。そして座的特権を守ろうとする立場であれ、それに反対する立場であれ、それらは共に戦国末の商品流通の発展という客観的状勢に根拠を持つ動向であり、こうした商人・職人の動向のなかで府中両人の地位は相対的に低下していったのである。

2、名子と百姓

最後に同じく府中両人の「御手長」の地であった河野浦と池大良が争った永禄七～八年（一五六四～六五）の「山海堺相論」について検討し、府中両人の「御手長」における独自の支配権の実質的消滅を確認しておきたい。この相論を理解するためには、これ以前におこった池大良内部の番頭と間人、および「百姓」と名子の対立について知っておく必要がある。それは次の二つの相論である。

(A)天文五年（一五三六）に番頭と間人たちは番頭持分地の地子銭等の負担と番頭が召遣う日追公事について争った。この争いについて、府中両人の一人青木景康の裁決を示す（中野一号）[45]。

当所番頭持分事、間人等訴訟之条雖相尋候、如先々可執沙汰之、仍番頭手作分事可扶持候、相残分之地子・大豆幷山如指出可沙汰之、但於無沙汰者、余人可申付、将亦日追公事義、年中可為三日充、此外一日事間人等ニ致懇望、可召遣候也、

天文五
十一月二日　　景康(青木)（花押）

池之大良
なかの
兵衛所

この裁決によれば、手作地地子銭等の免除と年中三日の日追公事徴収権を認められて番頭の間人支配は維持されたといえる。しかし、日追公事の追加一日分については番頭が間人に「懇望」することとされているのをみれば、間人たちの番頭に対する抵抗には強いものがあったと推定される。

(B)永禄二年に新儀大網をめぐって「百姓」と名子が争った。この相論を注進した府中両人に対して一乗谷奉行人が指示を与えた書状(46)の主要な部分は次のように記されている。

池大良名子之者共、新儀ニ大網可相立造意之由、依百姓等帯證文申、折紙之趣令披見候、然而度々従其方雖被申越、不能承引之旨、重而承候、何篇彼浦名子之者共網急度可挙之旨、堅可被申付候事肝要候、

府中両人は池大良「百姓」の訴えをうけて、名子に新儀大網をあげるよう何度も命令したが、名子がそれに従わないので一乗谷の指示を仰いだのである。これによって我々は名子の強い抵抗を府中両人は押えることができず、「御手長」に対する府中両人の独自の支配権が事実上解体していく傾向にあったことを知りうる。

さて、河野浦と池大良の「山海堺相論」は、永禄七年に河野浦太郎兵衛持分の尼御前山二百文本の畠を耕作していた池大良の道珍兵衛が河野浦太郎兵衛へ納入すべき地子銭を未進したことから始まる。河野浦太郎兵衛からの訴えをうけた府中両人は、

河野浦太郎兵衛持分尼御前山弐百文本、池大良道珍兵衛致作、地子銭無沙汰之由訴訟候条糺明候、然而未進歴然ニ候間、任道珍兵衛一紙之旨、河野浦可進退之由、去六月十九日彼浦へ一途申付落居候、

と自ら述べているように、この地を河野浦のものとして裁決した（中野二号）。しかし、この裁決を不服とする池大良が一乗谷に訴えたため、この相論は一乗谷裁判へと発展した。一乗谷裁判における池大良方奏者が三回にわたって府中両人裁決の根拠を尋ねる書状を府中両人に下したため、府中両人もそれにいちいち回答しており、その回答を通じて一乗谷における相論の経過をおおよそ知ることができる（但し最初の回答は現存せず）。

それによると、河野浦ならびにその主張を支持する府中両人は係争地たる尼御前山の畠地は池大良の「私領仁畠」ではなくして、河野浦太郎兵衛の持分であるとし、その証拠として「殊去永禄四年十一月三日道珍以一紙、万一少も於如在者山を可召挙之旨申定」めた文書があることを挙げている（中野三号）。これに対し池大良側は、（イ）その係争地は池大良の村域および海域内に含まれること、（ロ）池大良の「私領仁畠」も存在すること、（ハ）耕作者の道珍兵衛は名子であること、を理由として反論したものとみられる。ここで注目したいのは（ハ）の論点であって、この点についての府中両人の回答（反論）の部分を示すと、

一、去永禄弐年大良参人御百姓与名子之者御公事之儀、如　御下知於此方も申付候、但河野浦与申事ニ者不混義候哉、然而前々河野へ之書付等ニも、名子之者令加判候書物拾弐通之内ニ有之御事ニ候、

となっている（同四号）。

引用文中の永禄二年の公事とは先にあげた(B)の事件をさす。すなわち、府中両人は引用文の前半で名子が大網をたてた事件は今度の相論とは直接関係がないとしながらも、後半部分では池大良から河野に差出した文書のなかには名子の者が加判している例もあることを指摘して反論しているのである。この後半部分に注目するならば、池大良の三人百姓[47]の主張は次のようなものであったと推定される。すなわち、池大良においては名子は大網をたてる権利を認められておらず、この点は一乗谷・府中ともに承認せられているところである。このように名子は無権利な存在であって、したがってまた自立した契約権も持たない。それゆえ名子が他村との契約文書に加判することもなければ、他村の者と耕作契約を結んだとしても、その契約書はその耕地が他村に帰属するか否かの証拠能力を持たない。いま河野浦側は永禄四年一一月三日の道珍兵衛の請文を拠りどころにしているが、この道珍兵衛は名子であるから、この契約や証文は証拠にはなりえないと。

右に推定したような池大良三人百姓の主張に対する府中両人の反論については既に記したが、そこでは名子が契約主体たりうるか否かについて明言されてはいない。しかし、府中両人が道珍兵衛の請文に立脚して裁決している以上、彼ら両人は事実上名子が契約主体たりうることを認めていると解される。先述の(A)・(B)の相論より明白にうかがえるように、池大良においては間人・名子の力が徐々に強められていたのであり、府中両人が名子にも契約権を事実上認めたことは池大良のこうした動向を反映しているのではないかと思う。それと同時に府中両人はもはや自力では名子を押えがたくなりつつあったことも(B)の例から知られるところである。こうした状況のなかで府中両人の限界を見極めた池大良三人百姓は、係争地を自己の村域・海域内と主張するだけでなく、同時に村内において名子に対する支配的地位を強化するためにも一乗谷に訴えたとみられるのである。

この相論について翌永禄八年一二月に一乗谷奉行人連署奉書をもって下された朝倉氏の判決は、海山境についてはほぼ池大良の主張を認めたものの、たとえ池大良村域内であっても河野浦が二〇ヵ年当知行している地は河野浦のものとすると定めており、池大良にとって全面的勝訴とは言い難いものであった（同五号）。しかし、名子の契約権については、

一、仁畠私領海等之儀付而、名子之者共河野浦江向後一紙可停止之事、

と朝倉氏判決は記しており、今後は名子の対外的契約権を認めないことを明言している。池大良三人百姓はこのように一乗谷の力によって、村落内における自己の支配的地位を強化しえたのであった。

以上不十分ではあるが、轆轤師、両浦・山内の馬借、池大良について府中両人の独自の支配権の変質を考えてみた。それらにはさまざまな差違が含まれるものの、共通する傾向のほうが疑いもなく顕著である。すなわち、一六世紀後半、天文末年から永禄初年あたりを画期として府中両人の独自の支配権の実質的消滅が進むのである。この独自の支配権の実質的消滅については若干の説明が必要であろう。

まず実質的にではなく形式的に言えば、池大良や河野浦について府中両人が「御手長」の地位にあることを朝倉氏から否定されたわけではないので、この後も「御手長」の相論について府中両人が独自の判断にもとづく裁決を下せなくなるわけではない（ただし、永禄七年以後府中両人裁決を示す例はない）。しかし、問題とすべきはそうした形式的権限ではあるまい。轆轤師以下についてみたように天文末年までは朝倉氏の裁決によることなく、府中両人独自の支配権を示す「府中両人一札」や「府中両人折紙」が受け容れられていたのであるが、それ以降は一乗谷朝倉氏の判決

や判物によって決着することがむしろ一般化し、府中両人の裁決は規範形成力あるいは秩序形成力を失ったのである。それは府中両人の独自の支配権が実質的に失われたことを意味する。

この変化が何によってもたらされるのかについて、本稿では商品流通の発展と村内身分対立の激化を挙げたのであるが、これらについてはより具体的かつ精密に論じる必要があり、また他の要素[48]も考慮するべきであろう。それらの点は改めて考えることにしたいが、この変化に関連してひとつの共通する動向があることを述べておきたい。それは府中両人の独自の支配権の実質的消滅が、轆轤師にせよ、馬借中にせよ、あるいは池大良三人百姓にせよ、彼らの座的特権を維持あるいは強化しようとする保守的・排他的、さらには反動的とまで言ってよい程の動向と密接に結びついていることである。

おわりに

本稿では、先学によって形成された「府中奉行人」の像とは異なる側面に注目して、府中両人の性格を論じた。この試みも冗長なばかりで内容が乏しく、また解明すべき多くの点があいまいなままになっていることを卒直に認めたいと思う。本稿が先学の論に何かをつけ加えたとすれば、それは次の三点にまとめることができよう。

A．府中両人は管轄内の特定の対象については、朝倉氏の指示や判決を仰ぐことなく、自らの判断で相論裁決や安堵を行いうる独自の支配権を持っていた。

B．その独自の支配権の全体を明らかにすることはできなかったが、少なくともその独自の支配権の対象のうちには府中物社の神領と職人集団が含まれていた。推測すればそこに国衙支配と府中両人との関係が認めうると思われる。

C．一六世紀後半になると座的特権の保障をめぐって、府中両人の独自の支配下にあった人々が一乗谷朝倉氏の判決に頼るようになり、府中両人の独自の支配権は実質的に消滅していった。

右の点を朝倉氏の戦国大名領国制と関連させると、独自の支配権を持っていた府中両人は朝倉氏末期までにはそれを実質的に失って、より官僚化したのであり、逆に朝倉氏の権力集中は進んだといえよう。これまで先学によって「府中奉行人」の「一国」的職掌として挙げられてきた棟別銭徴符があらわれるのが、府中両人の性格変化が明瞭となる天文二三年（一五五四）であることも改めて注目してよい。坂井郡新郷に宛てられたその棟別銭徴符は、(49)(50)

調符　棟別銭事　□□（新郷）

合拾五貫八百文者

右、就　御急用被　仰出候条、如先帳今月廿日以前ニ可有究済候、於難渋之在所者、以馬上使堅可有催促由候、仍状如件、

天文弐拾参年卯月二日

（印牧）美満（花押）

（青木）景康（黒印）

と記されており、府中両人の諸役徴収活動が管轄三郡を超えて拡がっていること、およびこの徴符で初めて府中両人が朝倉氏の意を受けた文言を持つ文書を発していることが注目される。まさにこのころを境に府中両人は「府中奉行人」へと純化（官僚化）していったのである。

戦国大名朝倉氏は最初から権力を集中し、官僚制を貫徹させた権力ではなかったのであって、府中両人についてみたように特定の歴史的動向に対応するなかで、権力集中と官僚化を進めていくのである。しかし、轆轤師以下についてみたように、その特定の歴史的動向が座的特権の強化であった以上、戦国大名領国制の「進展」と通常みなされている権力集中と官僚化の徹底もまた保守性・排他性、さらには反動性を帯びざるをえないのである。

註

（1）石母田正「解説」（日本思想大系『中世政治社会思想』上、岩波書店、一九七二年所収）。
（2）本稿は毛利氏を対象としないので、これに関する研究論文などについては池享「戦国大名権力構造論の問題点」（『大月短大論集』一四、一九八三年）に譲る。
（3）研究史上彼らは「府中奉行人」と称されており、史料にも「府中御奉行衆」とみえる（県資⑦白山神社一号）。したがって、彼らを「府中奉行人」と称することに異論はないのだが、本稿では後述するようにこの「府中奉行人」の独自の支配権に注目するので、奉行人の語を避け、その他の史料上で圧倒的に多く使用される「府中両人」の呼称を用いる。
（4）池享「豊臣期毛利氏権力の行政機構の性格―惣国検地打渡奉行の検討を通じて―」（有光友学編『戦国期権力と地域社会』吉川弘文館、一九八六年所収、五二八頁）。
（5）松原信之「朝倉氏領国支配の一考察」（『福井県地域史研究』三、一九七二年）。
（6）水藤真「戦国期越前の府中奉行」（『一乗谷史学』八、一九七五年）。
（7）松原信之「朝倉光玖と大野領」（『福井県地域史研究』五、一九七五年）。
（8）河村昭一「畿内近国における大名領国制の形成―越前守護代甲斐氏の動向を中心に―」（『史学研究五十周年記念論叢』日本編、福武書店、一九八〇年所収、二二一頁）。

（9）「安位寺殿御自記」（経覚私要鈔）応仁元年一〇月一五日条（『北国庄園史料』所収）

（10）『大乗院寺社雑事記』文明一一年九月一〇日条。

（11）松原氏注（5）論文、九四頁。

（12）ただし、管轄三郡内であっても註（14）で述べるような朝倉氏一族の「領」については裁判審理をはじめとする府中両人の職権は及ばなかった。この点は水藤氏の論文に指摘されている。さらに水落町のように朝倉氏代官が置かれている所も府中両人の管轄外であった。

（13）郡司については敦賀郡司の性格を明らかにされた河村昭一「朝倉氏の敦賀郡支配について」（『若越郷土研究』二〇―一、一九七五年）をみられたい。

（14）「領」については安居・織田・北庄の「領」が想定されており、城と関係深いものであったらしいが、その包括的研究はまだない。安居領については松原信之「大徳寺塔頭庵領と朝倉景隆」（『福井県史研究』二、一九八五年）において検討されている。

（15）大永二年（一五二二）に府中両人は、名代が売却してしまった名田の本役負担はどのようにしたらよいかという敦賀郡奉行の照会に答えて、一般的処置法を教示している（県資⑧西福寺二〇一号）。一乗谷奉行人と違って府中両人が青木・印牧両氏に固定しているのも、こうした行政専門的な経験の蓄積と関連していると思う。

（16）県資⑤山岸長一号。

（17）県資⑥矢部宮秋一号。

（18）県資⑥中野貞雄二号。

（19）県資⑥宮川源右ヱ門三号、天文二一年一〇月一二日府中両人注進状写。この文書写において、府中両人は「彼両浦（河野浦・今泉浦を指す、松浦注）之儀者我等御年具仕」と述べているが、この傍点部分は『県史』推定のように「御手永」もしくは「御手長」の誤写と考えられる。なお、手長の一般的意味は取次の意である（『日本国語大辞典』「てなが」の項を参照）。さらに『邦訳日葡辞書』Tenagaも参照。

（20）五衙とは正しくは五箇と書くのであろう。五衙は中世において三尾河内と称された日野川最上流の山間を指すが（『福井県の地名』平凡社、一九八一年、四九四頁、「三尾河内」の項参照）、中世ではその五カ所は不明である。寛文一〇年（一六七〇）の「五カ山木地挽定証文」によれば大河内・岩屋・増（枡）谷、田倉又谷、宇津尾の五カ所を「五カ山」と称している（県資⑥大河内区有七号）。

また、天保一一年（一八四〇）の岩屋村等三ヵ村願書によれば岩屋・大河内・升谷・樫尾・宇津谷の五ヵ村が「往昔禁裏轆轤師御用」を勤めた村だとしている（八飯村野崎伝右衛門家文書、『福井県今庄町誌』一九七九年、六一五頁）。

(21) 県資④浄光寺文書三号。なおこの文書を含めて三点の五衙（三尾河内）轆轤師文書の影写本が浄光寺に存在するが、いずれも字体・文言・花押などについて疑うべき点はない。『県史』「解題」に述べてあるように、これら影写本は木地師の寺として知られる福井市木田の長慶寺住持の甘庶普薫（あまつらふくん）が明治期に収集したもので、後に浄光寺に移されたものである。

(22) 同右四号。

(23) ただし、表2には⑧の例のように朝倉氏の判物を先証として安堵しているものも便宜上加えておいた。

(24) 表2⑥の書止文言が「仍執達如件」と奉書形式の文言になっているのは、府中両人が遵行しようとする五月八日付の朝倉孝景判物自体が書止文言に「仍執達如件」と記しているからである（県資⑤越知神社三九号）。戦国大名朝倉氏がこうした奉書形式を用いた理由については拙稿「戦国大名朝倉氏領国と寺社領」（『福井大学教育学部紀要』Ⅲ　社会科学　三三、一九八三年、本書第Ⅰ部第一章）を見られたい。

(25) 県資④浄光寺二号。

(26) 小原美将は天文二一年（一五五二）に山口吉則と共に朝倉景鏡の奉行人として文書を発している（県資⑥西野次郎兵衛四一号）。また、元亀三年（一五七二）に朝倉景鏡奉行人の一人に「小原三郎右衛門尉美□」（実名の二字目は花押と重なって読めない）がみえる（県資⑦最勝寺一号）。

(27) 県史⑥大河内区有二号。この文書は現在いちじるしくかすれた状態になっており、原本か否かは最終的に判断しえなかった。本稿ではこの文書を原本でないとしても信頼しうる文書とみなしているが、この点はこの文書の宛先である鞍谷轆轤師の位置づけともかかわるので少し述べておきたい。

杉本寿氏は早くからおびただしく木地師関係の論考を公表されている開拓者的研究者であるが、初期の『農山村経済の基礎的研究』（湯川弘文社、一九四四年）より、諸国の木地師は近江の愛智郡小椋荘に定着した惟喬親王を祖とする木地師集団が移住したものという見解がみられる。そのことは戦後の『木地師制度研究序説』（ミネルヴァ書房、一九六七年）においても変わりない。したがって、鞍谷をはじめとする越前の木地師も本来近江の筒井公文所の支配に属すものと捉えられているのである。しかし、一九七九年の「轆轤師村落の発生」（『福井県今庄町誌』第六章第三節）においては、越前轆轤師は筒井公文所系ではなくして「筒井系と同系統として宮廷から出た一派であるらしい」とし、「今立郡味間野鞍谷御所を以て、北陸総社の根源地となしたいのだが未だ資料は揃えられていない」として、越前轆轤師は近江系とは別だという可能性——ただし、根源は「宮廷」より出たものであるが——を提示されている（同書五九三頁）。しかし、氏はこの可能性を追求することなく、やはり「越前方は近江国の亜流」であり、いま問題としている朝倉氏一乗谷奉行人連署状も「筒井公文所にも記録があるのだから公文所からの発行とも思料されるが、若しかしたら越前鞍谷御所の発行かも知れない」とされている（同六〇二頁）。

杉本氏の考えがこのように揺れ動くのは、氏が一九八五年の論文においても越前をはじめとする諸国轆轤師は南朝天皇に王妃をいれて「皇統と結縁」した子孫であると記し、「越前轆轤師の家々は主として今南東郡鞍谷郷を中心にして蟠居され、ここにあげる今立郡下池田村六新田の村々も……」（傍点筆者）と敬語を用いられていることと無関係ではあるまい（「今南東郡・六新田木地村落の構造㈠」『若越郷土研究』三〇—四）。もし、いま問題としている一乗谷奉行人連署状を正しい文書とすれば、この文書の形式・内容からして鞍谷をはじめとする越前轆轤師たちは近江方——したがって「皇統」——と無関係になるのであって、そこに杉本氏のこの文書の真偽判定についてのためらいがあるかに見受けられる。

轆轤師の歴史については、小椋谷の伝承を「虚構の縁起と謀綸旨」とし、古代国家の束縛から離れて「自立から漂移へ」の推移を明らかにされた橋本鉄男氏『ろくろ』（ものと人間の文化史、法政大学出版局、一九七九年）の見解にもちろん従うべきである。ただし、橋本氏は近江の木地屋文書を偽文書とするのみならず、越前鞍谷木地屋の文書をも偽文書だとされている。氏は、いま問題にしている朝倉氏一乗谷奉行人連署状と天正一一年六月一六日鞍谷轆轤師中宛丹羽長秀諸役免許状（「愛智太山草」所収。念のため言うと大河内区有文書五号の筒井公文所宛丹羽長秀諸役免許状写ではない）はともに偽文書であり、その理由は「朝倉氏がまだ同国の領守として、たとえ日は浅かったとしても、どうしてわざわざ他領の丹羽氏による免許状を手に入れたのか腑に落ちない」と記されている（同書一五〇頁）。しかし、丹羽長秀は天正一一年五月より越前の支配者であったから（参照『大日本史料』一一編の四、天正一一年四月二七日条）、この点は疑う理由にはならず、一番煎じであるのは筒井公文所宛のほうである。

以上から、本稿では鞍谷轆轤師の伝えた文書のうち少なくとも朝倉氏一乗谷奉行人連署状と鞍谷轆轤師宛丹羽長秀諸役免許状は信頼しうるという立場をとる。なお県資⑥の大河内区有文書の「解題」に「本巻所収の中世文書はこの筒井公文所に伝えられた写しと判断される」とあるが、同文書の一・四号、それと写とも判断しかねる二号は筒井公文所ではなく鞍谷轆轤師に伝えられたものである。実は、この部分の文章を草したのは他ならぬ私であった。不勉強によって誤りを犯したことをお詫びしたい。

(28)この「院宣」とは大河内区有文書一号（「愛智太山草」にも収載）の正安三年一一月の大嘗会悠紀細工所事所下文をさすものと思われる。

(29)県資⑥大滝神社八号。

(30)県資⑥中野貞雄五号、永禄八年一二月二四日朝倉氏一乗谷奉行人連署奉書。

(31)浅香年木「中世の技術と手工業者の組織」（岩波講座『日本歴史』、中世、一九七五年所収、一三八頁）。

(32)小村弌「上杉氏の都市掌握過程について―特に府内を中心に―」（『頸城文化』三五、一九七五年。戦国大名論集9『上杉氏の研究』に再録、三二五頁）。

(33)刀祢文書（『越前若狭古文書選』所収、河野村刀祢新左衛門氏所蔵文書）。

(34)県資⑥中村三之丞六～八号。

(35)県資⑤山岸長一号。

(36)この馬借についての研究としては、脇田晴子「敦賀湾の廻運について」（『日本海運史の研究』福井県郷土史懇談会、一九六七年所収）、刀祢勇太郎「河野・今泉の廻運について」（同書所収）、水藤真「越前海岸の一小港・今泉浦の中世末」（『一乗谷史学』別冊五号、一九七七年）、佐々木銀弥「戦国時代における塩の流通」（『日本塩業大系』原始・古代・中世（稿）、一九八〇年所収）、小泉義博「中世越前国における北陸道」（『日本海地域史研究』三、一九八一年所収）、同「両浦・山内の馬借」（『武高評論』三、一九八二年）がある。

(37) 里買とは直買とほぼ同じ意味で、馬借中以外の者が船より直接に商品を買い付け、運送することである。馬借中は塩・榑について里買禁止の特権を有していた。

(38) 小泉前掲「両浦・山内の馬借」。

(39) 県資⑥宮川源右ヱ門三号。以下本文中に宮川と略記する。

(40) ここにみえる左近衛尉は年未詳一二月朔日大野郡鍛冶中宛左近衛尉景満安堵状（県資⑦てっぽうや一号）、年未詳八月朔日滝谷寺宛左近衛尉景満書状（県資④滝谷寺五八号。『県史』はこれを堀江景満としているが誤りであろう）の文書発給者である景満と同一人であろうと判断される。いずれも姓を記さないところより、朝倉氏とみられる。

(41) 県資⑥西野次郎兵衛四二号。以下、本文中に西野と略記する。

(42) 県資⑤越知神社三八号。

(43) 小河三郎左衛門尉はこの小河村の土豪と考えられるが、小河氏は敦賀郡司朝倉教景の郡奉行人として知られる家であるから、この三郎左衛門尉も教景家臣と考えてよいと思う。河村前掲「朝倉氏の敦賀郡支配について」参照。なお、念のため小河三郎左衛門尉が教景より「雑掌」として副えられたことを示す府中両人注進状の該当部分を引用しておく。

越智山麓小河村三方之百姓訴訟候、然仁太郎左衛門尉（朝倉孝景）殿江炭御本役ニ参候付而、小河三郎左衛門尉方為御雑掌被相副候之条、
大谷寺江申届候処ニ、寺僧衆出府之条、及数度致糺明候、（越知神社三八号）

(44) 同右、越知神社三九号。

(45) 県資⑥中野貞雄一号。以下本文中に中野と略記する。

(46) 県資②布施美術館所蔵二号。

(47) 三人百姓とは永禄八年一二月の一乗谷判決の宛名に記されている太郎衛門・木下右馬・中之兵衛の三人を指し（中野五号）、この三人百姓構成は慶長三年にも確認しうる（県資⑥宮川五郎右衛門一号）。この三人百姓以外の者が名子と称されるのであろうと思われる。

(48) 例えば、一乗谷における裁判制度の変化を考える必要がある。

(49) 段銭・棟別銭の徴収については改めて考えることとし、ここでは気のついた点だけを述べておく。水藤氏は、府中両人の段銭徴収は一国を対象としていたとされている。しかし、この一国徴収は疑うべきであって、大野郡における徴収例はなく、また敦賀郡における段銭徴収の例とされる善妙寺領能善名については、能善名を敦賀郡内と断じることができない。また、永禄四年より反銭請取状・棟別銭徴符にあらわれてくる景忠は印牧氏ではなく、考証は省略するが永禄三年より反銭に関連して名のみえる青木隼人佐ではないかと思われる。

(50) 県資④大連三郎左衛門二号。ただし、写真版によって破損部分を確認した。

【付記】『福井県史』資料編6を担当された県史編さん課の本川幹男氏には、史料閲覧その他でお世話になった。記して謝意を表したい。

第三章　戦国大名朝倉氏領国制下の寺庵・給人の所領支配について

はじめに

越前の戦国大名朝倉氏は、室町・戦国期に形成されてきたさまざまな得分を安堵することによって権力編成をはかった。そのさまざまな得分を大別すれば、荘園制的本役と加地子得分（史料上は内徳あるいは内得と記される）であり、それらは重層的な職秩序をなしていたから、それらの得分を保証する朝倉権力について河村昭一氏は「朝倉氏権力の特質は職の秩序の維持にあった(1)」と述べられたのである。

朝倉氏が掌握した領主層のなかで最も基本的なものが史料上「寺庵・給人」と記される領主で、神田千里氏によればそれは「加地子得分権者(2)」である。寺庵・給人の所領は本役収取者の支配下で中間得分を収取するという重層的職秩序の制約下にあり、その所領も名の形式をとるものが多いという意味で荘園制的な秩序の枠内にあるといえよう。

しかし、他方で寺庵・給人の所領を大名領国制のなかに位置づけるならば、それらは大名の知行制上の知行地という性格を持つ。大名領国制というのは中世領主の権力構造の一段階を示す概念であるから(3)、中世を通じて存続する社会構造を表わす概念として用いた場合の荘園制的構造とは矛盾せず、荘園制的構造に立脚した大名領国制として朝倉氏を理解することが可能である。したがって、寺庵・給人の所領が一方では荘園制的秩序下の得分収取地でありながら、他方で大名領国制下の知行地であることも何ら問題がないのであるが、小稿では両者の間に存する緊張関係ないしは対立に注目したい。換言すれば、荘園制的なものが大名領国制的なものを制約するとともに、後者が前者を制約するという側面である。もともと分かちがたく結びついているものを分けようとすることにより、曖昧さを伴うとは思うが、越前が畿内に比して大名領国制が早期に形成されながら、中国地方や東国と違って荘園制的構造が強く維持されているという地域性を考えれば、こうした視点も多少の有効性を持ちうるであろう。そこで、小稿はまず寺庵・給人の所領の実態を究明し、その上で右に述べた点を考えたいと思う。

第一節　在地給人の所領支配

寺庵・給人の所領支配の実態を解明するにあたり、避けて通ることのできない先行学説がある。それは朝倉氏の農民支配についての神田氏の説であって、氏によれば朝倉氏は名を単位として「百姓」（作職保有者）に本年貢と加地子得分の納入を請負わせており、「百姓」は在地において本年貢分と加地子分をそれぞれの収取者ごとに配分した上で納入していたとされている(4)。これは基本的に在地領主制支配を否定した捉えかたであり、氏に従えば寺庵・給人の所領支配とは定められた得分を受取るだけであって、朝倉氏と農民との基本的支配関係のなかでは寺庵・給人の独自な支配はさしたる意味を持たないことになる。そこで神田説を吟味するため、最近松原信之氏によって言及されている(5)大徳寺真珠庵・酬恩庵領足羽郡二上国衙米算用状を取りあげ、戦国期越前の年貢収取についての一般的状況を考えてみたい。

二上国衙米とは、天文二〇年（一五五一）に朝倉景隆よりこの両庵に寄進された収取分で（県資②真珠庵九〇号[6]）、永禄七年（一五六四）の二上政所太田新左衛門紀平の書状にみえるように（同一〇九号）、「本役米」を両庵は収納していた。その永禄一一年分の算用状の一部を示すと、

永禄十一辰歳分二上国衙米納分、阿波賀三比屋ニテ

□□月十日
弐斗　　上殿御分　　二郎衛門弁、納才之(宗才)、
同日
壱石二斗　　半田源左衛門尉分　衛門弁、　納才之、

（中略）

三石六斗三升　太田新左衛門尉弁　　五斗二升　同弁、
六石六斗二升　丹治五郎左衛門弁、

となっている（同一二二号）。

右に例示したものについて言えば、二郎衛門や太田新左衛門尉が本役米納入者であるが、その場合「上殿御分」のように「分」と記される本役米とそうでない本役米がある（全体については表1参照）。「分」と称されている人は松原氏が指摘されているように、この本役米納入地についての内徳収取権を朝倉氏から安堵されている朝倉氏給人と考えられる。したがって、これら給人に対してはその地の農民は両庵への本役米のほかに内徳分を納入していたと判断される。このように内徳分給地であっても、両庵は農民（作職保有者）から本役米を収納しているから、これら農民

表1　永禄11年（1568）二上国衙米算用状

「分」	弁納入者	合計（単位：斗）
上殿御分	二郎衛門	2.0
半田源左右衛門尉分	衛門、喜衛門	18.0
高源院分	太郎二郎、兵衛、与八 喜八、太郎衛門、喜九郎	31.2
新保式部丞分	甚二郎、太郎衛門、 彦九郎、源兵衛	50.7
新保五郎左衛門尉分	甚二郎、小三郎、双衛門 木衛門、源五郎	15.46
川嶋殿分	寺尾方	3.0
	太田新左衛門尉	102.7
	桑山源右衛門尉	34.2
	丹治五郎左衛門尉	72.7
	寺尾方	18.677
	乙部新兵衛	3.333

が朝倉氏によって年貢請負いを命じられていたかどうかを留保すれば、神田説は妥当な見解であると言えよう。

それでは「分」の記載のない太田新左衛門尉はどのように考えるべきであろうか。神田説をあてはめれば彼らも「百姓」となり、事実松原氏は神田氏に従って彼らを「作職を保有する百姓身分」[7]とされている。しかし、それでは彼らの本役納入分に「分」が記されていない理由が説明できない。それについて、彼らの保有地にも給人が存在したが、複数にわたるため「分」記載を省略したと説明しうるであろうか。表1に示したように太郎衛門と甚二郎は複数の「分」にあらわれるが、「分」ごとに区別されており、特に太郎衛門は納入日付の一方が文書破損のため読めないが、破損字数より同じ日に納入したと考えられるにもかかわらず、高源院分と新保式部丞分は区別されている。一般的に考えて、「百姓」がどの給人分の本役米を納入したかを明確にしておかなければ、後日の紛糾は避けられないから、これら「分」が省略されることはあり得ないと思われる。それゆえ、太田以下に「分」の記載がないのは彼ら自身が内徳収取者であったとみるほかはなく、彼らはおそらくその内徳収取を朝倉氏より安堵されている給人であったと考えられる。「分」として示される給人を含めて、これら給人の本貫地については松原氏が考証されており、それによると「分」としてあらわれる給人はおおむねこの二上の地に在地性がなく、それと対蹠的に太田以下の給人は在地性の強いことが知られる。したがって、在地給人の所領については神田氏が想定されるような「百姓」の年貢請負制はみられない。

ところで、この太田新左衛門尉は永禄八年二月二五日に本役収取者の両庵に披露を求めた書状のなかで、

未進之儀山内方分桑山五郎兵衛分ニ御座候、乍去今日涯分申候て米上申候、相残分聽而調可申候間、去年政所拙者候間、猶御催促御拘候様、石彦へ御申奉頼存候、

と述べている（同一一二号）。すなわち、太田は永禄七年にこの地の政所であったため、桑山五郎兵衛の未進分を徴収する責任があり、この日にその一部を果たし、残り分も徴収するので、寺家の催促を控えてほしいとしているのである。未進徴収が政所の責任とされていることは、「百姓」の年貢請負制でないことを示すと思われるが、さらに永禄七年分の算用状には「二月廿五日壱石二斗三升　太田新左衛門」とみえ（同一一九号）、納入者は桑山でなく太田となっている。このことは未進本役米の納入が政所の責任とされていることを明確に示しており、「百姓」の年貢請負制は行われていなかった。

右の簡単な検討から、非在地給人領の本年貢を「百姓」が納入していることは確認されるものの、在地給人領では給人が作人より収取した年貢の一部を本年貢として納入していること、また「百姓」の年貢請負制は認めがたいこと

を確認しうると思う[8]。また、在地給人の太田が政所となっているように、これら在地給人が年貢収取体制のなかで果たしている役割に注目する必要がある。寺庵・給人の所領の一般的支配形態については右のように考えられるので、以下では寺庵領の例として丹生郡織田寺玉蔵坊領を取りあげて、その所領支配の実態を考えることにする。

第二節　織田寺玉蔵坊の所領支配

玉蔵坊は織田剣神社の別当寺である織田寺を構成する寺坊のひとつであり、文明一一年（一四七九）に朝倉孝景より「織田庄内田数壱町壱段小地利分」を「買得」に任せて安堵されている（県資⑤劔神社九号）[9]。ついで明応四年（一四九五）の朝倉景儀裏封の織田料所方内玉蔵坊領目録によれば、本庄正元名山・同安次名内畠・江並村守真名八分壱・同村貞則名内田地九十歩が坊領として知られる（同一六号）。

天文二〇年には朝倉延景（義景）によって玉蔵坊沽却散在地が新寄進として還付されたにもかかわらず（同三五号）、永禄元年に玉蔵坊は「公方諸済物」の未進を理由に坊領を織田寺に上表した（同四〇号）。ただし、天文二〇年に朝倉氏より還付された沽却地は上表分と区別されて玉蔵坊の保有が認められている。また永禄元年以前に玉蔵坊が朝倉氏家臣小泉長治に「契約」していた坊領については、その後織田寺が小泉に返却を要請し、元亀二年（一五七一）に小泉より返却されている（同五五号）。

さて、この玉蔵坊領については、その所領の内容を知ることのできる納帳が天文二年[10]と永禄元年[11]の両年についてともに写しとして伝えられている（以下、それぞれ天文二年帳、永禄元年帳と略記する）。天文二年帳・永禄元年帳ともに正本四分一、有次四分一、安次八分一の名田についての納帳であることを記しているが、天文二年帳は収取の基本台帳に実際の収納があったものを付記したもので、実際の収取の実態を示してくれている。永禄元年帳は先述の玉蔵坊領上表のときに、織田寺に対し坊領のそれまでの収取と負担を書き上げたもので、天文二年帳では十分に記されていない負担分の全体を知ることができる。したがって、この両帳あいまって玉蔵坊領収取の実際と収支の全体を知りうるのである。

玉蔵坊領の収納と支出について示したものが表2である。それによると米の収納総額は史料上三三・一八石と計算されており、それから「下行分」と称されている本役米以下の支出を引いた残りの一三・八一石余が米代の内徳分ということになる。次に銭分の収支について、店役銭（点役銭）は三年に一度の「下行」とされており、そのため収支決算からは除外されて、結局二貫五〇文の不足と計算されている。この不足分は米代より補うこととなっているが、この時期の織田荘の和市米価は知り難いので、他地域の例を参考にして石別四〇〇文（貫別二石五斗）程度で計算すると[12]、米にして五石余が米代より補充されることになる。したがって、玉蔵坊領の差引収入は八・八石程度と見積もられる。店役銭を除く玉蔵坊領の総収納を米に換算すると四〇・七八石程度となるので、坊領の総収納に対する差引収入率は二一・六％となる。農民の未進を考慮すれば玉蔵坊領の経営は必ずしも安定しているとは言い難いといえよう。

玉蔵坊領の収納と「下行」のうち、ここでは論述の都合上まず「下行分」について、すなわち名および名主と本役収取者・領国支配者との関係から考えたい。名主の負担総額を記している永禄元年帳の「下行分」について、表2では⑧と⑬としている本役米と公事の記載を抄出すれば、

表２　永禄元年帳の収納と下行（単位：石）

〔収納分〕			
①	分米	定米 30.87	
②	本役米	2.21	
③	造帳米	0.35	
④	段銭本役分	1082 文	
	段銭直作分	228 文	
⑤	店役銭本役方納	1050 文	
⑥	畠地子	1595 文	
⑦	山地子	135 文	
〔下行分〕			
A．米下行			
⑧	本役・公事米	6.54963	（阿波賀殿沙汰）
		6.54963	（中村殿沙汰）
⑨	造帳米	0.25	（阿波賀殿へまいる）
⑩	玉蔵坊分	3.0	（玉蔵坊へ）
⑪	詰夫・浮夫	2.0	（百姓へ）
⑫	有次上分	1.0	（勾当へ）
B．代下行			
⑬	本役代方	1900 文	（阿波賀殿沙汰）
		1900 文	（中村殿沙汰）
⑭	吉書	195 文	（阿波賀・中村両人へまいる）
⑮	玉蔵坊	300 文	（玉蔵坊へ）
⑯	段銭・同路銭	771 文	（百姓へ）
⑰	店役銭	980 文	（3年に1度）
米代差引　①〜③の計－A＝13.81074（註1）			
代銭差引　④　⑥　⑦の計－⑬〜⑯の計（註2）＝－2050（米代より補う）			

註：(1) 史料は①〜③の計を33.18としているのでそれを用いた。また、米代差引の差は13.83074が正しい。
(2) 史料は⑬〜⑯の計を5090文としているのでそれを用いた。

㋑四石弐斗壱升七勺四才　正元四分三(マヽ)御本役
㋺四升五合　　　　　　　収納
　参升八合　　　　　　　桑厨米
㋩参百七拾六文　　　　正元呉服貢銭
㊁百弐拾八文　　　　　長夫銭

の如く記されており、㋑本役米、㋺公事米、㋩公事銭、㊁夫銭・公事代である。戦国期の織田荘本所方指出[13]の名の負担する「御年貢米」が㋑に、「呉服」が㋩に相当し、戦国末期においても名の本役米・公事の負担がかなり忠実に維持されていることが知られる。

同じ下行分であっても⑨造帳米（雑丁米）、⑭吉書銭、⑰店役銭（点役銭）は名の本役米・公事とは区別される。それは名の本役米・公事が「此分半納として阿波賀四郎右衛門尉殿沙汰申候(マヽ)」「中村源左衛門尉方沙汰申候」と記されるのに対して、造帳米以下は「阿波賀四郎右衛門尉殿へまいる(マヽ)」と記されていることからも知れる。「まいる」とは阿波賀などがそれを収得するの意であるから、それと区別される「沙汰申候」の解釈としては、A阿波賀・中村が作人より年貢を収納し、そのうちより本役・公事を玉蔵坊あるいは直接に本役・公事収取者に納入する、B玉蔵坊が本役・公事を阿波賀・中村に「下行」し、両人はそれを本役・公事収取者に納入する、のいずれかになろう。Aの解釈をとると阿波賀・中村は玉蔵坊領の名代ということになる。しかし、下行分に名代給の記事がなく、その他名代の存在をうかがわせるようなものもない。したがって、Bの解釈をとるべきであり、「沙汰申候」とは玉蔵坊が本役・公事分を阿波賀・中村に「沙汰」し、両人は本役・公事収取者にそれを「沙汰」するということであろう。そうすると両人は織田荘本所方・料所方の代官と判断され、吉書銭など「まいる」とされるものは彼らの代官得分と推察される。

次に、名の収取分、すなわち作人との関係について検討する。玉蔵坊の収取する米銭を永禄元年帳によって分類すると、(イ)分米（表2の①）、(ロ)地子銭（同⑥と⑦）、(ハ)本役米（同②）、(ニ)造帳米（同③）、(ホ)段銭（同④）、(ヘ)店役銭（同⑤）となる。収取分の中心をなす(イ)(ロ)について天文二年帳・永禄元年帳より若干を抄出すると、

〈天文二年帳〉

(イ)有坪ふくま地
壱段　分米壱石参斗　当作 飯田源兵衛

有坪北かいち
壱所　分米弐石　当作 小五郎
壱石五斗、十月七日高橋小五郎弁

有坪寺ノ下
壱段小　壱石八斗　惣納　当作 左衛門五郎
壱石七斗八升、十二月十三日左衛門五郎弁

有坪
壱所　分米壱石　当作 宇野次郎兵衛
惣壱石、十二月十三日二郎兵衛弁

(ロ)百五拾文　正本分畠かちかい　当作 越後

弐百五十文　安次分　石田三郎屋敷

六拾文　同（安次分）本役　こうや 左衛門二郎

〈永禄元年帳〉

(イ)半　有坪北カイチハサ田　分米九斗　作馬場アテ衛門

壱段　有坪福町清水田　分米壱石四斗　同与三郎(作)

(ロ)壱所　有坪福町　四百文　此内弐百文土免　作石田一右衛門尉

壱所　有坪カチカヘ道より北　百文　作太郎三郎

となっている（なお、天文二年帳の収取状況は表3に示した）。すなわち、耕地には一筆ごとに分米・地子銭、および作人が定められており、天文二年帳に明らかなように名主玉蔵坊は個々の作人から分米を収取している。分米地のうち面積の記されているものについて段別平均分米高を求めると、天文二年帳では一・三三石、永禄元年帳では一・二七石となり、これは戦国期の織田荘本所方指出の散田分平均斗代一・三二石とほぼ等しく、この分米は作人の負担米総額を示している。そのことは次に抄出する(ハ)本役米との比較によって知られる。

〈天文二年帳〉

本役米会所ヨリ可納分

壱斗七升、惣納壱斗七升、十二月廿六日真禅院弁、雑丁共ニ　真禅院ヨリ

弐斗五升五合、参斗九升五合、十一月廿三日、善興寺弁　善興寺　四郎左衛門分

弐斗、惣納七升、十二月廿六日善興寺ヨリ　同善興寺
五斗　安次分　服部方ヨリ

〈永禄元年帳〉
（玉蔵坊分）同本役米納分
有坪宮ノ奥
壱斗五升　真禅院
有坪
弐斗五升五合　但下斗ノ定　禅興寺
有坪常照寺ノ下
弐斗五升五合　但与監寺分ヨリ下斗定　小泉殿
有坪宮ノヲク
四斗　但円鏡坊分ヨリ下斗ノ定　小泉殿

これら本役米地とその納入者には分米地およびその作人と重複するものはない。作人の負担する分米とは理論的に言えば本役米と内徳を含む額であるが、ここではそうした区別はなく、両者一体のものとして作人よりの収取限度年貢額として捉えられており、個々の分米地がどの名に属するかも関心事となっていないのである。むろん個々の耕地の本役米の額が知られていなかったわけではない。右に引用した永禄元年帳に本役米負担者としてみえる小泉殿についてみると、彼は先述のように玉蔵坊が坊領を「契約」していた人物である。したがって、この本役米収取地は、玉蔵坊が自己の名田を近隣の寺庵・給人に「契

表3　天文2年帳の収取状況

収取内容	分米・分銭	実納入
分米	37.33 石	14.19 石
本役米	3.507 石	0.9531 石
代方	2370 文	―
山地子	170 文	―
下行分	3110 文	

約」（ほぼ売却とみなしてよかろう）するときに、本役徴収権を留保したところと判断される。このように本役米と内徳は売却などの際に初めて区別されるのであって、最初に特定の額の内徳が形成され、それに本役米を加えたものが分米として作人に課せられるのではない。

つぎに㈡〜㈥の造帳米の収取について史料を挙げることをやめ、まとめて述べておきたい。造帳米の収取基準は不明である。段銭は段別六五文、店役銭は段別一〇〇文を収納しているが、天文二年帳には段銭・店役銭の収納について記されていない。段銭について「段銭直作分納」と記される四筆二二八文は分米地の作人が納入しているが、その他は「段銭本役方納」とあるように、本役米納入者が負担している。同様に造帳米も店役銭も本役米納入者が負担している。造帳米以下が原則的に本役米納入者の負担とされていることは、これらの収取も本役米収取に準じて考えるべきことを示している。すなわち、造帳米以下は本来名に課せられた付加的な税であるが、この名田売却のときに本役米と同じく玉蔵坊が徴収権を留保したものと考えられる。そして、作人に造帳米以下が課せられていないのは、これらの収取は本役米と同じく売却のときに初めて意識され、名主によって売却地に課せられたのであって、売却地以外の作人支配においてはこれらの収取は作人より収取する分米・地子銭に包摂されていて独立した徴収項目とはなっていないことを示している。この意味においても、分米と地子銭は作人に対する統一された収取総額なのである(14)。

収取分の検討を終えるにあたり、収納の実態を示す記事を天文二年帳が含んでいるので言及しておきたい。天文二年帳には分米と本役の収納日を記しているが、そのうちに引用文にも示したように、「惣納」と付記されているものがある。「惣納」の日付は分米地では一二月一三日、「会所」より収納される本役米については一二月二六日となっている。これは分米地の作人は一二月一三日の「惣納」の日に名主に分米を納入し、名主は一二月二六日にその収取した分米のうちから本役米を「会所」に納入し、互いに自己の収取分と負担分を清算したことを示すと思う。むろんこれは原則であって、作人は「惣納」以前や以後に個別に納入する場合が多いから、「惣納」を確立した制度とみることはできない。

以上の玉蔵坊領支配の特徴は、作人に対する包括的な分米・地子銭収取にあるといえよう。したがって、玉蔵坊のような在地性を有する寺庵を単に加地子名主と捉えることは不十分である。彼は単に加地子得分を請求しうるという存在ではなくして、現実に作人を支配し、名主としての負担を果たさなければならず、得分はその結果として初めて獲得しうるのである。

また、玉蔵坊領の名においては、作人からの収取と名主としての負担が基本的に分離している。名主としての負担は荘園制下の負担項目をかなり忠実に維持しているが、それと作人に対する収取は対応していない。この名の負担と収取の分離はその原則的な差にもとづいている。言うまでもなく名に対する賦課は本来名の耕地についてのみ課されたのではなく、越前では呉服に代表される名公事にみられるように、名が包摂するさまざまな生産力を見積もって課されているのであるが(15)、玉蔵坊領の収取はこの二つの納帳の収取分の記事による限り、そうした荘園制的名の負担を顧慮することなく、田畠などの耕地についての収取に一元化されているのである。名主が負担する本年貢・公事が名主の作人支配を規定しておらず、両者が分離していることは、名の形式（負担）と内容（収取）の分離として捉えることができよう。この分離は、名の負担が名主と本役収取者あるいは領域的支配者との関係であり、名の収取が名主と作人との関係であることから、上下の重層関係、もしくは対外的関係と対内的関係として処理され、形式と内容の矛盾に発展することは原則的に回避されているのであるが、根本的には回避しえなかった。そのことを示すのが、天文二年帳の末尾に記す次の「下行分」の記事である。

同下行分
天文弐年
六拾文　卯月廿日　夫銭越後ニ渡、
弐貫文　六月廿八日　御服銭として越後ニ渡、
但藤七衛門方より
壱貫五十文　四月廿日　陣夫として上野公（勾）当方へ、

夫銭・御服銭（呉服銭）・陣夫の下行を受けている越後と上野勾当は、ともに分米地の作人としてみえている。夫銭・陣夫の下行銭とは、実際にこれらの夫役を勤めたのが作人であったから、その手当てとして下行されたのである。これらの夫役は作人たちが直接にその地の領域的権力に掌握されて負担するものであって、この限りで作人たちは名主より自立した「御百姓」としての性格を失うことはなかった。

さらに、呉服銭については「下行」の時期が六月末となっているのが注目される。これに関連して、天文二一年に大乗院釈迦院寛秀が河口荘の所務について「如例年蚕養之時分使召下」と述べているのが参考になる。そして、猪熊文書中の「河口庄勘定帳」によれば、使者下向はだいたい五月末～七月と一一月末～一二月の年二度となっており、「蚕養之時」が五月末～七月を意味することは言うまでもあるまい。呉服銭は実際に農民の養蚕を前提としており、繭や糸を売却して銭貨を得た農民が納入したものと推察されるのである。呉服銭は玉蔵坊の「下行分」に記されているが、実際にそれを調達したのは引用文にみられるように「藤七衛門方」であった。彼は天文二年帳において安次名本役四升の納入者としてみており、推測を交えるならば彼は織田荘の住人であって、農民の繭や糸を買い付ける商人であったのではなかろうか。農民たちは自己の繭や糸を藤七衛門に売り、藤七衛門はその代銭を越後に渡し、越後より本役収取者に呉服銭として納入されたと考うるならば、表3に示しているように天文二年帳に代方と山地子の実際の収納が記されていないことも説明しうると思う。すなわち、代方と山地子は実際には個別に収取されることなく、右に述べた呉服銭などに振りかえられたと考えられる。むろんそうした振りかえには煩雑な清算事務が伴うが、それらは越後のもとで処理されたのであろう。

右のように考えると、戦国期織田荘公事納帳[17]にみえる呉服銭と納所銭の納入に名田部分＝「百姓あつかい分」、散田部分＝「百姓あつかい不申候分」という区別があることも理解しうるようになる。河村氏はこの名を百姓が「あつかう」という事例を挙げて、氏の「百姓」＝名主という見解を裏付けるものとされている[18]。しかし、この玉蔵坊領のように、名は寺庵・給人が名主として支配する場合がむしろ多かったのであるから、名を百姓が「あつかう」とは、氏の「百姓」＝名主という見解を証明する事例としてではなく、そのこと自体が解明されるべき課題とみなければならない。右の越後の例が「百姓あつかい」のすべてを解明したとは思わないが、より事実に近いと思う。このようにみれば、玉蔵坊領における例は名の「百姓あつかい」として織田荘全体に一般化することができる。そして、そのような「百姓あつかい」が必要とされるのは名の負担がいぜんとして荘園制的公事の形式をとっており、かつそれが農民の生産活動に相応していたからである。先に名の形式と表現したものが、この限りでは内容をなしており、名は基本的に荘園制的体系のなかにあったのである。

第三節　作職進退と指出

名主職を権限の拠りどころとする玉蔵坊の支配の実態は右のごとくであるが、このことだけから寺庵・給人の所領支配を考えることは十分でない。それらの所領は、同時に戦国大名朝倉氏から安堵された知行地であるという政治的・法的性格を帯びている点を考慮しなければならない。ここで知行地というのは寺庵・給人が自己の本領・買得地・寄進地について、多くの場合それらを一筆ごとに書き上げた目録をもって朝倉氏に申請し、安堵された所領のことである。水藤真氏が述べられているように、朝倉氏は安堵申請地がその申請者の当知行地であり、かつ裁判で係争中のものでないこと、および他人の給恩地の買得地・寄進地でないことを基準として安堵した[19]。こうして安堵された地は、不当な押妨や没収に対して朝倉氏の保護を得ることができたことは言うまでもない。逆に、安堵目録に記載されていない所領は、たとえ由緒あろうともその目録地安堵のときに当知行として認められなかった地であるという論理によって支配権を失った[20]。知行地にはこうした保護が加えられるだけでなく、右に記したように原則的に売買を禁止するという制約が加えられており、また寺庵知行地には寺庵役が、給人知行地には軍役等の義務が課せられていた[21]。こうした点からみて、知行地は単なる所領一般とは違った特別の扱い――もしそれを想定すれば「知行地法」上の扱いとでも言うべきもの――を受けていた。

知行地について給人が主張した権限を示す例として、大永七年（一五二七）滝谷寺買得田に対する堀江景実書状[22]の必要部分を示すと次のとおりである。

> 湊本田方之内田地五段、湊之百姓六郎太郎かたより御買得由蒙仰候、拙者知行分御判之内候条、雖可相押申候、
> 貴寺之御事者、別而御祈念憑存候間、不及是非候、

右の引用にみられるように、堀江景実知行地内の百姓得分を買得した滝谷寺が景実に承認を求めたところ、景実はその地が「御判之内」であるから没収しうるものであると述べているのが注目される。給人知行地内の百姓得分の存在やその売買は在地においてはさして不法なものとは考えられていなかったのであるが、給人は朝倉氏安堵の知行地たることを理由に、そうした百姓得分の自由な移動を禁止する権限があると述べているのである。さらに元亀二年朝倉氏一乗谷奉行人連署奉書は剣神社社領織田平等村百姓中に宛てて、

> 剣大明神領当村百姓等作得分事、今度以　御一行、沽却散在之地悉寺社江被成寄附之条、瓦屋之源珍分・宗玉庵分・道場之道一分早々指出調之、年貢諸済物急度可令寺社納、仍作得分内除先　御一行、自今以後作得内云売人云買人、共以可為曲事之旨被　仰出者也、

と命じている（劔神社五二号）。河村氏が指摘されているように、寺庵・給人やその名代が売却した「沽却散在之地」を朝倉氏が買得者より没収して、再び知行地として安堵する例は少なくないが[23]、この場合はそうした知行地の得分ではなく、「百姓等作得分」が没収され織田寺に寄進されている。ただし、右の堀江景実知行地の場合と同じく「百姓等作得分」の存在そのものが「作合い否定」のように否定されているのではなく、瓦屋源珍など神領内作得分を買得集積して剣神社寺社の支配からなかば自立しようとする者の得分を否定し、あわせて以後におけるそのような動向を断つために作得の売買を禁止したものとみることができる。

以上、不十分ながら農民の得分を原則上は否定しうる知行地の権利を知ることができよう。それは知行制を自らの権力編成の根幹として維持しようとする朝倉氏の意志のあらわれなのであるが、この知行地の権限の具体的なありかたと、それが成立してくる事情はどのように考えるべきであろうか。それについては、知行地における作職進退権の問題と関連させて考えることができる。

別稿で述べたように、(24)一六世紀以降、朝倉氏は寺庵知行地について作職進退権を認めるようになる。その要点は次の二点にまとめることができる。

A．室町期以降、領家・地頭あるいはその支配権を継承する本役収取者と、寺庵など内徳収取者との間に、作人と下地の進退権をめぐる対立があった。この対立は荘園制的諸職の帯びる重層的支配権より生じる対立であるが、朝倉氏は寺庵に作職進退を附与することによりこの対立を終息させようとした。換言すれば、朝倉氏は寺庵の土地所有を最も基本的土地所有者として位置づけたのであり、それは職の重層的支配権克服の一方策といえよう。

B．同じく室町期以降、農民の年貢未進、あるいは自己の作職ならびに作職得分を確保するため、領家・地頭や近隣有力武士と結ぶ農民の動向があった。したがって、寺庵に作職進退権が与えられたことは、寺庵が抵抗を強めつつある農民に対して、その作職を改易する、あるいは改易すると威圧することを可能とし、寺庵の支配権強化をもたらした。

作職進退の例は史料不足によって寺庵知行地についてしか明らかでないが、先述の堀江景実の例からみて給人にも認められていたと判断される。さらに、既述の知行地における農民得分の原則上の否定は、右の作職進退権にもとづく権限であったとしてよいと思う。したがって、知行地の具体的な権限とその権限の成立事情については、右のA・Bが妥当すると思われる。それを約言すれば、荘園制的支配秩序の解体過程に生じてくる領主間の矛盾と対農民支配上の矛盾についての大名の対応策であったといえる。

しかし、作職進退権についてはその原則を確認するだけでは不十分である。敦賀郡野坂荘を例に名主の作職進退権を考察された須磨千頴氏が、作職の名主職に対する関係は制度的従属性だけでなく現実的隷属性を考えるべきだとされているのも[25]、右の点と関連することだと思う。したがって、ここで考えるべきことは、知行地における農民得分の否定が原則上の権限にとどまり、通常は農民得分を容認せざるを得なかったことの意味であって、それを朝倉氏領国制下の農民支配の性格から検討することである。

まず、戦国期の作職進退とは、寺庵・給人が作人の作職を否定ないし吸収して支配するという意味でないことを確認する必要がある。一六世紀の朝倉氏領国制下で作職が存在し、機能していた例は多くあげることができるが[26]、代表的なものとして、作職進退が認められている織田寺社領において永禄五年に作人の未進年貢完済を命じた一乗谷奉行人連署奉書が「内郡神領作職中」を始めとする「作職中」に宛てられている例があげられよう（劔神社四九号）。さらに、享禄二年（一五二九）に所領目録を朝倉氏に提出した大谷寺は、その目録に[27]「在所風巻村壱段分米壱石五斗、作職蔵之尾之左衛門護法田」「壱石御供米従野田郷納之、作職藤木」のごとく作職農民を記し、末尾に「年貢段銭諸済物等未進之輩者、可致作職改易」ことを要求して、朝倉氏から作職進退権を認められている。この例から知られるように、作職進退とは作職の存在自体を否定するのではなく、年貢未進などの敵対行為のあったときに作職を改易しうるという権利なのである。

それゆえ、作職は朝倉氏の法においても保護されうるものであった。次の例[28]は不十分ながらそれを示している。

就大滝寺大幸坊売地作職分之儀、其方与雖及申事候、双方親類衆以扱無事仕候条、互中をなをり申上者、於已後不可有別儀候、然者　御奉行様為御意、年貢米加藤殿有御知行、作職分者我等可仕候、仍書違之状如件、

天文拾八
十一月四日　　貞友之
　　　　　　　五郎衛門（花押）
加藤二郎衛門尉殿まいる　　◯紙背に朝倉氏一乗谷奉行人（某、吉藤、前波景定）の花押がある。

作職をめぐる相論当事者の主張が不明であるとはいえ、作職を保持することとなった貞友の五郎衛門がその作職を朝倉氏から安堵されていたのであれば、右の書違えにその旨が記されるはずである。そのことが記されておらず、かつ双方親類の扱いや朝倉氏一乗谷奉行人の御意によってこの相論が落着していることを考えれば、農民の作職[29]も朝倉氏の法的保護の対象となりえたことが知られよう。作職についてのこうした権利は、朝倉氏領国内では身分・地位にかかわらず誰でもが享受しうるものであったとみなければならないから、先ほど仮定した「知行地法」と対比していえば、右の作職の権利は普通法上[30]の権利であったと言うことができる。中世の法が一般的にそうであるように、特別法としての「知行地法」は普通法を原則的に破りうるのであるが、作職ならびに作職得分も一方で普通法上の存在である限り、特別法上の権限たる作職進退権とは、具体的には年貢未進者の作職の改易、作職を自由に売買することの禁止を内容としていたのである。したがって、我々は寺庵・給人の所領について、それが朝倉氏の安堵を受けて知行地となることにより、その農民支配が強化されたことに注目するとともに、それにもかかわらず作職農民の権利は基本的に維持されている側面があることに注意する必要がある。換言すれば、作職農民は寺庵・給人の私的隷属民化さ

れたのではなく、いぜんとしてその公的な地位を失わなかったのである。その点を朝倉氏領国制下の農民支配の性格と関連させて考えるために、最後に「指出」を取りあげて検討したい。

寺庵・給人が知行地を売却して困窮に陥ったとき、その救済策として朝倉氏が売却地を再び寺庵・給人に還附する命令を発していることが少なくないことは既に言及した。この売却地還附の場合には必ずといってよい程、その売却地の指出の提出を現地の寺庵・給人・百姓中に命じている。例えば永禄六年、一乗谷奉行人が「所々寺庵・給人中、百姓中」に宛てた連署奉書(31)に、

平泉寺賢聖院跡儀、安成坊江以御一行被　仰付候条、沽却散在之地指出調之、年貢諸済物等可其沙汰者也、恐々謹言、

と記されているごとくである。残念ながら、朝倉氏の命令に応じて地下より提出された指出であることの明白なものは伝わらないが、こうした指出提出はなぜ必要であり、またそれはどういう意味を持っていたのであろうか。

まず、領家・地頭の収取権を継承する本役収取者が名をどのように掌握していたのかについてみると、この場合にも領家・地頭に地下より提出された指出が収取の基礎台帳になっていたと判断される。今日伝えられている指出としては、大永七年に地頭に提出された敦賀郡江良浦指出(32)と、領家・本所に提出された年未詳（戦国期）丹生郡織田荘本所方指出(33)があり、地頭・領家などはこの指出によって支配したことが知られる。その名についての記載は、前者は単に年貢・公事の総額を記しているだけであり、後者は散田については一筆ごとの耕地面積と分米を記すものの、名田については単に名の本米額を記しているにすぎない。したがって、こうした名が売却された場合、その還附を命じるとしても当該地の坪付や分米などについては地下からの指出によるほかはない。さらに、戦国期越前の名は玉蔵坊領

がそうであったように、内部で分数分割されていたから、たとえ本役収取者が一名全体を把握していたとしても、分数分割名ごとの坪付は地下の指出によらざるをえないであろう。

右は、本役収取者や朝倉氏が名の下地を把握していないことを示すものであるが、通常の寺庵・給人の知行地については別の説明が必要であろう。というのは、右に例示した平泉寺賢聖院の場合でも、その所領は既に天文八年に一筆ごとの在所と得分を記した目録によって安堵を受けており(34)、賢聖院にとっては改めて売却地の指出を徴しなくとも、それらの地の在所や得分は知られていたからである。このことは、指出を徴することが在所や得分を知ること以外の目的を有していたことを示している。それは、地下より指出を提出させる行為の意味にかかわることであり、おそらく地下にとって指出を提出することは、そこに記された諸負担の納入を誓約することを意味したと判断される。大永七年に敦賀郡江良浦の地頭職を買得した新地頭天野与一は早速浦人たちに指出の提出を求めたが、そのときのことを述べた浦人たちの申状(35)の一部は次のようである。

> 十一日ニ与一殿へ罷出候、然所ニ十六日ニ吉日ニて候間、指出仕せ承候間、如先規仕候処ニ、先地頭殿より被仰合候分より外ハ、百姓之指出ハ承引有間敷ニて候、先々兎角申候へハ緩怠と存候て、度々御意ニ随候、

これによると、指出提出が「吉日」をもって行われているように儀礼化の傾向がうかがえ、また新地頭は浦からの収取額を前地頭より「仰合」されて知っているにもかかわらず、その収取額を記した指出提出を浦人に求めており、浦人たちはそれに不満ながら指出を提出したことがわかる。このように、指出提出は領主の年貢・公事収取についての地下の誓約ないしは同意の手続きを示すものである。したがって、天正元年（一五七三）一一月に河俣荘の代官が岩井西泉坊の兼光名七郎次郎内抜地一段六〇歩に対し「理不尽ニ指出可仕之旨被申懸、強々ニ被仕、資財雑具被取

之」[36]と記されるように指出提出を強要しているのは、指出を提出させることが年貢収取の前提となっていたからである。天正五年に越前で検地を行った柴田勝家は検地坪付を村の「御百姓中」に「打渡」し、村人はその村高を「請取」った旨の請文を提出しているが[37]、この村人の請文は戦国期の指出の伝統を継承するものということができる。

指出徴収が領主の威圧のもとで行われたことは右の例から十分に推察しうるが、にもかかわらず指出は地下の申告という形式を有しており、一旦提出された指出に記されている作人の地位や負担額は領主と地下との「契約」としての意味を維持しえたと思う。指出に記された作人の地位や負担額をめぐる争いを直接示す史料は得られなかったが、次の例[38]が参考となろう。

野畠之事、町衆各山本北野衆持分、注文ニ相そへ渡申候つる、其外ニ野畠かくし候ハヽ、聞出、本ニ可有知行之由被仰出候事候、然処ニ又三郎ニ預候分地手銭相立可申之由雖申候、可取上之由被仰付候由申候、何とて左様にハ被仰候哉、最前よりも地子銭之注文渡申候時、我等裏封進候歟、いつれも地子銭立申間敷と申者ハ、取御はなしあるへき事候、地子銭を立申に付てハ、取御はなし候儀如何候、（中略）

卯月十日　　小嶋景増（花押）

水落神主殿進之候

文書発給者の小嶋景増はこの地の朝倉氏代官であるが、その代官裏封の地子銭注文に記された額を納入する限り、作人の地位は保護されるべきことを明確に述べている。指出は朝倉氏の代官などの裏判があったかどうか未詳であるが、右の例は指出についても原則的に妥当すると考えてよいのではなかろうか。寺庵・給人の知行地は作職進退権を与えられることにより農民支配を強化しえたが、朝倉氏領国制下における農民支配がこうした指出にみられるような「契約」的な領主・農民関係を前提としている限り、その支配権強化にも大きな限界があったのである。

おわりに

寺庵・給人の所領について小稿ではその荘園制的な性格と、それを克服しつつある性格という両側面に注目して検討した。その結果、絶えず相反する性格づけを行うこととなり、かなりわかりにくい記述となったと思われるので、最後に簡単に整理しておきたい。

まずその名支配については、作人に対する包括的な分米・地子銭収取が注目され、その支配は荘園領主の散田支配と同じであるといえる。したがって、荘園領主の土地台帳上に名田として記されていたとしても、作人にとっては散田支配を受けているのと変わりなく、この意味で大名領国制下の農民支配は基本的には作人に対する散田的支配として行われていたということができる。寺庵・給人と作人との取収関係は一筆ごとの耕地についての収取に一元化されており、かつその耕地がどの名に属すかも通常は意識されておらず、このレベルにおいて名は実質的に克服されていたとしてよい。この点に、大名領国制段階における名支配の到達点を見ることができるのであるが、玉蔵坊領の呉服銭納入について推定したように、名公事は現実の農民の生産活動に基礎を置く「百姓あつかい」となっており、玉蔵坊の分米・地子支配は貫徹していなかったのである。

また、朝倉氏の安堵をうけた寺庵・給人の所領は作職進退権を与えられ、大名知行制上の知行地として荘園制的職秩序を脱した自立的な支配地としての傾向を強めた。しかし、この場合も指出徴収に示されているように、寺庵・給人の知行地支配は荘園制的あるいは在地慣行の諸関係から自立してはいなかった。

このように、朝倉氏領国制下の寺庵・給人の作人支配は、従来のありかたを脱する新しい傾向を展開させつつあったが、基本的に中世的枠組みのなかにあった。それは概括的に言うならば、戦国大名領国制が中世の枠内にあることを示すものであるが、小稿が指摘したかったのは荘園制的な構造のなかで、単にそれを維持するだけにはとどまり得ない戦国大名および寺庵・給人の所領支配のありかたであった。

註

(1) 河村昭一「戦国大名朝倉氏の領国支配と名体制」(『史学研究』一二三号、一九七四年。戦国大名論集4『中部大名の研究』吉川弘文館、一九八三年に再録、一七八頁)。
(2) 神田千里「越前朝倉氏の在地支配の特質」(『史学雑誌』八九編一号、一九八〇年。同右『中部大名の研究』に再録、二〇二頁)。
(3) 最近のものとして、永原慶二「『中世』の領主制と国家」(中世史講座4『中世の法と権力』学生社、一九八五年所収、二三頁)。
(4) 神田前掲論文、二〇六頁。
(5) 松原信之「大徳寺塔頭庵領と朝倉景隆」(『福井県史研究』二号、一九八五年)。
(6) 県資②真珠庵文書、以下本文中に同、もしくは真珠庵と略記する。
(7) 松原氏前掲論文、三四頁。
(8) 小稿はさしあたり寺庵・給人の所領において、寺庵・給人が直接作人より年貢を収取し、本役米を負担している例を確認することを意図したのであって、神田説の全面的検討を試みたものではない。

(9) 県資⑤劔神社文書。以下本文中に同、もしくは劔神社と略記する。

(10) 県資⑤北野七左衛門三号。この文書は、宮川満『太閤検地論』第Ⅲ部六号文書に山内家所蔵文書「越前国織田寺社年貢納帳」として収載されているものと同じである。この山内家文書は未見であるが、小稿の拠る北野家文書と字句に大きな違いはない。ただし、『太閤検地論』第Ⅲ部所収文書には錯簡と判断される部分がそのまま記されているが、『福井県史』ではそれが訂正されている。

(11) 県資⑤北野七左衛門四号。こちらの文書は宮川前掲書にはみえない。二、三書写の誤りがあるが、天文二年帳と同一筆者の写しであるから、史料として耐えうると判断される。

(12) 和市の例として天文一八年(一五四九)に坂井郡春近郷で「石別四百文」とみえ(『大日本古文書』大徳寺文書三〇四号)、猪熊文書「河口庄勘定帳」によれば、永禄六・七年の和市は石別三五〇文~四三〇文となっている。一乗谷付近では天文末~永禄初年のころ石別六〇〇文~七〇〇文を超えなかったとされているが(県資②真珠庵一〇四号、一〇六号)、ここでは現実の売買価格としてみえる春近郷や河口荘の和市に従い、石別四〇〇文とした。
　なお、右の河口荘の例によると永禄八年には石別八〇〇文以上となり、翌永禄九年には石別一貫文を超え、さらに永禄一〇年には石別一貫六〇〇文となる。同様に一乗谷付近の和市も永禄八年に石別六〇〇文となり、同一二年には石別一貫八〇〇文となっている(真珠庵一一九号、一二二号。松原前掲論文、三七頁)。したがって、永禄七年~一二年の間に和市米価が三~四倍になるという急激な変化があったことが知られる。これと関連して元亀元年より「代方弐さうはい分」という代銭収取や(県資④滝谷寺一一三号)、「三双倍」と記される段銭収取(同一一四号、一二〇号、一二一号、一三四号)があらわれてくることが注目される。そして、この段銭三双倍は天正四年の柴田勝家掟書の内に「一、国中反銭諸納所銭、如高札以三増倍可入弁事」とみえる「三増倍」と同じものと思われる(県資④大連三郎左衛門八号)。詳細については改めて考えなければならないが、永禄末年の米価和市の急激な変動と、この「三双倍」は内的関連を有していると思われる。

(13) 県資⑤山岸長一一号。この指出帳についての諸論文は右文書の「解題」をみられたい。

(14) 勝俣鎮夫氏は近江における「年貢」の概念の検討から、名主職所有者は直接耕作者からほぼ全剰余生産物を一元的に収取していたとされている(同「六角氏式目の所務立法」〈同著『戦国法成立史論』東京大学出版会、一九七九年、一七〇頁〉)。直接耕作者の全剰余を収取しえたかどうかを別とすれば、玉蔵坊領もこうした収取を行っていた。
(15) この点については、「水田中心史観」の克服を説く網野善彦『日本中世の民衆像』(岩波新書、一九八〇年) 四四頁以下を参照されたい。
(16)『春日大社文書』第一巻、一六二号。
(17) 県資⑤山岸長一三号。
(18) 河村氏前掲論文、一四二頁。
(19) 水藤真『朝倉義景』吉川弘文館、一九八一年、一二四頁以下。
(20) 県資⑥大滝神社七号。拙稿「戦国大名朝倉氏領国と寺社領」(『福井大学教育学部紀要』Ⅲ 社会科学 三三号、一九八三年、本書第Ⅰ部第一章)。
(21) このように寺庵役と給人役には違いがあり、したがって朝倉氏権力構造の身分制的編成を考える場合には両者は区別されなければならないが (前掲拙稿)、小稿ではそうした視点にもとづく考察を課題とはしないので、以下では特に両者を区別しない。
(22) 前出、滝谷寺一七号。
(23) 河村前掲論文、一六一頁以下。なお、知行地で売却された地は「沽却散在之地」と称されているが、この語について神田氏は河村氏を批判し、それは寺庵・給人によって売却された地ではないとされている (同氏前掲論文二一六頁)。しかし、神田氏の史料解釈には無理があり、従えない。
(24) 前掲拙稿一五頁以下。
(25) 須磨千頴「越前国野坂荘内西福寺領の考察」(一)・(二)(『中世の窓』八・九号、一九六一年)。引用は (二) 二三頁。
(26) 天文一四年に「志比庄下郷闕所分之内代方拾貫文之所作職注申分」という坪付が存在し (県資④永平寺文書一六号)、また代官を任じた旨を「作職かたへ」申付けよと命じた例もある (県資④性海寺一九号)。また、農民が作職を譲与・売却した例も知られる (天文一九年一二月大野郡牛谷住人道善等連署作職田地譲状、県資⑦山口僧来一号。天文二一年二月一六日大野郡深谷村弥五郎等連署作職田地替状、県資⑦玉木右衛門二号。元亀三年一〇月一六日面屋於三田地作職売券案、金剛寺文書、『武生市史』資料編神社・仏寺所収)。

(27) 県資⑤越知神社四〇号。

(28) 県資⑥大滝神社一一号。なお裏判の一乗谷奉行人のうち某とした者について、水藤真氏はこれを越中守景伝に比定されているが(同前掲書一六六頁)、花押は景伝のものとやや異なるように思われるので、『福井県史』の注記に従う。

(29) 土豪が買得した作職を目録に書き出し、朝倉氏の安堵をうけた例が存在する(元亀三年六月六日岩本連満所々買得目録、木下喜藏家文書一号、『福井県史研究』一〇号所収)。この場合は給人知行地として作職を所有しているのであるが、本文引用の貞友の五郎衛門の場合はそうした安堵知行地ではない。本文で「農民の作職」としているのはこのような意味である。

(30) 普通法については、ハンス・ティーメ「普通法の概念」(久保正幡監訳『ヨーロッパ法の歴史と理念』岩波書店、一九七八年所収)を参照。それによれば、普通法とは特別法や特権と対比される「同一国家の国民全員に共通な法」である。普通法と特別法の関係はさまざまであるが、原則的に言えば、普通法は特別法に対し補充的通用力を有するものとされている(同書二二頁以下)。農民(農奴)の土地保有権について、普通法と特別法の関係を示す例としては赤沢計真『土地所有の歴史的形態』(青木書店、一九七七年)一〇二頁をみられたい。

(31) 県資⑦白山神社一〇号。

(32) 県資⑧刀根春次郎四号・五号。

(33) 註(13)に同じ。

(34) 県資⑦白山神社二号。

(35) 県資⑧刀根春次郎六号。

(36) 県資⑤中道院六号。

(37) 拙稿「柴田勝家の越前検地と村落」(『史学研究』一六〇号、一九八三年。戦国大名論集17『織田政権の研究』吉川弘文館、一九八五年に再録、二四九頁、本書第Ⅱ部第六章)。

(38) 県資⑤瓜生守邦一九号。

第四章　戦国大名朝倉氏知行制の展開

はじめに

本章は、越前の戦国大名朝倉氏の知行制を検討することにより、戦国大名としての朝倉氏の特質を明らかにしてみたいとの意図を持つ。

知行制といえば、かつては戦国大名研究の中心的課題であり、例えば毛利氏を例に池享氏は「重層的領有体系」論を主張した。それは、通常の年貢支配権を認められた上級領有権のもとに名主職や名職などの支配権を認められた下級領有権が重層的に存在するというものである(1)。その当時は戦国期村落の土豪、小領主、地主などと表現されるものの性格をめぐって研究が盛んであったから、戦国大名が彼ら土豪層をどのように知行制に組み込んでいったかが議論された。この研究の中で、東国の戦国大名が家臣に与えた知行分には何らかの検地を行って把握した加地子得分（内得・内徳）が含まれているとの主張がなされ、論争となった(2)。その論争は勝俣鎮夫氏の概説における貫高制論となって一応の終結を見ているが(3)、その後は戦国・織豊期の検地論に論点の一部が発展させられたものの(4)、知行制に関する関心は退いていったとしてよかろう。そうしたなかで、知行制を改めて取り上げるのであるから、まず朝倉氏の知行制に関する研究史を振り返るとともに、本章での分析の枠組みを提示しておきたい。

朝倉氏の知行制について河村昭一氏は、職の分化により給人や寺社の間に重層的な収取関係が成立しており、朝倉氏はそれらの得分を安堵することにより、全体として名を中心とする荘園制的秩序を維持する役割を果たしていたとされる。(5)朝倉氏が重層的得分を安堵により保証していたという点については、神田千里氏も同様である。(6)両氏の論考は朝倉氏の知行制を正面から取り上げられたものではないが、こうした重層的構造を持っていることが朝倉氏知行制の一つの特徴であることを知ることができる。

そのほかに、未公刊ではあるが、長谷川美穂氏に「戦国大名朝倉氏の権力編成と所領安堵」という修士論文があり、(7)「跡職」や朝倉氏による「新寄進」の意義、安堵の類型論、目録安堵地の変化などが論じられている。朝倉氏は給恩地売買を認めていなかったが、永禄一一年（一五六八）の目録安堵状よりそれを認めるようになることを指摘されたのは長谷川氏のこの論考である。この点は本稿も継承するが、長谷川氏のその他の論点についてはこの論考の公刊を期待して、本稿では論点から除く。

分析の枠組みとしては、拙稿「戦国大名若狭武田氏の買得地安堵」を受けて、土地をめぐる契約、補任、安堵、没収などの行動を基礎づけている法秩序を荘園法、普通法、（朝倉氏）知行法に区分して捉えたいと思う。(8)荘園法秩序とは、例えば領家がある人に名主職を補任したり安堵する根拠となるものであり、普通法とは売買や譲与のようにどのような法秩序に属していても一般的に承認されている法的秩序である。これに対して（朝倉氏）知行法とは、荘園法秩序（内得分の存在）や普通法（売買）を踏まえながらも、朝倉氏知行制のなかで独自の性格をもつ法秩序であり、これにもさまざまなものが含まれるが（例えば女性に受封資格を認めるか否か）、以下では主として知行地と認定されることにより生じる特別の権限を中心として考えてみたい。

このような枠組みを設定すると、朝倉氏の特別法である知行法が荘園法や普通法を破っていくことの内に戦国大名権力の自立（権力集中）を読み取ることが可能になってくる。しかし、その方向だけではなく、朝倉氏知行法も末期にはそのままでは維持しがたくなり、その実質を失っていく。そうした複雑な動向を十分に解明できるとは思われないが、できる限りの検討を試みたい。

第一節　朝倉氏の跡職給与

朝倉氏の「知行法」を検討するためには、何よりも家臣に宛てた知行宛行状を問題にしなければならない。寺社への安堵状や寄進状は、さしあたり家臣知行制の補助史料として位置付けたい。

孝景（英林）時代の史料としては、わずかに文明四年（一四七二）の敦賀郡の例が知られるのみである。それは、敦賀郡の郡司とみられる朝倉景冬が某（気比社社家平松氏か）に宛てたもので、

気比社領内大谷跡大谷浦舛米・横浜夏堂保等事、任霜月七日之御奉書旨、各半済宛可有御知行者也、

とされている。(9) 景冬に知行地引き渡しを命じた「御奉書」とは他の例からみて孝景の奉書とみてよいから、これは孝景の知行宛行状の内容を示すものとして扱うことができる。これは、守護代甲斐氏の一族と推察される大谷氏の跡を与えたものであるが、この例から朝倉氏の知行宛行が誰々「跡」を単位として行われたことを知ることができる。

次に、氏景の時代には文明一三年に鳥居五郎左衛門尉に宛てて、

溝江郷内永正寺領事、為御公領可有知行之状如件、

と記した宛行状がある。[10] ここでは跡とは称されていないが、特定の知行者の知行分を単位として継承することは跡とおなじである。さらに、氏景は文明一四年に慈視院光玖に対し、

藤嶋下郷八塚内堺跡事、可被渡付中村弥次郎之状如件、

と命じており（鳥居文書三号）、ここでも「堺跡」が中村氏に与えられている。これら孝景・氏景時代の知行宛行状より、朝倉氏の知行宛行は基本的に跡を給与するものであったと判断されるので、これを「跡職給与」と称することにする。跡職給与に関しては、「朝倉宗滴話記」のなかによく知られた次の記事がある。

英林様御扶持候やうは、そんちゃう誰々が跡々に御扶持候と御知行被下候、（中略）貫数定り御扶持候へば、侍の高下相見へ候て無曲候、

英林（孝景）は「跡」を単位として知行を与えたのであり、貫高制のように数量化して知行を与えるのは家臣をランク付けするようでおもしろくないとされている。

この跡職給与は、おそらく朝倉氏が戦国大名となる以前から採ってきた方式であろうが、給与の対象となる跡職の内容を規定していないから、新知行者の支配は以前の支配を継承することが基本であったろう。しかし、この跡職の内の土地が売却されている場合にはどうなるのかが問題となってくる。この点についての朝倉氏の方針を示したものが、次に掲げる文亀三年（一五〇三）一二月晦日の二通の知行宛行状である（A．鳥居文書五号。B．県資②松雲公採集遺編類纂一四号）。

A．（鳥居余一左衛門尉宛）北庄内中村又四郎跡并沽却散在地等事但除先安堵状、有限本役致其沙汰、於余分者、可有知行

状如件、

B．（三輪藤兵衛尉宛）服庄内上坂跡并所々沽却散在地等事但除先、安堵状、有限本役致其沙汰、可有知行状如件、

この宛行状は、この年の四月の敦賀郡司朝倉景豊の反乱後の知行地の再編成に関連して発給されたもので、既に「朝倉氏の知行制の一つの画期」を示すものとして注目されている。[11]この二点の宛行状は知行制の観点からすると次の点が注目される。まず①跡職給与であることは変わらないが、②本来跡職に含まれていた地で現在「沽却散在地」となっている所も知行の対象とされている、③しかし、その「沽却散在地」に関し、これ以前に買得が安堵状で保証されている地は除く、④知行地の本役を負担し、「余分」（内得分）を知行することについて、新たな統一的規定がみられる。

このうち新たに問題となっているのは「沽却散在地」の取り扱いであったことは明白である。沽却散在地とはこの二つの事例の場合、跡職に含まれる土地のうち、売却されて現在は跡職を離れている地を指すものと判断される。[12]朝倉氏はこうした「沽却散在地」について、朝倉氏の買得地安堵状のある土地を除き、没収して新知行人が支配することを認めたものである。それはどのような論理にもとづくものか、節を改めて論じてみたい。

第二節　給恩地売買の禁止

朝倉氏の方針を示すものとして先に掲げたA（北庄内中村又四郎跡）・B（服庄内上坂跡）をもと支配していた中村又

四郎や上坂は朝倉氏家臣の可能性が強く、これらの跡職は朝倉氏先給人の給恩地であった可能性が強い。したがって、まずは給人が給恩地を売却して「沽却散在地」となった場合を想定してみたい。給人が恩給地を売却した事例を示すことができないので、寺社の例を挙げると、[13]永禄元年に勧行寺が「退転」したので「彼寺領分沽却散在地等集之」て知行せよと豊原寺大染院に命じられている例があり（県資②小林正直一号）、沽却したのは勧行寺とみてよかろう。

こうした給恩地で「沽却散在地」となった地を取り戻して新給人が知行しうる理由は、朝倉氏が家臣や寺社に与えた目録安堵状を検討すると比較的容易に理解できる。越前の寺社が本領・寄進地とならんで買得地を目録に記して守護の安堵を求めることは、永享二年（一四三〇）に敦賀郡西福寺領について知ることができる（県資⑧西福寺八九号）。朝倉氏もそれを継承していたことは、文明一一年二月に孝景が織田寺玉蔵坊に宛てた文書に（県資⑤劔神社九号）、

織田庄内田数壱町壱段小地利分目録坪付別紙在之、封裏訖、任買得当知行之旨、不可有相違之状如件、

とあるように、買得分目録が提出され、それを孝景が安堵している例から知ることができる。残念ながらその買得地目録は伝えられていないが、明応三年（一四九四）五月よりその買得地目録とそれを安堵する朝倉氏の裏封（裏書・裏花押）がみられるようになる。以下、こうした形式の文書を「目録安堵状」と称することにし、表1にそれを示した。目録安堵を願う寺社は、目録の末尾にこの目録に記載した耕地には不正はないという誓約文言を記しているが、表1からわかるように明応九年に後々までの標準となる文言が記されるようになる。その部分は、

右在所、或不知行、或公事未落居之在所并御給恩之地書加申候由、及御沙汰候者、可有御勘落者也、仍状如件、

とあって（県資⑥三田村士郎四号）、安堵を申請している耕地には不知行地、裁判で係争となっている地、朝倉氏よりの給恩地は書き加えていないこと、もしこうした耕地を加えている場合には没収されたいことを述べている。これに

より、給恩地の売買は安堵の対象とならず、没収されることがわかる。戦国大名のうち「今川氏仮名目録」（一三条）や「六角氏式目」一〇条）は給恩地の売買を原則として禁止しているが、朝倉氏においても同様であったと思われる。ただし、給恩地とは本来は本領や預り地と区別される知行地なのであるが、朝倉氏のもとでは史料が欠けているため、給恩地の概念を精密化することができない。さしあたり、朝倉氏より知行宛行状および目録安堵状によって寺社・家臣に認められた土地を給恩地と捉えておきたい。

このように、少なくとも明応九年以後は給恩地の売買は不当であるという朝倉氏知行法が形成されており、それを適用して文亀三年の知行宛行状においては給恩地である跡職が売買されて「沽却散在地」となっている場合には取り戻すことにされたのである。そうすると文亀三年の場合、「先安堵状」がある場合には取り戻しの対象から除かれているることはいかに理解すべきであろうか。この問題を考えるため、数代の朝倉氏よりの知行宛行状を伝えている唯一の例である家臣鳥居氏の文亀三年以後の事例を次に引用する（鳥居文書七・八号）。

C.（天文一八年（一五四九）一二月一九日、鳥居余一左衛門尉宛朝倉延景（義景）知行宛行状）

志比庄内渡辺八郎左衛門親子跡、所々沽却散在之地等事、本役如先々令沙汰、可知行之状如件、

D.（弘治三年（一五五七）一〇月五日、鳥居余一左衛門尉宛朝倉義景知行宛行状）

六条保良専・良如、同子助俊・与次郎跡、所々持分沽却散在地等之事、諸役如先々令其沙汰、可知行之状如件、

これらの文書より、その後の知行宛行状も先の文亀三年の例を原則としているが、「但除先安堵状」の但書きがなくなるというただ一点のみが変化している。これは単純に考えれば、文亀三年以後のある段階から、朝倉氏は知行法

誓約文言	安堵者	典　拠
不知行・公事未落居	貞景紙継目裏花押	洞雲寺6号
不知行・公事未落居	貞景紙継目裏花押	永平寺11号
不知行・公事未落居・給恩地	貞景裏書	三田村4号
不知行・公事未落居・給恩地	貞景安堵状	藤木2・3号
不知行・公事未落居・給恩地	貞景継目裏判安堵状	西福寺149号
不知行・公事未落居	貞景紙継目裏花押	宝慶寺4号
不知行・公事未落居・闕所	郡司教景裏判	金前寺（敦古）
－	郡司教景裏書	西福寺164号
－	郡司教景裏判	西福寺166号
不知行・公事未落居	郡司教景裏書	西福寺177号
不知行・公事未落居・給恩地	郡司教景裏判	西福寺181号
不知行・公事未落居・給恩地	－	青山五平2号
新寄進として安堵希望	郡司景高紙継目裏花押	洞雲寺7号
新寄進として安堵希望	郡司景高紙継目裏花押	洞雲寺8号
不知行・公事未落居・給恩地	孝景裏書	越知神社40号
－	郡司景高裏署名判	洞雲寺10号
不知行・公事未落居・給恩地	孝景裏書	「府中寺社御除地」
不知行・公事未落居・給恩地	郡司景紀裏書	中山（敦古）
不知行・公事未落居	－	白山神社2号
新寄進、不知行・公事未落居	義景裏書	洞雲寺14号
新寄進、不知行・公事未落居	－	洞雲寺16号
他人地・公事未落居	郡司景紀裏書	善妙寺12号
不知行・公事未落居・給恩地	義景裏判	劔神社52号
不知行・公事未落居	－	山本重信10号
不知行・公事未落居・給恩地	義景裏書☆	白山神社13号
不知行・公事未落居・（給恩地）	義景裏書☆	中道院2号
不知行・公事未落居・給恩地	義景裏書☆	木下喜蔵
不知行・公事未落居・給恩地	義景裏書☆	西福寺233号
不知行・公事未落居・給恩地	義景裏書	木津靖1号

表1　朝倉氏目録安堵状一覧

年　代	所　領	安堵申請地
明応3（1494）5	洞雲寺領	本寺領分・玉岩新寄進分、石・銭高表示
明応4（1495）12.24	永平寺領	霊供田、田数
明応9（1500）8	随心軒領	買得当知行地、田数
文亀元（1501）6.23	洞春院領	買得相伝寄附地、田数
文亀3（1503）9.10	西福寺領	寺納173.393石
永正元（1504）12.25	宝慶寺領	寺納分178.85石、銭4貫文
永正4（1507）2.16	金前寺領	寺納分9.23石、銭540文
永正6（1509）11.18	栖閑院領	寺領・山林・敷地
永正7（1510）7.3	清観院領	寺納分64.86石
永正10（1513）9.7	春庾	買得田地、石・銭高表示
永正12（1515）5.11	慶芳	買得田、7.7石
大永3（1523）11.16	横根寺領	田地惣目録、石・銭高表示
大永7（1527）3.11	洞雲寺隔庵領	仮屋地子銭4550文・7.75石
大永7（1527）3.11	洞雲寺領	寄進地目録24.85石（本役除）
享禄2（1529）5	大谷寺領	神領・坊領、石・銭高表示
享禄3（1530）2.27	崇聖寺領	敷地・寄進地
享禄3（1530）11.4	府中真照寺領	寄進・買得地　2カ所御給恩地
享禄5（1532）6	比田刀祢領	買得目録
天文8（1539）10.1	平泉寺賢聖院	院領・加増分494.185石、銭45287文
天文20（1551）10.8	洞雲寺領	寄進地目録、石表示
弘治2（1556）2	崇聖寺領	寄進地、石・銭高表示
永禄元（1558）6.5	善妙寺領	164.66石、銭22419文
永禄9（1566）4	智法院領	当知行地、15.66石・銭630文、含給恩地
永禄10（1567）11	立神吉藤	買得地目録、石表示
永禄11（1568）9.6	高村存秀	買得地目録、石・銭高表示
元亀2（1571）12.18	西泉坊領	寄進地・買得地、石・銭高表示
元亀3（1572）6.6	岩本連満	所々買得田畠山林竹木、田積
元亀4（1573）3.23	西福寺領	新寄進6.025石・寮舎分23.197石
元亀4（1573）4.13	木津宗久	買得地目録9.3石

註：☆は安堵申請地に給恩地が含まれているが、朝倉氏が新恩地として認める旨の文言が記されていることを示す。（敦古）は、「敦賀郡古文書」。

に従い買得給恩地を安堵することはしなくなったことを意味する。

朝倉氏は知行者が給恩地を売却すること自体を不当とし、新知行人に沽却散在地の取り戻しを認めた。すなわち、土地得分の売買は一般的には売買法によって認められるとしても、それが給恩地である場合には売買は無効であるとするのである。すなわち、朝倉氏の給恩地には朝倉氏知行法が適用され、普通法を破るのである。

第三節　百姓得分地の売買と「御判の地」

朝倉氏は給恩地の売買を認めなかったのであるが、給人に与えられる跡職が常に以前から朝倉氏の給恩地となっていたとは限らない。先に引用したＡの中村又四郎跡、Ｂの服庄内上坂跡が給恩地でなくいわば百姓地である可能性が（低いながらも）あり、そして右にＤとして引用した「六条保良専・良如、同子助俊・与次郎跡」はむしろ百姓得分地とみるべきであろう。ここで百姓得分地というのは、朝倉氏より給与や安堵を受けた給恩地ではない、得分のある土地（後述する「百姓自名」など）を指すことにし、その持主の身分が寺庵・給人・百姓のいずれであっても構わないものとする。

朝倉氏の知行制では百姓得分地の売買地であっても、給地として宛行うときにはその「沽却散在地」も没収しうることになっていた。こうしたことが可能となるためには、「沽却散在地」没収を問題とする前に、朝倉氏が百姓得分地を給地として家臣に与えることができるのはどのような場合かを考えなければならない。具体的にいうならば、朝倉氏といえどもこうした百姓得分地を理由なく没収して知行地として家臣に与えることはできなかったはずである。したがって、朝倉氏が百姓得分地の「沽却散在地」を没収しうる場合は、百姓得分地が朝倉氏によって闕所とされた場合（公方闕所）ということになる。引用したDの場合、六条保良専以下が犯罪や敵対によって闕所とされ、鳥居氏に宛行われたものとみられ、闕所処分を受けると売却地も没収されるのは広く見られるところである。[14]また、河村氏が指摘されているように、戦国期越前では名主や名代が百姓得分地を売却して本役や内得分の納入ができなくなって「逐電」や「上表」する場合が多く、そうした場合には朝倉氏はその「沽却散在地」を没収して元のように負担をするように百姓に命じている。[15]この場合に「沽却散在地」が没収されるのは本役や内得の未進が罪科と見なされているためであって、売買それ自体は好ましいことではないにせよ、罪科とは見なされていない。

朝倉氏支配下における給恩地＝知行法の対象、百姓得分地＝普通法の対象という区別が存在することを原則としながらも、一つの土地の上で両者が重なった時には問題が生じてくる。この問題を考える手がかりになるのが、次の事例である。大永七年（一五二七）に三国湊の滝谷寺が買得した田地について、この地の国人領主である堀江景実は、

湊本田方之内田地五段、湊之百姓六郎太郎かたより御買得由蒙仰候、拙者知行分御判之内候条、雖可相押申候、貴寺之御事者、別而御祈念憑存候間、不是非候、……但湊双方江本役等如先々御沙汰肝要候、

と述べている（県資④滝谷寺一七号）。滝谷寺が湊の百姓より買得した五段の地は堀江景実が朝倉氏より知行地として保証された「御判の内」（給恩地）であるので、本来ならば没収しうる地であるが、滝谷寺との特別の関係により没収はしないとしている。問題は、百姓六郎太郎と滝谷寺とのあいだで売買された得分の内容である。六郎太郎が堀江氏の「給恩分」を売却しうる権利を持っていたとは考えられず、滝谷寺がこの買得地の安堵を堀江氏に求めているこ

とからみて、この地が堀江氏の「給恩地」であることは承知の上のことなので、堀江氏の「給恩分」を買得することはまずありえない。したがって、この売買地は堀江氏の「給恩分」を侵害するとは想定されていなかった六郎太郎の百姓得分地の得分の売買を内容としていたと判断される。しかし、そのような場合でも、「御判の地」であれば売買地を没収しうるとの主張がなされえたのである。そうした事例はほかにも存在するであろうか。

福井県文書館に寄贈され、最近公表された山内秋郎家文書の次の永正一七年（一五二〇）の事例も[16]、こうした「御判の地」の論理を示すものと思われる。

（前欠・中略）

参段　国年名之内、有坪境書ハ□券之面ニ在之、　樫津ノ田中左衛門・祝六郎次郎・道願掃部沽却

大　徳長名之内　有坪堺書ハ売券ノ面在之、　朝日納道孫太郎沽却

弐段　檜物田□末　弐石公方ヘ参御散田　末宗ノ助三郎・窪ノ後家沽却

壱段半　公事免　有坪河原田□□□　宇野隼人沽却

（中略）

右此目録之上ニ書□□申候田今田之分、於以後孝景様之御判形之由、被及聞召候者可被召者也、仍如件、

永正拾七年五月□

広部将監

守徳（花押）

この文書には表題と宛名が欠けているが、この地の土豪である広部守徳が買得した土地を目録に書き上げたものとみられる。問題は末尾の文言であるが、「於以後孝景様之御判形之由、被及聞召候者」と仮定形になっているので、

以後においてこの地が朝倉孝景よりこの文書の宛名の人に「御判形」で安堵された場合には、「可被召候者也」となること、すなわちこれらの土地を召し上げられてもよいことを約束した文書であると解釈できる(17)。引用文中の宇野隼人のように朝倉氏の給恩分の沽却の可能性のある場合もあるが、多くは農民の得分を買得したものであり、特に織田寺寺僧と見られる人からの買得はない。したがって、これは給恩分の買得には相当せず、百姓得分地の買得であり、この文書の宛名の人がこれらの土地を召上げることができるのは孝景の「御判形」の地になった場合と考えるほかない。

後の享禄元年（一五二八）一一月に、孝景は織田剣神社領について「近年不納之地今度遂糺明、書加寺社総目録封裏、為新寄進令寄附訖、（中略）神領除諸役、作職已下同検断等如先規可為寺社之進退」との判物を与え、神領の内近年不納の地は糺明して寺社目録に書き加えて安堵し、作職と検断についての進退権も認めている（県資⑤劔神社二九号）。その「寺社総目録」の「平等不動堂金之御前散在之地被　仰付候分」の内に、

壱斗　不動灯明料　すみや谷　広部将監方雖買徳候勘落

とあり、広部将監が買得した地が「散在の地」として勘落（没収）されている（同三〇号）。さらに、「近年不納の地」を糺明して朝倉氏より「御寄進地」として「返付」された土地の内に、

弐段　内徳壱石五斗　土器田　広部将監方ヨリ勘落

とあって広部将監の内徳が没収されている。

このようにみると、「御判の地」になると百姓の内得分の売買であっても没収しうるという主張はそれなりの現実性を帯びていた。次の事例もこのような理解の上で解釈すべきものと思う。永正一一年一一月に孝景は家臣の斎藤与

五郎に対し、

庄堺之四郎左衛門跡、子春裏判目録仁入筆之条悉可落之、小磯部村内正賢跡・山干飯内糠口村水落左衛門太郎父子跡・同所戸部村次郎兵衛同弟兵衛四郎跡・末野内行木名加谷名、各沽却散在地等事、有限本役被致其沙汰、可有知行者也、

と述べている（県資②松雲公採集遺編類纂一八号）。この文書は、斎藤氏が子春（氏景）に提出して裏判によって安堵された目録に四郎左衛門跡が記載されているのでその売却地は悉く没収し[18]、そのほかの斎藤氏知行地の跡や名についても沽却散在地の取り戻しが認められたものである。これらの地は、百姓たちが斎藤氏に断りもなく売却していた土地であったと判断されるのである。

以上から、朝倉氏の「御判の地」となると、普通法における正当な売買をも破りうる強力な朝倉氏知行法上の存在になりうることを指摘できると思う[19]。

第四節　寺社領における「作職進退」

「御判の地」は朝倉氏知行法上の存在であるとしても、その経済的側面は本役米や内得という荘園法のありかたを継承しているのであるから、「御判の地」が持つ権限もまた荘園法の概念によって表現されることになる。「御判の地」の権限をすべて明らかにすることはできないが、「作職進退」がその権限に属するという主張が見られるので、

検討の対象としたい。史料的に家臣の場合で検討することは不可能なので、以下は寺社の例を挙げる。

永正一八年に敦賀郡西福寺と気比社の松田氏が木崎郷の名分半済における名代の逐電によって生じた問題で相論となり、郡司の朝倉教景が裁決しているが、名代に関しては、

就名代逐電者、跡職山林竹木并沽却田地等、何茂縦雖有先一行、既文亀三年之目録仁名分名付被書載上者、除公方闕所、悉寺家可為進退之状如件、

と述べている（県資⑧西福寺一九五号）。朝倉氏の目録安堵を受けている西福寺領であれば、名を預かっていた名代が逐電したときには、公方闕所を除きその名代の跡職・山林竹木・沽却田地などが西福寺の支配に置かれるとされている。その後、追訴が出されたので七月に教景はもう一度裁決の結果を西福寺に伝えているが、右に引用した部分に対応する箇所では、

一、金山郷内関衛門名田之外、預り田畠之事、既文亀三年当寺惣目録天沢御裏判之上者、作職共可有御進退之状如件、

となっている（同一九六号）。目録安堵地であるから、「作職共進退」であるとされている。ここでの教景の論理は、「御判の地」＝「作職進退」＝沽却地取り戻しということになる。

作職進退について、織田神社は享禄元年（一五二八）に孝景より寺社領を安堵されたときに「作職已下」の支配権が認められており（県資⑤劔神社二九号）、翌年には大谷寺が寺領の年貢未進の輩に対して「作職改易」を願って認められている（県資⑤越知神社四〇号）。作職進退と沽却地取り戻しの関連をよく示す史料が、山内秋郎家の新出文書のなかに存在する。永禄元年五月に織田寺玉蔵坊は織田寺よりもと玉蔵坊領であった田地三カ所（分米三石）・畠一所

（地子銭三〇〇文）の「作職」を安堵され、この作職地からの納入分は織田寺からの下行分として与えられることとされているが、その証文の末尾には、

万一此田地いか様之方へも沽却、又ハ一作売なと候者、其方へ不及案内作職別人ニ可申付候、仍永代作職不可有相違之状如件、

と記されており、玉蔵坊がこの地を売買したならば一方的に作職を他人に与えるとされている。[20]これが「作職進退」の内容を示すものと思われ、それは年貢納入者が作職を持つことを否定するのでなく、売却することを禁止し、売却した場合には没収して他人に与えうるという権利であった。

このように「御判の地」は「作職進退」であるという朝倉氏知行法を確認することができると思われるが、実はこの法は朝倉氏知行制のなかで、大きな矛盾を抱えていた。そもそも「作職進退」が強力な権限であるとすれば、百姓得分地の売買はいつでも没収されうる危険度の高いものとなり、売買自体が萎縮していくはずである。しかし、現実はそうではなく、表1に示されているように百姓得分地の売買は盛んであり、それを前提として朝倉氏の知行制は拡大しているのである。したがって、「御判の地」が「作職進退」権を持つというのは、朝倉氏の判断による特別の保護を示し、一般的には作職はそれなりに安定した権利であったことをむしろ前提に考えるべきであろう。

そのことを具体的な例にもとづいて検討しておきたい。永禄五年に朝倉氏は織田剣社領内の「作職中」に対し、神領を「作せしめ」ているにもかかわらず「年々無沙汰」であることを「曲事」とし、年内にきっと「究済」すべきことを命じ、なお難渋すれば「御成敗」を加えるとしている（県資⑤劔神社四九号）。ここでは年貢未納が「曲事」で、「御成敗」の理由とされており、「作職」を否定するというような職の支配権が問題とされているのではなく、刑事的

犯罪と見なされているのである。

これに対し、朝倉氏末期の元亀二年（一五七一）五月には神領平等村の「百姓作得分」について、「沽却散在之地」も含めて織田寺社に寄進するという朝倉氏の「御一行」が出されたので、「瓦屋之源珍分・宗玉庵分・道場之道一分」の指出を提出するようにと一乗谷奉行人が平等村百姓中に命じている（同五三号）。同日付の同奉行人の命令では、庵室分百姓中は去る永禄八年以来拘え持ってきた庵室分の年貢諸済物を織田寺社に納入せよとあるので、これらの「百姓作得分」については源珍以下の庵室と織田寺社との間で永禄八年以来相論の対象となっていたことがわかる（同五四号）。年貢未納など「百姓作得分」を没収する理由が挙げられておらず、織田寺社は「御判の地」や「作職進退」を主張して強引に自己の主張を通したものと思われる。

しかし、織田寺社領のこの事例は反面で「作職進退」権の実現が容易でなかったことも示している。寺社が「百姓作得分」を否定しようとしても、庵室たちはそれに対抗して永禄八年以来六年間も抵抗していたのであり、朝倉氏としても六年間寺社・庵室両方の収取権の停止（いわゆる「中途にする」）を命じて、判断を保留していた。「作職進退」は寺社がそれを主張すればすぐに実現するようなものではなく、最後は朝倉氏の「御一行」に依存して初めて実現しえたのである。今立郡水落町の朝倉氏代官小嶋景増は、水落神明社神主が地子銭を負担している又三郎の野畠を改易しようとしていることを非難して、又三郎の権利を擁護している（県資⑤瓜生守邦一九号）。また、天文一八年には給人とみられる加藤二郎衛門尉と彼のもとで作職を持つ貞友の五郎衛門が相論となったが、年貢は加藤が知行し、作職は五郎衛門が持つという朝倉氏一乗谷奉行人の「御意」により無事落着しており、朝倉氏が百姓の作職に一定の保護を加えている（県資⑥大滝神社一二号）。

朝倉氏知行制が「作職進退」を認めて、家臣知行地の保護や安定化を図ろうとすることは、百姓得分地の売買とその目録安堵に立脚する朝倉氏知行制の拡大と矛盾するのである。

第五節　知行法の形骸化

右にみたように、「作職進退」の容認と百姓得分買得地の目録安堵は矛盾するが、この矛盾は個別に朝倉氏の権力の判断として処理されざるをえなかった。そうなれば、朝倉氏知行法はその自律性を失っていくことになる。そうした状況を敦賀郡司教景の事例で確認しておきたい。

「御判の地」は朝倉氏から強い保護を受けるべきであるという論理を押し詰めると、「御判の地」における百姓得分売却地は、たとえその買得者が朝倉氏より安堵状を得ていたとしても無効であるという主張になる。先に引用した敦賀郡司教景の永正一八年の主張がそうであって、名代逐電の跡に関し、「何茂縦雖有先一行、既文亀三年之目録仁名分名付被書載上者、除公方闕所、悉寺家可為進退」と朝倉氏の買得地安堵状があったとしても、その地は没収しうるとするのである（県資⑧西福寺一九五号）。

しかし、その翌年の大永二年に、関の道場右衛門が松田与六より預かっていた名田を西福寺を始めとする人々が買得したことから紛争となった。紛争は、名田を預かっていた道場右衛門が名田を売り失ったことなどを理由に誅伐されたのち、松田より「彼本役不足之条、買得衆可成弁之由」との要求がなされたことによって生じた。すなわち、道場右衛門は買得者が本役負担を免れるいわゆる「名抜き」形式で名田を西福寺などに売却していたので、松田は本役分確保のために買得衆に本役負担を求めたのである（同二〇一号）。実は、この名田は前年に「関衛門名田」として松田氏の強い権限が認められていたところなので（同一九六号）、買得者西福寺などが抵抗すると、西福寺領の名代逐電跡について教景が西福寺に認めていたように、名代の跡職をすべて没収するということが十分に予測される地なのである。そうした状況の中で教景は、こうした問題処理について経験の深い府中両人に意見を求めた。府中両人が提示した解決策は次のようなものであった（同二〇一号）。

弁者惣名を買得衆へ渡之、本役不足分入立候例証数有事候、殊彼衛門御成敗已前買得衆　御一行被給之由候、旁以可為其分之由、松田方雑掌高田八郎右衛門尉□□も申候、

府中両人の奨める解決策は、松田が要求しているように、この名田全体を買得衆に渡し、買得衆が本役を負担する例は数多くみられるところであり、特にこの場合には彼の衛門が成敗される以前に買得衆に朝倉氏の安堵状が出されているので、なおさらこのようにされるのがよいというものであった。この府中両人の文書案に教景は裏封を加え、これを支持している。

前年に西福寺領名田を売り尽くした名代跡の処置については朝倉氏安堵状をも無視すべしとした教景が、逆に西福寺が買得者となった場合は買得者の利益を守る裁決を下しているのは、先に述べた朝倉氏の売買地に関する矛盾を示すものである。法にもとづいて理非を争うというかたちでは処理しえなくなり、現実についての行政上の判断によって処置されるようになるのである。

朝倉氏の現実的行政上の判断を示す事例として、次の大野郡崇聖寺宛の一乗谷奉行人連署状を取り上げてみよう

（県資⑦洞雲寺一二号）。

当寺々領内寄進并買徳分事、雖給恩之地相交、売主跡於無相違者、可有領知之、次百姓自名等之儀者、依無科至不及御闕所者、不可有別儀候之条、本役致其沙汰、任当知行旨、先可被寺務由、被　仰出候、恐々謹言、

天文九

十二月五日　　景栄（魚住）（花押）

景伝（朝倉）（花押）

崇聖寺

この文書を理解するためには、既に佐藤圭氏が指摘されているように[21]、天文九年はこの崇聖寺の寺領のある大野郡では郡司景高の当主孝景への離反が明確となり、景高が没落した年であることに注意しておく必要がある。景高の離反を受けて大野郡を中心に景高やその被官の土地が没収されたので、その余波を恐れる崇聖寺が寄進地・買得地についての朝倉氏の方針を問い合わせたのに対し、一乗谷より回答したのがこの文書である。崇聖寺の寄進・買得地は「給恩の地」と「百姓自名」（百姓得分地）の二種類からなっていた。後者の「百姓自名」については、売却者・寄進者が朝倉氏により闕所処分とされた場合（すなわち「公方闕所」処分）を除き、崇聖寺に知行を認めたもので、これは目録安堵を行ってきた朝倉氏の従来の論理を確認したものである。

前者の「給恩の地」については、売却者・寄進者の跡職に問題がないならば、知行してよいとされており、給恩地の売買を認めないとした朝倉氏の原則は適用されていない。朝倉氏がこの段階で給恩地の売買を認めるように原則を転換させたのかというとそうではなく、表1より明らかなように、朝倉氏への買得地目録安堵の文書では依然として

「給恩地」売買地が含まれていないとの誓約文言が記されている。したがって、朝倉氏は知行法において給恩地売買を認めたわけではないが、大野郡司景高没落後の大野郡内の行政的処置において給恩地売買を認めたのである。ここでも、法より行政判断が重んじられるようになったのである。

給恩地売買に関しては、享禄三年の府中真照寺買得地の目録安堵において朝倉孝景は二ヵ所の「御給恩地」買得地を寺領として安堵している。(22) また、天文一九年に富田吉順は南条郡池上保の延国名・源良名の本役を年々無沙汰したので、この二名の田畠山林と抜地を三輪弥七に渡し、三輪に本役・小成物の負担を依頼している（県資②松雲公採集遺編類纂二九号）。この名田畠は吉順の祖父が崇禅寺より買得したものであったが、そのとき崇禅寺は「崇禅寺被給候御一行御目録」を吉順の祖父に引き渡しており、給恩地の買得であった。これを吉順は朝倉氏より安堵されており、三輪氏に引き渡す際に「拙者　御一行之内候間可御心安候」と述べており、三輪氏には朝倉氏の安堵状が出されている。この例からすれば、給恩地の売買や持ち主の移動について、さほど深刻に考えられているようにはみえない。

給恩地を先給人が売却していた場合、朝倉氏より先給人跡職を新たに宛行われた新給人はその売却地を取り戻して知行しうることは既に述べたが、給人跡職を相続した場合でも売却給恩地の取り戻しが認められる例がみられる。大永四年に孝景が吉田郡藤嶋荘上郷下司の中村利久に「中村増智坊以来知行分、沽却散在年貢諸済物」の「収納」を認めているのは、「平泉寺臨時之御神事児之流鏑馬入用」に宛てるための例外的措置だと理解することができるかもしれない（県資⑦白山神社一号）。しかし、天文二〇年八月に朝倉延景（義景）が織田寺玉蔵坊に沽却散在地を取り戻して「新寄進」として保証している例（県資⑤劔神社三五号）、永禄六年一一月に義景が平泉寺賢聖院の沽却散在地を取り返して「新寄進」として知行させている例（県資⑦白山神社八号）は、両寺院が朝倉氏の「祈願所」であることから認められた特権と判断される。この両寺への「新寄進」の文書による限り、給恩地を売却した両寺の責任は不問に付されており、給恩地売買禁止という知行法の規定は「祈願所」という特権を前に無視されている。

こうして享禄年間にはまだ例外的であった給恩地売買の容認は天文年間には広く見られるようになり、永禄年間には給恩地売買禁止は名目化しつつあった。そして最初に述べたように、永禄一一年九月の目録安堵より朝倉氏は給恩地であっても買得地を安堵するようになり（表1参照）、実質的に容認するようになる。ただし、そのときの文言は、

此目録任奥書之旨、封裏訖、給恩之地堅雖令停止、為新恩可寺務者也、

というものであって（県資⑦白山神社一三号）、給恩地の買得は堅く禁止しているところであるが、特別に認めるという恩着せがましいものとなっている。したがって、法としての給恩地売買禁止は撤回されてはいないのだが、実質的には形骸化していたのである。先に知行法の「作職進退」がその自律性を失ったと述べたが、永禄末年には朝倉氏知行法の根幹をなしていた給恩地売買禁止もその実効力を失っていた。

おわりに

本章は朝倉氏知行法を想定して論を進めてきたのだが、永禄末年にはその知行法は実態のないものとなっていたと言わざるをえない。そうした状況を招いたのは、要するに戦国期越前においては土地に関する得分権売買が盛んに行われており、それに対して朝倉氏が一貫した政策を持ち得なかったからである。

朝倉氏知行法の形成とその形骸化について、最後に不十分ながら図式を描いてみよう。朝倉氏の知行制としては、一五世紀後半においても戦国大名化する以前からのやり方と推定される跡職給与が行われていた。しかし、給与された跡職について、先給人が給恩地得分を売却している場合があった。跡職維持の立場からするとこれは好ましいことではなかったが、朝倉氏もこの給恩地売買を安堵する場合があり（「除先安堵状」）、対応は一定していなかった。文亀三年末に敦賀郡司景豊の反乱に関連して知行を再編成する必要が生じたとき、給恩地売買については以前に安堵したものは認めるが、それ以外の「沽却散在地」は新給人が取り戻して支配できるという原則を定めた。その原則は既に明応九年に確認される給恩地売買禁止を知行宛行状に取り込んだものであった。これにより、安堵状のある給恩地売買は認めるというこれまでのやり方は以後みられなくなる。

給恩地の売買と違って百姓得分地の売買は、売却者が闕所処分を受けて没収される場合を除き認められていた。しかし、朝倉氏の給与あるいは安堵した「御判の地」という朝倉氏知行法上の概念は次第に荘園法や普通法を破るようになり、「御判の地」において売買された百姓得分地は没収しうるという観念が発達し、朝倉氏もそれを認めて「御判の地」の「作職進退」を給人に認めるようになる。こうして朝倉氏知行法では、給恩地売買禁止と「御判の地」においては「作職進退」が認められる場合があるということになった。

しかし、朝倉氏の知行制は給人や寺庵が百姓得分地を買得したものを買得目録に記して安堵を申請し、朝倉氏がそれを目録安堵するというかたちで拡大していくという構造をもっていたから、「御判の地」の「作職進退」には制約があった。したがって、「御判の地」の百姓得分買得地を否定する主張と、それを認める主張が同一人物においてすらなされるようになり、知行法としての自律性が損なわれた。そのなかで、「公方闕所」となった百姓得分売却地は没収するという原則が確立していったが、そのほかは朝倉氏権力の政治的判断が知行地をめぐる紛争において比重を占めるようになっていった。「作職進退」についての準拠すべき法が曖昧になったことにより朝倉氏の裁決も停滞し、朝倉氏末期の織田荘の「百姓作得分」をめぐる紛争は六年間も続いていた。

そして、永禄一一年（一五六八）には確認される朝倉氏知行法の基礎をなしていた給恩地売買禁止も放棄される。こうして、明応九年あるいは文亀三年に確認される朝倉氏知行法は形骸化していった。しかし、それは同時に新しい知行制に向けての模索の時期でもあった。表1の元亀三年の岩本連満と翌年の木津宗久の目録安堵状は織田信長との決戦を前に、村落の小領主層の買得地を安堵することにより彼らの総動員を図ったものである[23]。これまで「御判の地」のもとで存在を脅かされることのあった百姓得分地が大規模に朝倉氏知行制のなかに取り込まれていったことがわかる。しかし、それが新しい体制として構築される前に朝倉氏は滅亡を迎える。

註

（1）池享「戦国大名の領有編制」（同『大名領国制の研究』校倉書房、一九九五年所収。初出は一九七八年）。
（2）この点に関してはさしあたり拙稿「戦国期研究の動向」（『歴史評論』五二三号、一九九三年）を参照されたい。
（3）勝俣鎮夫「一五―一六世紀の日本」（『日本通史』一〇、中世4、岩波書店、一九九四年所収）。
（4）池上裕子『戦国時代社会構造の研究』第4部「石高と検地」一九九九年、校倉書房。木越隆三『織豊期検地と石高の研究』桂書房、二〇〇〇年。
（5）河村昭一「戦国大名朝倉氏の領国支配と名体制」（『史学研究』一二三号、一九七四年。戦国大名論集4『中部大名の研究』吉川弘文館、一九八三年に再録）。

（6）神田千里「越前朝倉氏の在地支配の特質」（『史学雑誌』八九―一、一九八〇年。前掲『中部大名の研究』に再録）。
（7）二〇〇四年度、福井大学大学院教育学研究科修士論文。未公刊（非公開ではない）。
（8）拙稿「戦国大名若狭武田氏の買得地安堵」（『福井大学教育学部紀要』Ⅲ　社会科学　四〇号、一九九〇年。木下聡編著『若狭武田氏』戎光祥出版、二〇一六年に再録）。この論考では、次のように述べた。

普通法上の存在である買得地はその地の領主から補任状をうるという荘園法上の確認行為によって安定する。ここで「普通法」というのはハンス・ティーメ「普通法の概念」（久保正幡監訳『ヨーロッパ法の歴史と理念』岩波書店、一九七八年所収、二二頁）にいう「同一国家の国民全体に共通な法」をさす。しかし、戦国大名武田氏のもとでは、普通法と荘園法にもとづく安堵だけでは、武田氏の闕所処分権にもとづく没収に対抗できなかった。そこで武田氏の買得地安堵状が求められ、その安堵状には当該買得地を武田氏の「新寄進」「給分」として位置付け直すという論理が含まれているので、闕所処分を免れることができた。こうした武田氏の安堵状は普通法とも荘園法とも異なる「敢えて言えば大名法の論理に従っていたのである」（拙稿一二頁）。

この論考では、「大名法の論理」という表現にとどまっているが、それを朝倉氏を扱う本稿では「知行法」と明確化したい。ただし、家臣の史料が著しく乏しい朝倉氏の史料状況では「知行法」の全体を明らかにすることは困難である。

（9）平松文書一号、『敦賀市史』史料編第二巻所収。
（10）福井県立一乗谷朝倉氏遺跡資料館所蔵鳥居文書一号。以下、本文では鳥居文書と称する。
（11）佐藤圭『朝倉氏五代の発給文書』福井県立一乗谷遺跡資料館古文書調査資料Ⅰ、二〇〇四年、六九頁。
（12）「沽却散在地」について、河村前掲論文は「各方面へ売却された土地」と理解している（一六一頁）。これに対し、神田千里氏は元亀三年に知行地を没収された新開源七が「名々知行之旨帯証文訴訟之通、高橋新介披露之処、無別儀条任目録之旨、沽却散在之地等集之、為新恩可知行」ことが認められた例（県資③片岡五郎兵衛二号）を引き、「沽却散在之地」は新開氏の提出した「目録」に従って集められた土地であって、売却地ではないとする（同前掲論文二一六頁）。神田氏の解釈では「沽却」の意味が考慮されていない。また、この史料の「目録」とは他の多くの例からして（例えば、県資⑧西福寺一九五号）、朝倉氏が知行地であることを安堵した「目録」であって、沽却散在地となる以前の状態に戻す根拠となるものである。河村氏は「散在」を「各方面」と理解されたが、天文一六年に西福寺の寺領を他人に売り渡した責任者を処罰する問題について、「彼田地従当寺散在之最初依不分明、売之役者不及糺明」と述べている例があり、これによれば「散在」とはもとの持ち主から離れることを意味する（同二二二号）。

(13)「給恩地」が朝倉氏より給与あるいは安堵された家臣の知行地を指すことは疑いないが、寺社に給与あるいは安堵された土地も「給恩地」と称されたかどうかは、一応確かめておく必要がある。享禄三年に府中真照寺は買得地を記して朝倉氏の安堵を求めているが、その中の「寺屋敷壱所、……売主小島□左衛門」と「壱段、れいかん寺領之内、……売主貞純」について「已上縦此弐ケ所ハ雖為御給恩之地、新寄進ニ被下者、忝存候」と述べている（『府中寺社御除地』所収文書、佐藤前掲『朝倉氏五代の発給文書』に四七号として収載）。この「御給恩地」とされている二ヵ所のうち、小島氏の売却寺屋敷は家臣知行地の可能性が強いが、「れいかん寺領」内の「貞純」売却地は寺社の知行地であったと見てよい。

(14) 前掲拙稿「戦国大名武田氏の買得地安堵」がこの点に言及している。

(15) 河村前掲註（5）論文。

(16) 松原信之「山内秋郎家の新出中世文書」（『福井県文書館研究紀要』三号、二〇〇六年）所収の山内秋郎家文書四号。

(17) この文言を、「将来孝景の御判を頂いて知行していただきたい」との意味に解しようとする場合には「於以後孝景様之御判形之由、被及聞召候而」という文言でならなければならない。

(18) この文書の「悉く落とすべし」について佐藤圭氏は、斎藤氏が朝倉氏景の裏判目録に加筆してごまかしたのでこの地を朝倉氏が没収することと理解されている（佐藤圭前掲編『朝倉氏五代の発給文書』七九頁）。しかし、この文書は全体として斎藤氏の要求を孝景が叶えた文書として理解する必要がある。

(19) 百姓得分地売却禁止令として出雲鰐淵寺領の事例がある。天文一二年六月に尼子晴久は鰐淵寺の掟として「諸寺領百姓等、下地他所之仁不可立沽却・質限之事」と命じ、百姓が他所の人に沽却や質入れすることを禁止している（曽根研三編『鰐淵寺文書の研究』一五三号）。これは尼子氏による寺領保護令ではあっても、尼子氏知行法の適用とみることは難しい。それに対して、「氏景の裏判目録に入筆されているので悉く没収」とする朝倉氏の場合は知行法の適用と考えてよいと思われる。

(20) 松原前掲註(16)論文、山内秋郎家文書八号。

(21) 佐藤前掲『朝倉氏五代の発給文書』一一九頁。

(22) 前掲註(13)「府中寺社御除地」所収文書。

(23) 岩本連満・木津宗久の目録安堵状はいずれも現地に伝えられており、彼らはいわゆる小領主層に属し、兵農分離のなかで農の道を選んだのであろう。

【付記】本章三節末尾に引用している永正一一年一一月の朝倉孝景の知行宛行状について、「小磯部村正賢跡」以下を「御判の地」と解釈しているが、そうは断定できないので再考し、終章において改めて解釈を示したい。

第五章　朝倉氏領国制下の路次と関

はじめに

本章は、戦国期の越前における陸上交通をめぐる問題を検討するものである。戦国期の越前の交通に関する問題は、戦国大名朝倉氏の領国支配の規制を強く受けているので、まずは朝倉氏による交通統制の実態をを明らかにする必要があろう。そして朝倉氏の交通統制策を示すものとして、史料の制約から関（役所）を手掛かりに考えることにする。古代以来、権力が関心を持ったのは主要幹線道路たる街道であったから、朝倉氏道路統制も街道統制が中心となる。しかし、本稿がもと収載されていた『歴史の道調査報告書』の「歴史の道」を糺明しようとする基本的視点からしても、[1]戦国期越前の交通の問題を朝倉氏の街道統制に集約することは一面的である。そこで本稿では、道橋普請について「朝倉氏の普請」に対して「村の普請」を対置しようと試みた。また、街道に対して間道にも注目してみた。[2]いずれの試みも成果を挙げたというにはほど遠いことは自覚しているが、本稿で街道や道路という語よりも「路次」という表現をしている場合が多いのは、村の道や間道をも含めて考えるべきであるとの考えによる。

さらに、次の点も問題として取り上げることができなかった。すなわち、中世の交通問題を考える時の手引きともいえる新城常三氏の著作には、人や馬の担いうる物資の重量や、鎌倉幕府の駅制などの基礎的考証のほかに、人の移動にも注目して論述がなされており、都鄙間交通の社会史的関心が示されている。[3]その上で「歴史の道」「古道」に関して一九九二年に『歴史と古道』にまとめられた論考によって、その意義と研究方法を開拓者的に究明していったのが戸田芳実氏であったことは改めて言うまでもなかろう。[4]本稿においてはそうした戸田氏の方法に学びたいと念願したが、本稿の対象とする朝倉氏の大名領国制下の交通においては戸田氏の「歩いて学ぶ中世史」を具体化する方法を見いだせないままに終わってしまった。何れも今後の課題である。

第一節　慈視院光玖と交通政策

朝倉氏のもとにおいて交通（路次・関・津・橋）に関して政策的対応がみられるようになるのは一五世紀末で、朝倉孝景（英林）の弟である慈視院光玖が関与しているのが特徴である。年未詳九月六日に光玖は南条郡河野・今泉両浦の船の徴発を書状によって免除しているが、それに添えられた府中両人の文書から両浦は「高木船ハし」への船の徴発を免除されたことがわかる（県資⑥西野次郎兵衛八・九号）。延徳三年（一四九一）三月に冷泉為広は「クツレノ岸渡」を「舟」で渡っているから、[5]九頭竜川の高木船橋は延徳三年から光玖の没する明応三年（一四九四）までの間に架設された可能性が高い。[6]光玖が高木船橋についてどのような権限を有していたのか不明であるが、両浦への徴発免除が無年号の書状形式であることを考慮すると、光玖の権限は制度的なものでなく実質的なものであったと推定しうる。

この点は、明応二年七月に光玖が足羽三カ庄軽物十人衆商人中に宛てて発した条々においても同様である（県資③慶松勝三、一号）。この条々には光玖の署名はなく、花押のみを据えるという文書形式を持つが、そこでは第三条に、

一、於国中諸関渡、荷物以下不可有其煩者也、仍条々御一行之上者、可成其心得之状如件、

とあり、商人中は国内の関渡で煩いなく通行しうることを光玖が認めている。ただし、このことは「条々御一行」、すなわち朝倉貞景の判物が出されたので、それを受けて光玖が施行するという形式を取っているから、国内関渡について光玖が専権を有していたのではなく、国内の関渡の支配権はあくまでも一乗谷当主にあった。しかし、光玖の判物がなければ、実行力がないと考えられていたこと、またそれにふさわしい権限を有しているのだという自負が花押のみの文書形式に示されているのだと解釈することは許されるであろう。

さらに光玖には街道に関する史料として、次に掲げる年未詳一二月二九日付一乗谷奉行人宛書状案がある（県資⑤瓜生守邦一一号）。

水落町未篠を不取之由申候、海道之事候之間、不可然候、府中より遣上使、篠を可取之由、急度可被申付候、恐々謹言、

文中の「篠を取る」とは、中世の人々が家の廻りに篠や柴を引き回して逃散するという作法に関連するものであることが既に指摘されている。(7) それに従うと、今立郡水落町は北陸道に面しているので、住民が逃散の意志を示すために家の廻りに引いている篠は見苦しいから、一乗谷より府中両人に命じて撤去されたいという意味になろう。(8) ここでも、街道に関する問題は一乗谷当主が支配権を持つが、光玖が関与していることが確認される。少なくとも、「篠を取る」べきと判断した人物はそれを直接に一乗谷に上申するのでなく、光玖に言上し、光玖を介して実現を図ってい

るのである。

以上、高木船橋、国中関渡、北陸道水落町に関する問題について検討してきたところでは、国内交通問題に関して光玖が制度的権限を有していたとまではいえないまでも、実質的に指導者的立場にあったと判断してよいと思う。光玖のように国内交通問題を全体的な立場から指導する人物を有することは、交通政策の統一性という観点から見れば一面望ましいことである。朝倉教景（宗滴）が「惣別国中の道筋、かんしよ道、又順道、ふけ馬の沓打候所、又不打所、能々可知事肝要に候」と述べているように（「朝倉宗滴話記」）、道は軍事的観点から捉えられなければならないものであるが、他方で人や物資の移動という観点からも把握されなければならない。高木に船橋を設けたことや北庄に橋が架けられていることは、これら軍事的・経済的機能を考慮した上での施策にほかならず、それは統一的・戦略的な施策でなければならない。この意味で、交通政策全体に関与する光玖のような人物を確認することができるようになるのが戦国時代の特質でもあるといえよう。しかし、光玖のような存在は権力編成の観点から見るならば「政令二途に出る」可能性を孕むものであり、克服されなければならない問題であった。

第二節　朝倉氏の街道普請事業

光玖は明応三年正月五日に死亡したとされるが、その死は前年末との風評もあり、不穏な状況にあった(9)。詳細は不明であるが、大きな力を有した光玖の勢力は後継者もなく排除されて、交通政策も朝倉氏当主が主導する体制になっ

表1　朝倉氏の街道普請事業

第一次普請事業	
永正7年（1510）	敦賀郡「庄之橋」架設（県資⑧永厳寺13号、同西福寺172号）
永正12年（1515）	西街道（馬借街道）普請（県資⑥西野次郎兵衛18号）
大永元年（1521）	「浅水之金橋」架設（県資⑤瓜生守邦18号）
第二次普請事業	
天文22年（1553）	国中神社鳥居・道橋検分使派遣（県資⑥西野次郎兵衛47号）
永禄6年（1563）	西街道普請（県資⑥西野次郎兵衛58号）
永禄11年（1568）	北庄橋普請（県資⑤瓜生守邦36号）

たと考えられる。そうした朝倉氏の交通政策を示すものが、既に小泉義博氏によって明らかにされている「街道普請事業」である[10]。小泉氏は朝倉氏の普請事業を第一次と第二次に区分されているので、それに従って普請事業の様相を表1に示した。

これら朝倉氏の街道普請事業の特質と見られるものを挙げてみると、次のようになろう。第一に、永正七年（一五一〇）の敦賀「庄之橋」架設は一乗谷の指令によってなされたものかどうか不明であるが、永正一二年の西街道普請は「今度惣国道橋可作之旨、被　仰出候処」とあって（県資⑥西野次郎兵衛二〇号）、一乗谷から統一的な惣国道橋普請の指令が出され、その一環として行われていることが注目される。それとの関連で、天文二二年（一五五三）には国中の神社鳥居と道橋の検使三人が派遣され、統一的な事前調査にもとづいて普請が命じられるようになったことがわかる。永正一二年の西街道普請の時には、普請を命じられた河野浦と今泉浦との間で相論となり、朝倉氏一族の景延が介入して妥協案が示されるなど混乱が見られるが（同二一・二三号）、検使派遣はそうした個別の対応を許さない普請事業の統一的管理を意図したものであろう。永禄六年（一五六三）の西街道普請においては検使三人は「道一間定尺」を今泉浦に渡し、普請の日限を限るなど、普請の規格化などについて統制を強めている。この検使が恒常的なものであったことは確認できないが、こうした検使を任命することにより、街道普請事業は計画的・統一的でかつ規格化されたものとなったのである。

第二に、普請の費用や労力の負担形態の性格に関しても注目しておく必要があろう。まず道に関しては、西街道が河野・今泉両浦や山内の馬借が中心となって普請するように命じられているが、今泉浦の「惣百姓」が普請に難色を示しているから（同二二号）、住人全体が負担すべきものとされていたことがわかる。これに対して、橋の場合には負担形式に違いが見られる。永正七年の敦賀「庄之橋」架設においては、敦賀郡司朝倉教景が永厳寺や西福寺の知行地に一〇分一を「郡内諸寺庵拾分壱」として銭で徴収しており、大永元年の「浅水之金橋」普請では水落町衆に「出銭」が宛てられている。道普請が住人の労働力によって行われる部分が大きかったと推定されるのに対し、橋普請は専門的技量を必要とすることから銭を徴収して大工を雇用したものと見られる。

朝倉氏の街道普請事業の特質をそのように考えた上で、この普請事業を朝倉氏の領国支配のなかにどのように位置づけるかが問題になろう。いうまでもなく、朝倉氏の街道普請事業は一般的な意味での「公共事業」として行われているのではなく、あくまで朝倉氏の領国支配の一環として推進されているからである。それを知るためには、通常の在地村落において行われている道橋普請のありかたと朝倉氏のそれとを比較してみる必要があろう。越前の在地村落において道橋普請がどのように行われていたかを示す史料としてわずかに見出しえたものは、明応六年一二月に朝倉景亮が織田剣神社の「神領山林」に関して定めた七カ条の禁制のうちの次の一条である（県資⑤劔神社一九号）。

一、在々所々村堂・道橋普請仁所望事、

これによると、在地村落において村堂や道橋の普請の時に剣神社の「神領山林」を用木として望むことがあったことがわかる。村堂が在地村落において惣結合の中心的象徴であり、村人にとって強い公共性を帯びていたことは改めて指摘するには及ばないだろう(11)。道橋普請も村堂と同じような村落的公共性を有していたために、たとえ「神領山林」であれ、用木として利用して構わないというのが在地村落の主張であった。これが在地村落の普請のありかたであったとすれば、朝倉氏の道橋普請もこうした村落的公共性を踏まえることにより、「公共性」を帯びたものとして人々に強制しうるという性格を持っている(12)。しかし、村の普請と朝倉氏の普請には一つの大きな違いがあり、それは村の普請が村堂普請にみられるように村の堂であり、道橋にしても村落内交通路を中心としていたとみられるのに対し、朝倉氏の普請はそうした日常的村落規模を超えた領国規模の街道の道橋を対象としていることである。当然のことながら朝倉氏の道橋普請は領国支配の観点から朝倉氏の主導のもとに遂行されているのであり、村落の主導性のもとに行われる村の普請とは次元を異にしていたのである。

それでは、村の普請と朝倉氏の普請は次元の異なるものとして並立していたのであろうか。この点について考えると勧進による普請に思い当たる。行基の例を引くまでもなく、古代以来僧などによる勧進行為による道橋普請という形態が知られており(13)、この勧進形態は村の普請と大名の普請の中間的・媒介的形態としての機能を果たす場合が考えられよう。豊田武氏が指摘されているように、天文二一年に甲斐の武田晴信は甲府から諏訪郡に到る路次を勧進によって作ることを命じ、普請のためならばどの山の木でも伐採してよいとしており、戦国時代にあっても大名の主導する勧進普請形態があり得たことを示している(14)。しかし、一般には道橋普請の勧進は関所を据えて、関銭を徴収するという強制的なものになっていることが指摘されており、自発的な広域的公共的事業形態とはいえなくなっている(15)。そしてそもそも朝倉氏領国制下で勧進型にせよ関を据えることが可能であったかどうかが問題である。そこで次には越前の関について戦国期以前の事例も含めて検討し、朝倉氏の路次支配の性格を考えてみたい。

第三節　越前の関の特質

中世の関については、①古代や近世と異なって経済関が中心となること、②鎌倉中期以後に湊や津において寺社などの収益のための関が設けられるようになり、南北朝期から陸上関が見られるようになること、③戦国大名は軍事的観点から要所に関を設けたが、国内の関は次第に撤廃する傾向にあったことが明らかにされている[16]。さらに最近では④関を神への捧げもの（初穂）を徴収することに由来するとみる説や[17]、山賊・海賊の経済活動との関連で捉えようとする説が出されている[18]。こうした研究状況を踏まえて戦国期越前の関を検討して見たいが、本報告書の主題との関連で湊の関については対象外とし、街道に関連する河川の関や橋賃については考察に含めたいと思う。

正応四年（一二九一）二月一五日の後伏見天皇綸旨は日吉社十禅師神人の訴えにもとづいて、坂井郡坪江郷が「越前国三国湊津料・河手」を徴収することを「新儀沙汰」として禁止している[19]。ここに河手とあり、船運が盛んになるとともに「新儀」に河関が設けられたことがわかる。のち正和五年（一三一六）九月には坪江郷住人深町式部大夫らが「悪党」を率い「津料」に事寄せて日吉社十禅師御簾神人を殺害したとあり[20]、先の河関についてもその管理や河手の徴収に当たっていたのは深町の如き郷内の荘官・武士であったと思われる。荘園内に関を設け、経済得分を得ようとする経済関の事例である。その得分に関して、参考までに嘉暦二年（一三二七）の若狭遠敷郡名田荘和多田村の

「河手用途」を例に挙げると、年間六〇貫文程度の収入が見込まれている（『大徳寺文書』一四一号）。

次いで南北朝末期には陸上関として今庄関が知られる。敦賀郡気比社の造営料として今庄に関が据えられ気比社家が知行していたが、至徳二年（一三八五）に国方（守護）はこの関を甲乙人に煩いありとして、毎年五〇貫文を国方から気比社に納めるという契約になった。しかし、国方はその後一向にこの銭を納入しなかったので気比社が嘆き入れたところ、永享六年（一四三四）に国方は納入の請文を提出したものの実行されていないとされている（『気比宮社記』巻八「社伝旧記」）。今庄関は寺社造営の勧進と関が結び付けられたものであったが、国方としてはそれが国内交通を妨げるという点を配慮しなければならなかったのである。

一五世紀の半ばから関への統制が緩み、淀川の一〇里の距離のうちに八七箇所の関があったとされるような、関の濫設状態となったとされる。この時代の関の性格を極端なかたちで示す若狭の事例を挙げてみよう。宝徳三年（一四五一）九月の遠敷郡太良荘百姓の申状（東寺百合文書ぬ函一〇六）によれば、若狭の天竜寺領の荘民が守護不入を根拠に守護役を拒否すると[21]、守護武田氏は「守護方の地に関をすゑられ候て。四五十日も被留候也」とあるように、守護方の地に関を据えて天竜寺領の百姓が立ち入ることを阻止した（前後の文章から小浜への出入りを止めたことがわかる）。このような対抗措置をとられたので「御百姓手をすり候て、守護しんたい二成候」と百姓は屈服せざるを得なかったのである。ここでは関は軍事・治安の観点から設置されているのでもなく、通行させることを前提に関銭を徴収するという経済的な意味で設置されているのでもなく、相手を政治的に屈服させるための手段として設置されている。

さて室町期の越前の関の様子を興福寺領河口荘細呂宜郷を例に考えてみよう。長禄四年（一四六〇）六月二六日に百姓たちが「細呂宜新関」のために近日興福寺に参上するとあり（『大乗院寺社雑事記』同日条）、細呂宜郷に「新関」

が設置されたことがわかる。この新関は現地の荘官などが私的に設置したものでなく、荘園領主の公認のもとで得分を得るために設置されたものであり、細呂宜郷代官の大館氏が毎年三五貫文を興福寺に納入することになっていた。しかし、実際には大館は寛正二年（一四六一）と同三年分の両年分関銭を納入しておらず（同、寛正四年七月二三日条）、結局大乗院は細呂宜郷などの代官大館を罷免し、直務にすることを幕府から認められている。それを伝える室町幕府奉行人連署奉書には「越前国細呂宜郷、付橋賃」と記されており（同、寛正四年一一月二八日条）、「細呂宜新関」とは「橋賃」を指すものと判断される。「細呂宜新関」については『大乗院寺社雑事記』寛正四年七月二日の次の記事が注目される。

一、（中略）於細呂宜新関舟木・賢田両所之者共打留之間、河口・坪江者上下於近江国可沙汰之旨一決之間、迷惑之旨百姓注進到来、大館兵庫頭沙汰次第以外事候、

これによると、代官大館教氏が細呂宜新関において近江高島郡舟木と滋賀郡堅田（賢田）の人を拘束したので舟木・堅田側は河口・坪江の人で奈良などに上下する通行人を近江国内で沙汰する（報復する）と決定したので迷惑であると百姓が訴えたことがわかる。舟木・堅田といえば琵琶湖湖上水運において主導的な役割を果たした地であるから[22]、彼らが湖に張り巡らした関の情報網により河口・坪江の住人に報復することが可能であったのであろう。代官大館の行為であるにもかかわらず、報復を受ける百姓としてはまことに「迷惑」なことであり、百姓が長禄四年に「細呂宜新関」のために参上するとあるのは、新関廃止を願うためであったと考えられる。

この「細呂宜新関」の事例は関の乱立が通行人の拘束とそれに対する報復を招いていることを示すが、逆に言えばそうした報復の可能性が関における理不尽な行為を抑制するという効果をもたらしていたのではないだろうか。これ

に関連して、若狭では次のような事例がある。

文明一三年（一四八一）に吉田五郎大夫は遠敷郡瓜生荘千代房名半名一町一段を近江朽木の正宗寺に売却しているが、もしこの名田に関し正宗寺にとって不都合なことが生じた場合は「自瓜生庄内上下荷物雖何ケ度候相当之程」を差し押さえられたいと述べている[23]。これはいわゆる郷質・所質を取る行為であるから直接関と関係ないともいえるのであるが、瓜生荘より出た荷物、あるいは瓜生荘へ入る荷物であることを確認するすることは、関がもっともふさわしい場所であり、関でなく市・町・道路であったとしてもそれは関のような機能を果たしている。千代房名の売却者吉田は関などにおける「相当」があることを、この売却の保証としてあげているのであって、この場合関は相互保証の機能を帯びているのである。このような意味において関は報復に支えられた郷質・所質や村の紛争の作法に通じる中世後期の特質を共有しており、先走っていえば近世的統一権力の平和令によってその中世後期的な特質を喪失していくことになるのである[24]。

第四節　朝倉氏の関と路次封鎖

朝倉氏時代になると軍事的な目的で関が設置されたり、路次が封鎖されることが多くなる。朝倉孝景と甲斐氏の戦いが激しくなった文明四年六月二日には、朝倉氏が関を据えたため「一向不通」の状態になったとされている（『経覚私要鈔』同日条）。越前における合戦は文明一一年閏九月三日に斯波義良らが孝景を攻撃するために越前に下向したことにより（『長興宿祢記』同日条）、最終決戦に向けて戦闘が激化する。

同年一〇月二一日に越前の所領の年貢収納のために下向した近衛家の使者は国中で合戦があり、朝倉方より路を塞いだため、入国できない状態となり帰洛している（『後法興院記』同日条）。一一月二七日には「一国中上下路次悉皆自朝倉止之、以朝倉之判令出入云々」とあって、朝倉方は路次を塞いで朝倉氏の通行許可証を有するもののみ出入りをさせていることがわかるので、塞いだ路次には関が設けられていたと判断される（『大乗院寺社雑事記』同日条）。越前において朝倉氏の支配権が確立した後の長享二年（一四八八）五月二五日に朝倉氏が通路を塞いだため、南禅寺の使僧が敦賀より帰洛したことが知られるが（『蔭凉軒日録』同日条）、これは隣国加賀でいわゆる一向一揆が蜂起して富樫政親を攻撃するという事件が起こったことに関連する処置であろう。幕府より富樫救援を朝倉貞景に命じる手配がなされるようになるのは、この翌日のことであるから（同、五月二六日条）、路次封鎖は朝倉氏の独自の判断でなされたものと考えられる。

これらの関や路次封鎖がどのくらいの期間続いていたのかは不明であるが、恒常的なものではなく、軍事的緊張が弱まると撤去ないしは解除されるものであったとみられる。先にも触れたように、延徳三年三月に越後に下向した冷泉為広は越前往復の比較的詳細な日記を残しているが、紹介された史料の限りでは関に関する記述はない(25)。そうしたなかで加賀との通路においては加賀一向一揆に対抗するため、長期にわたる封鎖が行われた。永正三年七月に加賀の一向一揆とそれに呼応する越前本願寺門徒や甲斐氏牢人が蜂起し、八月六日に九頭竜川を挟んで朝倉貞景軍との間で決戦が行われ、一揆方が敗北した（『宣胤卿記』永正三年七月二一日条、「当国御陣之次第」）。『朝倉始末記』によればこの一揆の後に朝倉氏は「北陸道ノ往還ヲ指塞ギ、領国ノ堺ニ兵士ヲ居テ旅客ヲ撰ブ」とあるように交通を制限した(26)。

この交通制限は永正一五年四月一九日に将軍足利義稙の解除の意向を受けた伊勢貞陸が越前に下向し（『宣胤卿記』同日条）、朝倉孝景がこれを受け入れて解除された。解除を伝える孝景の書状には「於当役所書状等撰候之儀可停止候」と見えており（県資③三崎玉雲六号）、国境を塞ぐとは書状などによって運ばれる情報を統制することであったことがわかる。

貞景の時代に能登より上洛中の僧一〇人を留めたことがあり、その時の具体的処置を貞景が関務にあたっていた笠松氏に宛てて指示した文書によって知ることができ、①僧はその場（役所）に留め、笠松氏より一乗谷奉行人に報告して処置を仰ぎ、②報告を受けた貞景は使者中村新兵衛尉と僧二人を現地に派遣して、留めている僧を坂井郡竜沢寺（曹洞宗）に移送するように指示している（同四号）。この時留められた僧は曹洞宗の僧であったからか、取り調べにも慎重を期しているが、関務代官の判断でなく一乗谷当主の指示に従うという体制がとられていたことがわかる。

加越国境に関しては、享禄四年（一五三一）の加賀の大小一揆とそれに介入した朝倉氏の出兵の後に再び「路次不通」となった。公家の側では路次を開けるため、朝倉孝景と本願寺証如（光教）は知音の間であることに望みをつないで、青蓮院門跡が後奈良天皇の綸旨を得て工作しようとしたことが知られる。[27] 将軍義晴も大覚寺義俊を通じて孝景と証如に働きかけているが、永正年間の国境通路の問題が朝倉方だけの問題であったのに対して、今度の場合は加賀の一揆方も越前からの通路を塞いでいたから、朝倉氏と本願寺双方の合意が必要となった。天文七年（一五三八）三月六日に学者として知られる清原宣賢が能登に下向するするため証如に通路の保証を求めたとき、証如は「此儀ハ縦申付候とも、越前より来候ハん者をハ、加州にて可打留とのさためにて候間、中々申下間敷候と返事させ候」として宣賢の要望を断っている（『証如上人日記』同日条）。この記事から、加賀の一揆方も越前から加賀に入ってきた人を留めることになっており、証如の保証も通用しないと判断されていることがわかる。

大覚寺義俊を仲介とした朝倉氏と本願寺との交渉の過程は省略するが、天文九年五月二八日の本願寺側の記事によると、本願寺が合意は無条件であることを主張したのに対して、朝倉方が五カ条の状件を提示してきたため、交渉は決裂した（同、同日条）。その後、朝倉方では交渉相手として孝景に背いた景高が登場するが（同、天文一〇年九月三日条）、本願寺は景高を相手にしておらず、この後加越の和睦がなる永禄一〇年まで基本的には「路次不通」の状態が続いたものと考えられる。幹線道路が封鎖状態になると、その分だけ険しい山道を抜ける間道が注目されることになるが、この点は後述したい。

第五節　領国内の関（役所）と関役

朝倉氏領国制下の関（役所）には軍事的機能以外の機能を持たせたものも設置されていた。以下ではそれらを検討してみたいが、まず朝倉孝景が戦国大名化する以前の史料として家臣の笠松氏に宛てた書状の一部を示す（県資③三崎玉雲一号）。

関代官之事申下候処、菟角申上候事曲事候、於田舎如此奉公をさへ斟酌難心得候、早々請取候て、有限月宛等ニ可沙汰候、（中略）返々重而菟角ニおよはす、早々役所可請取候、謹言、

これによると、孝景は笠松氏が関の代官を辞退したことを曲事とし、早く関（文末では「役所」[28]）の代官として職務

を果たし「月宛」を負担せよとしている。関の代官としての職務が「田舎」での奉公とされているので、この関は越前にあったことが知られ、また代官が孝景に負担する「月宛」（関収益の月ごとの納入分）に関しては省略した追而書に関代官の上表（辞退・返還）は「京都のしつつい（失墜）候ハん計略候」（京都への経済的損害を狙った行為）と非難されているから、京都に滞在している孝景の費用に宛てられていたことがわかる。この関の設置されている場所は特定できないが、孝景がいわゆる経済関を支配していたことがわかる。孝景が応仁二年閏一〇月一四日に越前に下向し（『大乗院寺社雑事記』同日条）、やがて戦国大名化した後にこの経済関が存続していたかどうか不明であるが、長享二年八月二八日に天台僧真盛に帰依した朝倉貞景が「悪事」を断つため「関役橋賃」を停止したと伝えられている（『真盛上人往生伝記』下）。また先述の明応二年慈視院光玖定書が「国中諸関渡」における三ケ庄十人衆商人の煩いを停止していることなどからみて、いくつかの関が設置されていたと考えられる。

ところが、貞景が「悪事」として停止した「関役橋賃」には「浅水橋也」という追記が見られるから、当時の人々には「橋賃」も関役と同じく「悪事」と見なされていたことがうかがえる。この意味で周知の北庄大橋の橋賃も関役に準じるものとしてよいであろう。延徳二年の冷泉為広の下向日記に「石バ」に「百八間ノ橋アリ」と見えているのが北庄大橋であり、三国滝谷寺の文書中に天文一〇年分・天文一二年分・天正元年（一五七三）分の北庄大橋に関する請取状が伝えられている（県資④滝谷寺二五・三五・一一三号）。その請取状の名目は「北庄大橋礼銭」「御役所へ礼銭」「北庄橋御役銭」とそれぞれ異なっており、また請取人にも違いが見られるが、細かい点は割愛するとして、いずれも滝谷寺は二〇〇文を負担している。したがって、これは北庄大橋を通行するたびに徴収される銭ではなく、一年分の橋利用に対する礼銭であった。次に述べるように、元亀三年（一五七二）に興福寺大乗院の使者が今庄役所で支払った関銭は三六〇文であったから、この北庄大橋礼銭は比較的低額の負担であった。したがって、礼銭は一年間の通行料の平均額に設定されているというより、朝倉氏による橋維持費を国内寺社に割り当てたという性格を帯びているように思われ、大胆にいえば「受益者負担」の原則でなく利用の有無を問わない「行政費」的性格を持っているといえよう。

朝倉氏の関について最後に朝倉氏滅亡直前の元亀三年（一五七二）一一月に越前に下向した興福寺の使者が支払った関銭や旅費の散用状のうち越前分を示すと、

三百文　　かいつよりしんたうまてヲクリ
三百五十文　　しんたうより脇本まて
三百六十文　　今しやう吉田殿役所
弐百五十文　　さはなミ役所
三百八十文　　府中より三国まて船チン

となっている[29]。この史料は府中から三国まで川舟が利用されたことを示す貴重な例でもあるが、役所に関しては今庄と鯖波に置かれていたことが知られる。朝倉氏時代の今庄・鯖波の役所を知ることのできる史料は今のところこれだけで、冷泉為広や伊達氏の使僧の旅の記録に現れてこないこととどのように整合的に考えるか難しいが、とりあえずこの両役所は織田信長との軍事的対立という状況を反映しているものと考えておきたい。

今庄役所の「吉田殿」とはこの半年くらい前に南条郡五ケにおいて朝倉氏が日吉山王社復興のために国中の商人に課した役銭を徴収している吉田新兵衛尉正久と見られ（県資④浄光寺四号）、今庄役所代官としてこの地域の支配に当たることもあったものと思われる。鯖波役所に関しては、天正一一年にこの地の「たいしもり」（「たいしもの」が正しいと思われる）が「渡シ舟」に従事しているので諸役を免除するとあることが注目される（県資⑦石倉家二号）。「たいしもり」は後に「わたりたいし」とも称されており（同三号）、井上鋭夫『山の民・川の民』（一九八一年、平凡社選書）との関連が考えられるが、ここではそれを究明する準備がない。ただ鯖波が後世いわゆる朝倉街道の始点であるとされていることと、朝倉氏がこの地に役所を設置していることとは関連があると見るべきではあるまいか。(30)

以上、不十分ながら朝倉氏時代の関・役所について検討してきたが、ここで取り上げてきたものはすべて朝倉氏が設置し管理してきたものであった。そこで朝倉氏以外のものが関を設置していたかどうかを検討しておく必要があろう。一六世紀後半に大野郡上打波の人々が加賀の牛首・風嵐（かざらし）と結んで別山に「役所」を設置したとあるが、(31)これは白山参詣者に対する関なので検討の対象外としてよいであろう。それ以外には、弘治三年（一五五七）に府中において南条郡宅良・三尾河内の木地山衆から「木地并引物等二季津料役」が徴集されていたことが知られる（県資④浄光寺二号）。この「二季津料役」とは別稿で指摘しているように、(32)鞍谷轆轤師が府中総社に負担していた「総社両度之諸役」（県資⑥大河内区有二号）と同じ性格のもので、木地師（轆轤師）が本所と仰ぐ府中総社に負担する神役であった。したがって、本来は総社が津料役を徴収したことがあったとしても、この段階ではそれは負担の名目で実際に関があったことにはならない。

もう一つの例は、大永四年（一五二四）一〇月に吉田郡藤島荘上郷下司の中村氏が九頭竜川を下ってくる大野郡七山家の桧物・筏・蓑・笠・榑・箕・笊笥（そうけ）・臼などに対して、「口取」（品目ごとの通行税）の権利を「先規」より持っていると述べていることである（県資⑦白山神社一号）。これは、確かに下司中村氏が九頭竜川に関を設置していることを示すが、中村氏はこの年の六月に四八五貫文余もの負担により平泉寺臨時神事児流鏑馬を興行しており、その費用捻出のため朝倉氏から沽却地の年貢をも含めた収納を認められているから、この七山家口取もそうした費用に宛てるという性格が強いことを考慮すべきであろう。とりわけ中村氏は九頭竜川を上下する舟荷一般に対して口取の権利を持っているのではなく、平泉寺の勢力下にあるとみられる七山家に対してのみ口取の権利を持っているのであって、いうまでもなく藤島荘が平泉寺領でもあったことを考慮すると、平泉寺が七山家の商物に対して持っている上分取得権を下司中村氏が口取というかたちで実行していると見ることができる。いずれにせよ、この例を川関一般と見ることはできないだろう。

管見に入った朝倉氏以外の関の事例はこの二つであったが、いずれも個別領主が自領内に関を設置し、通行者一般から関銭を徴収するという室町期に見られたような関とは異なるものであった。今後とも広く史料を求めていかなければならないが、さしあたりの検討結果として、朝倉氏領国下では個別領主の関設置は厳しく制限されていたと考えることができる。それはまた、戦国期越前の路次・河川がかなり統一的に朝倉氏の統制のもとに置かれていたことを物語るものである。

第六節　朝倉氏による間道封鎖

戦国期において軍事的緊張が強まり、主要路次が封鎖など統制下に置かれると、相対的に間道の重要性が注目されることになり、間道もまた統制の対象となることについて、付論的に述べておきたい。

元亀元年四月に織田信長が越前攻撃を開始したことにより、朝倉氏と浅井氏は信長と全面的対立状態となった。朝倉氏は警戒のために敦賀郡内の「獺谷道（うそたにみち）」を封鎖したが、近江の塩商人がその不便さを一乗谷に訴えたので、封鎖を解除すべきかどうかについて敦賀郡の五幡浦など三カ浦から意見を求めている（県資⑧刀根春次郎一五号）。この「獺谷道」とはどこの道であろうか。延宝二年（一六七四）の敦賀郡樫曲・獺河内山絵図とその添書によれば、[33]「獺谷」は樫曲村と獺河内村の境界にあり、「うそ谷小杉尾」の峰という地が見えるが、山絵図によれば両村の境界付近から池河内村に通じる道の側の山に「小杉尾」と記されているから、この谷を「獺谷」と称したことがわかる。したがって、「獺谷道」とは既に『福井県史』が指摘しているように、[34]北陸街道から分岐して池河内・杉箸・刀祢にいたる笙の川沿いの山間路次を指すものと思われる。先述のように元亀三年に興福寺使者が下向したとき主要路次は封鎖されていなかった。主要路次は軍事関などにより監視しやすいが、警戒すべきは主要路次以外の道であったと思われる。「獺谷道」は塩商人が往来する道であって山道とはいえないが、戦時には嶮岨な峠道を利用して攻撃または撤退・逃亡がなされていた。天文三年九月に越前に逃亡していた加賀牢人衆の黒瀬左近四郎が裏切って加賀に戻るには風谷峠を越えたといい、[35]天文六年七月加賀本宮の平等坊は白山御前峰をこえて越前に牢人したとある。[36]また、天正二年に越前一向一揆を逃れるため南条郡菅谷峠を越えようとした佐々布光林坊が討たれたとの伝承がある。[37]風谷峠や菅谷峠は日常的に利用されない道ではないが、それでも逃亡するときには交通者の少ない道を選ぶのは当然である。

以上のことを念頭に置いて、次の史料を見られたい。[38]

先日者以飛脚申候キ、定而可有参着候、仍而石徹白通□平泉寺へ此中通路在之由候、然者此道堅留申度候間、其

許御才覚専用候、即石徹白紀伊守方へも堅申越候、尚期後音之時候、恐々謹言、

四月十四日　　理乗（花押）

安養寺　床下

年代は天正二年で越前一向一揆による平泉寺攻撃の最終段階にあたり、文書を出しているのは一揆の総大将下間頼照（理乗は法名）、宛名の安養寺は美濃郡上郡の本願寺方有力寺院である。これによると石徹白（いとしろ）から平泉寺に通じる道があると聞いた理乗が平泉寺への援軍などを阻止するため安養寺と石徹白紀伊守にこの道を封鎖して欲しいことを依頼している。石徹白川を下り穴間前坂に出る通常の道ならば理乗もよく知っているはずであるから、「在之由候」と伝聞の文言で述べる必要はない。前年の天正元年九月に大野郡を支配していた朝倉景鏡は、配下の岩佐氏に対して「郡上江相越荷物等往還之者」を留めるために「山中東西三口」の封鎖を命じている（県資⑦小嶋吉右衛門四号）。この「山中東西三口」は油坂峠や桧峠など周知の峠を塞ぐことであったと思われ、ここで理乗が問題としている道はそれとも違った現地に通じた人でないとわからない山の民の道であったろう[39]。嶮岨な道といい、間道というのは多分に現代のわれわれの感覚での判断であって、封鎖の対象となったこの道は平泉寺と石徹白を結びつける道の一つであったろう。

朝倉氏時代に封鎖されていた道を示すものに、次の朝倉孝景（宗淳）書状がある（県資④永平寺一七号）。

当寺方丈上郷江越候道剪明之由、言語道断之儀候、則被剪塞候之旨蒙仰候、尤可然候、南保両人召寄可相尋候、委細御使僧令申候由、可得御意候、恐惶謹言、

八月四日　　孝景（花押）

永平寺から志比荘上郷へ通じる道とは、大仏寺山から吉峰寺にいたる道元が通ったとされる道のことかと思われるが、戦国期には封鎖されており、それを「剪明」けたことは朝倉氏によって「言語道断」と叱責されている。その理由は記されていないが、この道を通っての奇襲や逃亡などを阻止するという軍事・治安上の配慮から封鎖されていたとしか考えられないのではないか。現代人は道といえば車で通行しうる道しか考えなくなりつつあるが、戦国時代は人の通りうるあらゆる道の利用が意図されるとともに、それに対抗して道の利用を防止するすることが考えられた時代であったといえよう。

おわりに

朝倉氏の交通政策を中心に検討を加えてみたが、論点を絞りきれず概論的な叙述に終わってしまった。朝倉氏には東国大名に見られる伝馬のような運輸政策は見出すことができなかったが、広域的な機能を持つ街道の道橋に関しては統一的・規格的な整備を進めていたといえる。また、領国内の関については、ほぼ朝倉氏の統制下に置かれていたと判断され、個別領主の関は限定された機能しか果たしていなかったとみられる。ここで、第二節の末尾で提起した問題に関して述べると、関が朝倉氏の統制下に置かれていたことから道橋普請の勧進関はその事例もなく、設置することも困難であったろう。したがって、村の道橋普請以外の広域的機能を持つ道橋普請は朝倉氏の支配するところであったと見なしうる。

間道に関して述べたことからしても、戦国期の路次は予想以上に軍事的観点から捉えられていた。その観点からすると、朝倉氏が北庄と浅水には橋を架けながらも、高木と白鬼女を船橋としていることは[40]、九頭竜川と日野川の通行をできる限り容易にしようという配慮だけでなく、この両地点を朝倉氏の最終的軍事防衛拠点と位置づけていることを示すものではあるまいか。

註

（1）『福井県歴史の道調査報告書』の各巻の最初に記されている「調査の目的」において、道は「村と村、村と都市を結びながら、文物や人々の交流の媒介として重要な役割を果たした」と述べられている。
（2）本文で述べるように、「間道」という表現には問題があるが、さし当たりこの語を用いることにする。
（3）新城常三『鎌倉期の交通』吉川弘文館、一九六七年。
（4）戸田芳実『歴史と古道』人文書院、一九九二年。その副題に「歩いて学ぶ中世史」とある。
（5）小葉田淳「冷泉為広卿の越後下向日記と越前の旅路」（『福井県史研究』三、一九八六年）。
（6）ただし、船橋が恒常的なものかどうかは問題であり、永正一五年にここを通過した伊達氏使僧の頤神軒は「くつれのわたり」と表現しているので、この時は渡船を利用したものと考えられる（『福井市史』資料編2所収、伊達家文書）。
（7）『鯖江市史』通史編上巻（山本孝衛氏執筆）、二六九頁。なお、この風習に関してはさしあたり勝俣鎮夫『一揆』岩波新書、一九八二年、一三八頁を参照されたい。
（8）一乗谷奉行人への光玖書状案が水落神明社の神主家に伝わっていることは、水落町住人が篠を引いているのは水落神明社への抗議であった可能性がある。

(9)『大乗院寺社雑事記』明応三年正月二三日条。光玖の死に関しては、拙稿「越前国人堀江氏の動向について」(『福井大学教育学部紀要』Ⅲ　社会科学　五四、一九九八年、本書第Ⅱ部第一章)の注(34)を参照されたい。

(10)小泉義博「中世越前における北陸道」(『日本海地域史研究』三、一九八一年)。また、小泉氏によって越前・若狭に関する「交通路の発達と市・町の形成」(『福井県史』通史編、中世、一九九四年、八一〇頁以下)がまとめられている。

(11)越前・若狭の村堂については『福井県史』通史編、中世、一九九四年、五七六頁を参照されたい。より立ちいった研究としては、浅香年木「中世北陸の在地寺院と村堂」(同『中世北陸の社会と信仰』法政大学出版局、一九八八年所収)がある。村堂の公共性については、藤木久志「村の村堂」(同『村と領主の戦国世界』東京大学出版会、一九九七年所収)を参照されたい。

(12)宇佐見隆之氏は、永正一二年の「ほつこくかいたう」(西街道)の普請が今泉・河野両浦の百姓中にも命じられていることから「街道の普請は地元の百姓の仕事であったのである」と解釈されている(「関の本質と場」〈同『日本中世の流通と商業』吉川弘文館、一九九九年、三五頁〉)。

(13)そうした事例は、相田二郎『中世の関所』畝傍書房、一九四三年(一九八三年に吉川弘文館より復刊)に挙げられている。

(14)豊田武「近世的交通への道」(体系日本歴史叢書24『交通史』山川出版社、一九八〇年)。ここでは、豊田氏著作集第三巻『中世の商人と交通』所収、四四一頁によった。なお、この文書は『戦国遺文　武田氏編』第一巻、三五六号文書として収録されており、それによれば宛名が磨り消されていて、勧進の実態を知ることが困難となっている。

(15)この点については網野善彦『増補　無縁・公界・楽』「一五、関渡津泊、橋と勧進上人」(平凡社、一九八七年)一六四頁以下を参照されたい。

(16)相田二郎前掲書、豊田武前掲論文。

(17)勝俣鎮夫「山賊と海賊」(週刊朝日百科『日本の歴史8　徳政令』朝日新聞社、一九八九年所収)。

(18)桜井英治「山賊・海賊と関の起原」(同『日本中世の経済構造』岩波書店、一九九六年所収)。

(19)広橋家旧蔵永徳度革命諸道勘文裏文書(『鎌倉遺文』補一七五二号)。なお、この綸旨を受けて三月二四日に天台座主令旨が出されている(同一九六七号)。

(20) 大乗院文書「雑々引付」(『小浜・敦賀・三国湊史料』所収)

(21) 若狭の天竜寺領としては三方郡耳西郷と大飯郡岡安名が知られるが(県資②天竜寺二六号ほか)、その所領の規模から見てここで想定されているのは耳西郷であろう。

(22) 堅田・舟木に関する文献について、恣意的な選択とのそしりは免れないが、さしあたり概説として横倉譲治『湖賊の中世都市近江国堅田』(誠文堂新光社、一九八八年)、桜井英治「琵琶湖の交通」(網野善彦・石井進編『中世の風景を読む』四、新人物往来社、一九九五年)、木村至宏「琵琶湖」(赤坂憲雄ほか編『いくつもの日本Ⅲ　人とモノと道と』岩波書店、二〇〇三年所収)を参照。また、網野善彦「近江国堅田」「近江国船木北浜」(同『日本中世都市の世界』筑摩書房、一九九六年所収)がある。

(23) 県資②内閣文庫所蔵朽木家古文書二六号。

(24) この点に関してはなによりも藤木久志『戦国の作法』(平凡社、一九八七年)・『豊臣平和令と戦国社会』(東京大学出版会、一九九五年)を参照されたい。

(25) 小葉田淳前掲論文。

(26) 日本思想大系『蓮如　一向一揆』所収「朝倉始末記(加越闘諍記)」三三七頁。

(27) 県資②尊経閣文庫五二号。

(28) この文書からもわかるように「関」は「役所」とも言い換えられており、同じものを指しているが、両者の表現の含意する差については明らかにしえていない。

(29) 「尋憲記」元亀四年正月二七日条(『福井市史』資料編2、古代中世、所収)。

(30) 「越藩拾遺録」巻中(『越前若狭地誌叢書』上、所収)に「此頃ノ大手」として記載している。『福井市史』通史編Ⅰ、古代・中世(一九九七年)は「朝倉道」について検討しているが、始点を鯖波に置かず鯖江に求めている(七一八頁)。

(31) 石徹白徳郎家古文書三一号(『白山史料集』下巻、所収)。

(32) 拙稿「朝倉氏領国制下の府中両人」(『福井大学教育学部紀要』Ⅲ　社会科学　三七、一九八七年、本書第Ⅰ部第二章)。

(33) 樫曲区有文書一号(『敦賀市史』史料編四巻上、所収)。

(34)『福井県史』通史編2中世、一九九四年、八〇五頁（佐藤圭氏執筆）。なお、『敦賀市史』通史編上巻（一九八五年）では、近世の「あミ谷道」（近江伊香郡中河内・半明に通じる道）と同一視しているような記述がある（三七〇頁）。
(35)日本思想大系『蓮如　一向一揆』所収「朝倉始末記（加越闘諍記）」三四二頁。風谷峠越道については福井県歴史の道調査報告書第1集『北陸道Ⅰ・吉崎道』（二〇〇一年）六〇頁以下の調査記録を参照されたい。
(36)「白山宮荘厳講中記録」（『白山史料集』上巻、所収）。
(37)南条町・河野村のホノケ山菅谷峠付近に、佐々布光林坊の墓と伝える石積みがある。
(38)石徹白徳郎家古文書一〇号（『白山史料集』下巻、所収）。なお、この史料及び戦国末期の白山麓の状況については拙稿「戦国期の白山麓地域」（『福井の科学者』七八、一九九九年）を参照されたい。
(39)今日の地図には見えないが、石徹白から上打波に抜ける峠道として橋立峠があった。この峠道は明治四五年（一九一二）に「全然たる鳥径であって、崎嶇たる羊腸の峻険に属せり」と描写されているような険しいものであった（『福井県大野郡誌』一九一二年、一〇一三頁）。本文で問題になっている道がこの峠かどうかは明らかでないが、これに勝るとも劣らぬ険しい道であったろう。
(40)白鬼女に船橋が設置されていたことについては、県資⑥西野次郎兵衛六六号を参照。

第Ⅱ部

戦国期越前の在地社会

第一章　越前国人堀江氏の動向について

はじめに

国人領主が守護大名や戦国大名の領国支配のありかたを規定する重要な要素となっていたことは、改めて指摘するまでもなかろう。このことを越前について考えると、最大有力国人であった堀江氏の動向が注目されよう。守護斯波氏と守護代甲斐常治が対立し、斯波氏の家臣が二つに分かれて争った長禄合戦（一四五八〜五九）において堀江石見守利真は守護方の主将であったし、戦国大名朝倉氏支配下においても永禄一〇年（一五六六）に堀江中務丞景忠は朝倉氏に反乱を起こしている。

それゆえ、越前の室町・戦国期を論じる場合、有力国人としての堀江氏の動向が問題とされてきた。しかし、それらの多くの場合、堀江氏は長禄合戦や朝倉氏に対する反乱という事件史のなかで取り上げられ、いわば結果論的に堀江史が有力な国人であったことが指摘されるにとどまっている。これらは堀江氏の歴史を捉えようという視角から論じられているわけではないからやむをえないとはいえ、堀江氏の歴史的全体像としては十分ではない。これに対して、堀江氏の歴史を述べる試みもなされているが、その場合には堀江氏の系図である「岡部系図」と「朝倉始末記」に依拠した概説がなされている。それの描く堀江氏の歴史とは次のようなものである(1)。

堀江氏は利仁将軍を先祖とする河合系斎藤氏の系譜を持ち、「岡部系図」（図1）[2]の利仁から実澄（稲津新介実澄）までの系図は『尊卑分脈』と同じである。ついで、実澄の子の実嗣が河口荘堀江郷に住したと記すが、この実嗣は『尊卑分脈』に見えない人物であるから、実嗣からの系譜が堀江氏独自の伝承とみなすことができる。その後の堀江氏の歴代のなかでは、実利の娘が新田義顕の室となり、そこに生まれた義峰が実利の養子となって堀江氏を継いだこと、義用の時に朝倉家景に属したことが「岡部系図」に特筆されている。この系図において、事跡がやや詳しくなるのが義用の子の景経であって、彼は坂井郡堀江郷番田に本拠を持ち、朝倉敏景に属して坂井郡で二五〇〇貫文を支配したという。

堀江景経の妻が竜（蛇）の化身であったことは「朝倉始末記」にも記されているが[3]、景経と竜女との間に生まれた堀江備後守景重は連歌の名手であるとともに、朝倉孝景にしたがって文明年間の越前での戦いに功績があり、朝倉家臣としての地位を築く。景重の子の石見守景実のときに河口荘本庄郷中番、さらに下番に移り、その後は景用―景忠と続くが、この景忠の時に朝倉義景に反乱を起こして能登に逃れる。「岡部系図」によれば、景忠は天正三年（一五七五）八月に越前に帰り、織田信長に味方して一向一揆を討ち、加賀で所領を得るが、そののち佐久間盛政に殺害されたとある。景忠の子の利茂は加賀大聖寺の武士を経て甲斐国に移り、その子の利好の時に再び越前に帰り、利好の孫の利直が坂井郡井向に居住して岡部氏を称するようになる。

「岡部系図」と「朝倉始末記」に依拠したこのような堀江氏の歴史によれば、堀江氏が朝倉孝景の家臣となる文明年間以前の歴史については、ほとんど不明とされている。しかし、「岡部系図」や「朝倉始末記」を離れると、堀江氏は室町期において活発に活動していることが知られている。堀江氏自身の家文書は伝わっていないが、堀江氏の一

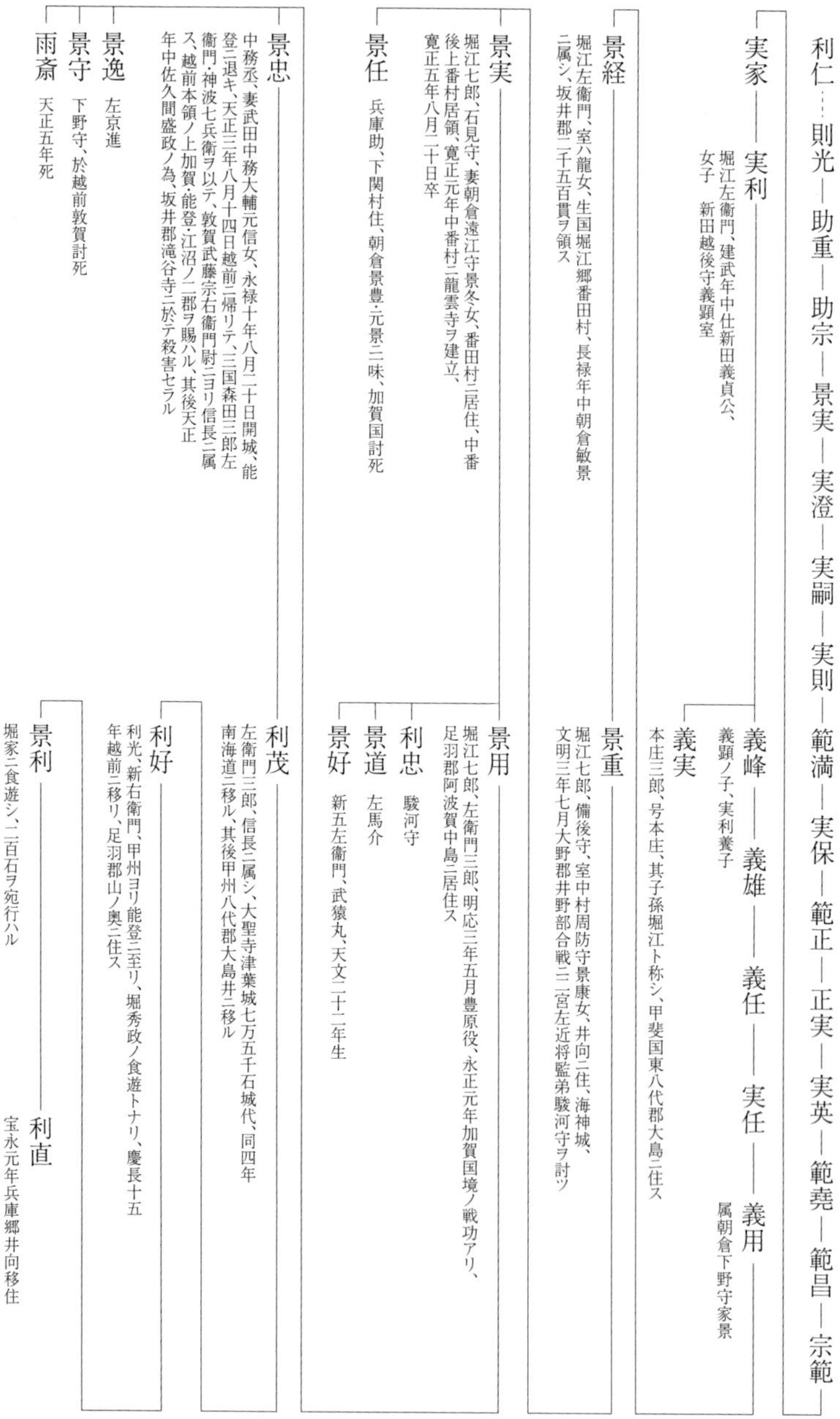

利仁……則光―助重―助宗―景実―実澄―実嗣―実則―範満―実保―範正―正実―実英―範堯―範昌―宗範

実家―実利　堀江左衛門、建武年中仕新田義貞公、
　　　　　　女子　新田越後守義顕室
　　―義峰　義顕ノ子、実利養子―義雄―義任―実任―義用　属朝倉下野守家景
　　―義実　本庄三郎、号本庄、其子孫堀江ト称シ、甲斐国東八代郡大島ニ住ス

景経　堀江左衛門、室八龍女、生国堀江郷番田村、長禄年中朝倉敏景ニ属シ、坂井郡ニ二千五百貫ヲ領ス
―景重　堀江七郎、備後守、室中村周防守景康女、井向ニ住、海神城、文明三年七月大野郡井野部合戦ニ二宮左近将監弟駿河守ヲ討ツ

景実　堀江七郎、石見守、妻朝倉遠江守景冬女、番田村ニ居住、中番後上番村居領、寛正元年中番村ニ龍雲寺ヲ建立、寛正五年八月二十日卒
―景用　堀江七郎、左衛門三郎、明応三年五月豊原役、永正元年加賀国境ノ戦功アリ、足羽郡阿波賀中島ニ居住ス
　―利忠　駿河守
　―景道　左馬介
　―景好　新五左衛門、武猿丸、天文二十二年生

景任　兵庫助、下関村住、朝倉景豊・元景ニ味、加賀国討死

景忠　中務丞、妻武田中務大輔元信女、永禄十年八月二十日開城、能登ニ退キ、天正二年八月十四日越前ニ帰リテ、三国森田三郎左衛門・神波七兵衛ヲ以テ、敦賀武藤宗右衛門尉ニヨリ信長ニ属ス、越前本領ノ上加賀・能登・江沼ノ二郡ヲ賜ハル、其後天正年中佐久間盛政ノ為、坂井郡滝谷寺ニ於テ殺害セラル
―利茂　左衛門三郎、信長ニ属シ、大聖寺津葉城七万五千石城代、同四年南海道ニ移ル、其後甲州八代郡大島井ニ移ル

景逸　左京進

景守　下野守、於越前敦賀討死
―利好　利光、新右衛門、甲州ヨリ能登ニ至リ、堀秀政ノ食遊トナリ、慶長十五年越前ニ移リ、足羽郡山ノ奥ニ住ス
　―景利　堀家ニ食遊シ、二百石ヲ宛行ハル―利直　宝永元年兵庫郷井向移住

雨斎　天正五年死

図1　岡部氏系図

族が興福寺領河口荘・坪江郷を本拠としていたことから、『大乗院寺社雑事記』・『経覚私要鈔』などに活動の跡が書き留められている。そしてこれら同時代史料に現れる堀江氏の人物と「岡部系図」の人物はまったくといってよいほど一致しない。したがって、我々はまず同時代史料や文書に拠って堀江氏の実体を考え、そのあとで「岡部系図」との関連を検討したいと思う。同時代史料や文書によって堀江氏を捉えようとする試みは既に『福井県史』通史編2中世のなかでなされているが[(4)]、本稿ではさらにそれを進めてみたいと思う。

第一節　堀江氏の登場

堀江氏と特定してよい人名が現れる早い記録が、明徳三年（一三九二）八月の「相国寺供養記」であって[(5)]、越前守護斯波義将の嫡子斯波義重の弟である満種に従う家臣の内に「斎藤石見守藤原種用」が見えている。この石見守は後の事例から見て、堀江氏の惣領筋にあたる家が称する官途であるが、ここに堀江氏の守護被官化がなされていたことを知ることができる。なかでも注目されるのは、堀江氏が斯波庶子家の満種の被官として「種」の一字を与えられていることであり、義種・満種・持種・義敏と続く斯波庶子家とこの石見守家のこの後の結びつきが既に示されている。

ついで興福寺領坪江下郷三国湊の代官として堀江賢光が現れるが、既に『福井県史』で取り挙げられている応永二五年（一四一八）の堀江道賢申状[(6)]がこの賢光を含めた堀江氏についての重要な証言となっているので、重複をいとわずここでも検討しておきたい。

道賢申状は、道賢が別名名主となっている河口荘本庄郷満丸名の済物給主である福知院栄舜が道賢に非法ありとして名主職を奪おうとしたことに対する陳状であるが[7]、栄舜が河口荘新郷鴨池や同荘荒居郷などにおける道賢の非法も並べ立てたので、道賢はそれらについても弁明している。道賢の主張のうち必要なものを取り上げると、

堀江賢光――道賢（教実）
　　　　　└越中（越前）守景用――越前守久用

図２　堀江氏系図

①満丸名は遠くは「建久・建仁・嘉暦補任有之」、近くは永徳三年（一三八三）管領斯波義将・守護代甲斐教光の状によって保証されているところである。

②さらに満丸名については、先年の済物給主井上覚仙の時に「下地者堀江教実重代也」との門跡自筆の御書で安堵されている。

③鴨池は「先祖利仁将軍之出所也」という「譜代由緒」を持つ地である。

④荒居郷についても寺門の糺明により、道賢に不法なしとされている。

⑤「河口庄内賢光譲与名々」においても、道賢には不法はない。

となる。①と③から、室町初期に堀江氏自らが利仁伝承を主張し、建久以来の由緒を持つと考えていたことが知られて興味深い[8]。さて②より道賢の実名は教実と判断され、⑤は賢光が譲与した名々を道賢が支配していたことを示すから、賢光は道賢の父と考えるのが妥当であろう。

この賢光に関しては、応永三年八月二十七日に坪江下郷給主に宛てられた大乗院門跡御教書において、阿古江出来島の帰属をめぐり三国湊からの違乱について「以外次第候之間、賢光方へ被遣御教書候」と見えており、その「御教

書」に当たる同日付の文書では違乱をとどめるよう「堀江禅門」に宛てて命令が出されているから[9]、堀江賢光は三国湊の代官であったことが知られる。

賢光についてはもう一つ史料があり、河口荘細呂宜郷下方代官に「一代政所賢光子越中守景用」がいたとされている（『経覚』寛正五年五月二九日条[10]）。よって室町初期の堀江氏については図2のような系図を描くことができる。利仁将軍の子孫を称する賢光は、河口荘の本庄郷満丸名・新郷鳴池・荒居郷・細呂宜郷下方と坪江下郷三国湊において名主あるいは代官であり、その子とみられる道賢（教実）が満丸名などの支配権を継承し、景用が細呂宜郷下方の代官職を継承したのである。賢光が「相国寺供養記」に現れる石見守種用に当たるかどうかは確証がないが、その可能性は高い。

道賢は河口荘における鎌倉初期以来の由緒を主張しているが、我々の知りうる堀江氏は賢光が最初であり、彼の代からあたかも霧のなかから飛び出して来たかのように、堀江氏に関する史料が増えてくる。三国湊についてみると、永徳元年とその翌年に内膳司領三国湊廻船交易関所を違乱していたのは「当所住人」の深町と島津であったが、応永三年には先に述べたように賢光が代官となっており、応永一九年には「当国住人」の堀江・桑原が「南都代」あるいは「守護彼（被）官人」としての権威を背景に内膳司領に対して違乱に及んでいた[11]。こうしてみると、堀江氏は南北朝期末に守護斯波氏（その庶流家）と結んで、急速に台頭してきた武士ではないかと考えられるのである。

第二節　長禄合戦と堀江氏

室町期から応仁・文明の乱までの堀江氏の動向を大まかに知るためには、興福寺が作成した河口荘職人表によるのが便利であろう。室町期の河口荘の政所・公文はほとんどが斯波氏の古くからの家臣（島田）、新興の重臣（甲斐・朝倉・織田）によって占められており、古くからの国人は堀江氏のみといってよい状況であった。表1はその内堀江氏が職人となっている郷を抜き出したものである。この表から堀江氏の有力な家筋として、堀江石見守家・堀江本庄家・堀江細呂宜家を挙げることができるので、以下ではそれぞれについて検討し、堀江氏の動向から見た長禄合戦の特質にも触れてみたい。なお堀江氏を始めとする武士たちは河口荘・坪江郷の政所・公文という荘官（代官・職人）に補任されて、いわゆる請負代官として在地を支配したのであるが、叙述の煩わしさを避けるため、このような代官支配のありかたを、以下では単に「支配した」と表現することにしたい。

1、堀江石見守家

既に述べたように、石見守家は堀江氏の惣領筋の家と判断される。表1の応永二一年に本庄郷公文・細呂宜郷上方政所・同下方政所の職にあった石見入道は、道賢（教実）と考えてまず誤りなかろう。永享九年（一四三七）には細呂宜郷上・下方ともに職人が記されていないが、これは先述のように道賢の兄弟とみられる堀江越中守景用が細呂宜

表１　室町期河口荘の職人（代官）

郷		応永21年（1414）	永享9年（1437）	文正元年（1466）
本庄郷	政所	朝倉教景	朝倉教景	朝倉孝景
	公文	堀江石見入道	堀江石見	朝倉孝景
荒居郷	政所	堀江左衛門三郎	堀江本庄	本庄
	公文	原　入道	—	甲斐敏光
細呂宜郷上方	政所	堀江石見入道	—	—
	公文	堀江帯刀	—	—
細呂宜郷下方	政所	堀江石見入道	—	堀江民部
	公文	—	—	—

註：応永21年＝「寺門事条々聞書」『大日本史料』7編21、294頁。永享9年＝「越前国河口荘十郷、付十郷職人 永享九年比」『北国庄園史料』421頁。文正元年＝『大乗院寺社雑事記』文正元年七月一日条。

郷下方政所に任じられていることと関連するものと思われ、石見守家から景用（細呂宜家）への職の移動が円滑でなかったことを示すのであろう。また、道賢が支配していた荒居郷は、応永二一年に左衛門三郎の支配となり、永享九年には堀江本庄家の支配となっている。

さてその後の石見守家の動向については、長禄合戦が始まるまでほとんど史料が伝わらない。それは、われわれが依拠する史料のほとんどが大乗院門跡の経覚と尋尊の手になるものであり、河口荘十郷に関して彼ら門跡は細呂宜郷と兵庫郷の職人補任権は有するが、その他の八郷については給主の松林院が支配していたので、本庄郷などの職人についてはさしあたり関心外であったからである。[12]そのことを考慮しても、石見守家について各別の記事がないことは、石見守家は本庄郷公文職をいわば本領として長禄合戦まで保持していたことを示すものと考えてよかろう。

長禄二年（一四五八）七月、越前において守護斯波義敏方と守護代甲斐常治方との合戦が始まる。この長禄合戦の原因や経過については既に論じられているところであるから、[13]詳説を避け簡単に要点のみを記すことにしたい。まず、第一に合戦にいたる基本的な動向としては河村昭一氏が指摘されたように[14]、守護代甲斐氏による支配権拡大の動きが挙げられ、国人たちはそれに対する反発を強めていた。これと並んで第二に、甲斐氏の台頭によって疎外されてきた斯波氏の古くからの家臣たちは、義種系庶子家と結び付き、斯波氏家臣のなかで対立が深まったことが挙げられる。この対立は、庶子家義種系から義敏が斯波氏家督を継いだことにより決定的となる。第三には、この合戦が起こる前に将軍義政は寺社本所領の保護政策を打ち出しており[15]、またこの合戦を将軍・幕府の勢力拡大の機会と捉えており、そうした将軍の態度が合戦の経過にも影響を及ぼしたことを考慮しておく必要がある。

さて、対立を深めていた守護斯波義敏と守護代甲斐常治は幕府の仲介により和睦したが、和睦の条件は甲斐の守護代としての地位は認めるが、守護方被官の所領はもとのように安堵するというものであった（『雑』長禄二年二月二七日・同三月二五日条）[16]。越前における合戦は甲斐方に奪われていた守護方被官の所領引き渡しをめぐる紛争から始まったらしい。合戦勃発時の長禄二年七月段階では守護代甲斐方が優勢であったが、八月七日に堀江石見守利真が守護方の主将として下向すると、守護方が優勢となる（『経覚』長禄二年八月二三日条）。翌年の三月には幕府は甲斐方を支持するようになり（『雑』長禄三年三月一九日条）、関東出兵を命じられていた守護義敏は五月に方向を転じて敦賀郡の甲斐方を攻撃して敗退する（『碧山日録』長禄三年五月二六日条）。最後の決戦は長禄三年八月一一日に行われ、守護代甲斐や朝倉孝景、それに堀江一族の「本庄・細呂宜」の攻撃を受けて堀江利真は戦死し、守護方は潰滅する（『雑』長禄三年八月一八日条）。

以上が長禄合戦の簡単な経過であるが、ここでは石見守利真が合戦中に川口荘と坪江郷において支配していた所領を問題としたい。あらかじめ結論を先取りした形で言うなら、合戦中に利真が支配した所領は〔1〕石見守家の本領、

〔2〕守護請地に区別することができる。後述する細呂宜郷下方のように、この両者の性格を兼ねている所領もあるのだが、それでも〔1〕と〔2〕はそれぞれ利真がこの合戦中に主張しえた所領支配の二つの型を示している。

まず、〔1〕の石見守家本領としては、利真が敗死した後に幕府が「堀江一党之闕分」として幕府倉奉行の籾井信久に与えた本庄郷公文・政所、得丸名、細呂宜郷下方政所、三国湊、坪江郷藤沢名を挙げることができる（『雑』長禄三年九月一七日条）。この内本庄郷は石見守家の根本所領とも言うべき地であるが、合戦中に利真は本来の所領である公文職のみならず、朝倉孝景が支配していた政所職もあわせて支配していたことがわかる。[17] 三国湊については、既に述べたように応永三年に堀江賢光が代官として現れている。坪江郷藤沢名は本田一二町余、神田一八町余を有する下司名であり、[18] 長禄合戦以前に石見守家が支配していたことは確認できないものの、合戦直前に守護義敏方の所領が還補されることになった。そのため、藤沢名は利真の支配地になるだろうかと予測されており、事実利真は藤沢名代官職の補任を求めているから（『雑』長禄二年三月二五日・同四月三日条）、利真はこの名の本主たる権利を持っていた。得丸名は本庄郷内の一四町余の別名で、[19] 合戦以前に石見守家がこの名を支配していたことを示す史料はないが、他の人が支配していたという史料もないので、「堀江一党之闕分」の文言によって支配が確認されるものである。

細呂宜郷下方については〔2〕に含めて述べることにしたいが、表1から明らかなように、かつて石見守家が支配していた地であった。このほか、「堀江一党之闕分」として挙げられたもの以外で〔1〕に属する所領としては、細呂宜郷上方がある。細呂宜郷上方は将軍近臣の大館教氏が公文・政所職を持つ地であったが、長禄三年三月一五日に利真が乱入したとして興福寺が幕府に訴えている（『雑』同日条）。[20] 利真が実力で支配した地と考えられる細呂宜郷上方も、表1に見えるように石見守家は本領としての由緒を持っていた。

〔2〕の守護請地とは、長禄二年一〇月二四日に利真が「国方」の支配として代官職を望んだ河口荘新郷・荒居郷・細呂宜郷下方を指す（同、同日条）。この「国方」支配の代官職に関しては次のような経緯があった。合戦が始まると守護代方の代官が敗走したため、河口荘では多くの郷が代官のいない「あき郷」となった。そこで幕府は、寺社本所領保護の方針に沿って長禄二年九月二〇日に河口荘の新郷・王見郷・関郷・荒居郷・溝江郷・新庄郷・細呂宜郷の七郷を興福寺の直務とすることを命じている（同、長禄二年九月二一日条）[21]。これに対して、利真は興福寺の使者に「当国事雖為何之御本所、無屋形之判形者、不可承引」、あるいは「為上意雖有御直務、屋形之判形無之者、不可有承引」と述べ、守護斯波義敏が直務を承引するという判形がなければ直務には応じないとしている（同、長禄二年一〇月二日・四日条）。利真は将軍の命令に背いても、守護の意向を重んじるとしており、ここでは幕府から相対的にせよ自立した守護領国の形成を推し進めようとする国人の態度がうかがえる。この後に興福寺が利真と交渉した結果、利真は長禄二年一〇月二四日に幕府より直務とされた七郷のうち、王見郷・関郷・溝江郷・新庄郷の四郷と兵庫郷を直務として興福寺に引き渡すが、新郷・荒居郷・細呂宜郷下方については「云御年貢、云任料、為国方致沙汰候テ可持」と述べて、守護請の地とした上で、これらの地の代官職に補任されることを要求した。要するに、〔2〕の郷は守護請地という形式をとりながら、利真が代官として支配する地であった。

これらの代官支配地のうち、荒居郷は合戦以前には一族の本庄家が政所職を持つ地であったが（表1参照）、既に述べたように、さかのぼれば堀江道賢の支配地であったという由緒を石見守家は有していた。合戦中に敵対する本庄家から支配権を奪った利真は、この地を守護請とする以前から興福寺に政所職の補任を要求しており（『雑』『経覚』ともに長禄二年一〇月二日条）、守護請とした後に政所に補任され、長禄二年一二月一八日に請文を提出している

（『雑』同一二月二九日条）。また、細呂宜郷下方は後で詳しく述べるように一族の細呂宜家の所領であったが、合戦直前には甲斐八郎五郎が代官となっていたところである（同、長禄二年九月一四日条）。しかし、この下方は表1に見えているように、石見守家が政所職を支配していた由緒があり、それを理由に守護請とした後に政所職を支配していたと判断される。新郷については石見守家の支配の由緒の有無は不明である。

〔2〕の守護請が生まれてくる事情は、次のように考えられる。荒居郷と細呂宜郷下方について利真は古い由緒を主張しており、この両所も〔1〕の本領に含めて支配することも可能であったが、それでは一族の所領を押領した形になり、合戦前の守護義敏被官の所領回復という和睦の条件に背くことになる。そこで、守護義敏が興福寺の直務を認めず、守護請にしたという形式をとって、実質的に支配したのである。荒居郷と細呂宜郷下方の支配権をめぐる問題は、堀江一族の内部対立（恐らく惣領家と庶子家の対立）として理解されるが、一族を排除して単独支配を行うためには守護の権威を必要としていたのである。合戦中に石見守利真が支配した所領を全体としてみれば、彼は荘園所職支配の由緒を考慮し、形式化しつつあるとは言え守護の権威を背景とした支配を行っていたのである(22)。

利真の敗死により、石見守家の歴史は中断する。寛正二年（一四六一）一〇月一八日に坪江郷藤沢名の代官は籾井信久に替わって堀江加賀入道が任じられていたことが知られ（『雑』同日条）、寛正六年一一月二八日にも彼が藤沢名代官であったことが見えている（同、同日条）。この加賀入道は、寛正三年正月一五日に三国湊の「堀江跡分」の支配を主張して入部した「遠江・加賀」の一人であろう（同、寛正三年六月二二日条）。石見守家の本領に属する藤沢名と三国湊に関して現れること、および後述する事実から考えて、この加賀入道は石見守家の流れをくむ人物かと思われるが、詳細は不明である。

2、堀江本庄家

表1に荒居郷政所として見える家であるが、その動向に関しては長禄合戦の時に石見守利真に敵対して守護代方に味方していたこと以外には不明である。表1では省略しているが、文正元年（一四六六）七月一日の河口荘職人表の専当・別当の記載によれば、本庄家は本庄郷と細呂宜郷の専当であったと見えるから（『雑』同日条）、本庄郷との関わりを全く持たなかったわけではない。しかし、名字の地たる本庄郷は早くから石見守家の根本所領となっていることからすれば、本庄家は本庄郷における勢力拡大を石見守家に抑えられたという歴史を持っているように思われる。長禄合戦中に石見守利真に押領された時期を除けば、本庄家は荒居郷を応仁の乱まで支配していた。

3、堀江細呂宜家

細呂宜郷下方公文・政所職を支配した堀江一族が細呂宜家である。細呂宜郷下方は経覚の所領であったことから、「細呂宜郷下方引付」（以下、「下方引付」と略称）という史料が伝えられており[23]、ある程度は細呂宜家の動向を知ることができる。最初に系譜を明らかにしておくと、堀江賢光の子に「越中守景用」がいたことは既に指摘しているが、文安三年（一四四六）九月一四日に加賀で戦死した人物として「細呂宜下方政所堀江越前守久用」が見え（「下方引付」）、降って長禄二年九月一四日に「細呂宜下方政所等事、本職人ハ堀江ノ越前之子民部ナリ」とされている（『雑』同日条）。したがって、室町期の細呂宜家は賢光―越中守景用―越前守久用―民部と継承されたとみられる。

細呂宜郷下方政所職は久用が加賀で戦死した後、翌文安四年三月に補任のことが問題とされているが、宝徳二年（一四五〇）四月には政所として堀江左衛門三郎（その代官は徳田）の名前が明らかとなる（「下方引付」）。この少し前から左衛門三郎の年貢未進が重なるようになり、経覚は守護代甲斐常治に依頼して年貢を確保しているが、宝徳三年には守護代甲斐常治は国代官である府中小守護代両人に在所を「直務」し、年貢は直接に興福寺に納入するように命じている（同）。この「直務」とは年貢収納を「直務」とするということで、享徳三年（一四五四）に「至得分者、左衛門三郎方へ厳密可被沙汰遣也」とあるように、政所である左衛門三郎の得分は保証されていた（同）。その後、康正三年（一四五七）五月一三日には守護代甲斐常治が細呂宜郷下方公文に細呂宜郷上方政所である大館教氏を推薦し（『経覚』同日条）、大館は下方百姓を誘って公文堀江民部尉（丞）に抵抗させている（『雑』康正三年六月一二日条）。経覚は下方は直務にするつもりだとして大館を拒否したが、今度は甲斐常治が代官職を望み、七月五日には下方公文職半分・政所職半分に甲斐が補任されている（『経覚』康正三年七月五日条）。公文職と政所職の残り半分については、九月二六日の経覚書状に「先代官堀江民部」とあるから、民部が召し放たれ経覚の直務とされたのであろう（同、同日条）。しかし、これは形式上のことで、全体の支配者は甲斐八郎五郎であった（『雑』『経覚』ともに長禄二年九月一四日条）。なお、これまでの経過から左衛門三郎が後に民部丞を称したようにも見えるが、両人が同一人であることを示すものはないので、ここでは別人と考えておきたい。すなわち、下方においては左衛門三郎が政所職を持ち、民部丞が公文職を有していたが、甲斐常治が両職半分に補任されたことにより、両人は職を失ったのである。

河村氏が述べられたところに従えば、細呂宜家は甲斐氏の勢力拡大の犠牲者となったのであるが[24]、長禄合戦では石見守家利真と結んで甲斐氏を排除したわけではない。しかし、合戦により下方代官の甲斐八郎五郎が敗走すると、民部丞は経覚のもとに代官梁瀬を派遣して下方代官職の補任を求めている（『経覚』長禄二年八月二八日条）。漁夫の利を得ようとするかのごとき民部丞のこの行動を見ると、最初から忠実な甲斐方であったともいえない。後の史料で民部丞は日野家の被官であったことがわかるので、[25]守護方・守護代方色分けとは違った、独自の立場から行動しようとしていたのではないかと思われる。しかし、民部丞の要求はかなえられず、興福寺が訴訟中である兵庫郷や藤沢名の幕府担当奉行である飯尾為数の代官飯尾為脩が下方公文・政所職を与えられようとしており（『経覚』長禄二年九月一八日条、『雑』同年一〇月四日条）、ついで先述のように守護請として石見守利真が支配した。民部丞は利真より下方を奪い返すために戦っているが、利真敗死後に下方は幕府御倉奉行籾井信久に与えられたのである。

細呂宜家はこの事態を座視していたわけではなく、長禄四年七月二八日には先政所堀江左衛門三郎が籾井支配に反対して現地の八幡宮に籠もり、放火して退いたと伝えられる（『雑』同日条）。次いで閏九月二一日には先公文民部丞が軍勢を率いて下方に乱入したが、籾井代官や地下人たちは民部丞の支配を承引しなかったので、民部丞は金津道場の坊主の仲介により撤退しなければならなかった（『経覚』長禄四年閏九月二八日条）。この時名主・百姓は民部丞を七代に至って排斥するという神水起請文を捧げ、「被助置百姓」については補任されないようにと願ったという。民部丞の実力による下方支配は百姓の抵抗により挫折したのであり、民部丞は一味神水する惣村百姓の手強さを認識したことであろう。だが、助け置かれた百姓には補任（名主職などへの補任であろう）されないようにと百姓たちが要求しているのは、民部丞に味方したが処罰は許された百姓の扱いについて述べたものと考えられるので、在地には民部丞と結んで勢力を拡大しようとする百姓もいたのである。

民部丞はしばらく姿を見せず、下方は籾井とその代官の支配が行われていたが、文正元年には民部丞が補任料を進めて代官復帰を願い、八月四日には入部している。[26]

以上検討したように、長禄合戦において堀江石見守利真は一方では守護代甲斐氏の領国支配権拡大を軍事的に排除して所領回復を図り、他方では敵対する一族の所領をかつての由緒に任せて没収し、支配しようとした。それは庶子家の自立を前提とする惣領制的構造の克服の動向であるが、幕府の寺社本所領保護という政策に対抗して庶子家領を支配するためには守護請という形式を必要とした。このことは、堀江利真において幕府から守護領国を自立させようとする「下からの」守護領国制形成を意図することになった。この点において、隣国加賀の嘉吉の変以後の抗争が守護富樫氏家の分裂であったのに対し、越前の長禄合戦が「下から」の守護領国形成の動向を帯びていたことが注目される。

しかし、堀江利真の支配は惣領制の枠を超えて、地域的な領主支配をめざすまでには至らなかった。国人たちはまだ荘園代官職を求めて競合状態にあり、また細呂宜郷下方に入部しようとした堀江民部丞が百姓の抵抗を受けて引き下がらなければならなかったように、彼らの郷村支配はまだ強固なものではなかったのである。

第三節　堀江南郷石見守家と朝倉氏領国

文明三年（一四七一）六月に朝倉孝景が東軍方として甲斐軍と戦いを始めたことにより、越前は戦国期争乱に突入する。文明五年と六年に甲斐軍の侵入を撃退した孝景が、さらに越前において軍事的優位を確保しつつあった文明七年正月一九日に「細呂宜下方代官堀江中務丞景用」が年貢千疋を納入したことが知られる（『雑』同日条）。この中務丞景用は文明一一年九月一〇日には関郷の「代官堀江中務」としても現れる（『雑』同日条）。さらに、文明一三年七

表２　『雑』に現れる堀江氏

①『雑』文明15年（1483）6月付記 堀江中務丞景用 堺大蔵左衛門尉久信 細呂宜殿　堀江越前歟　下方政所
②『雑』文明15年（1483）12月付記 堀江河内守　河口方 本庄河内守 堀江中務丞景用 細呂宜下方光信
③『雑』文明16年（1484）9月1日付記 細呂宜代官　堀江河内守 堀江民部丞　下歟 堀江中務丞　景用

月に病没する朝倉孝景（英林）が合戦中の「堀江中務丞」に対し、三国湊の滝谷寺の竹木伐採などについて指示していることも知られる[27]。それ以後も彼は他の堀江一族とともに尋尊の河口荘職人の覚書のなかに表2のように現れてくる。なお、この表の文明一五年六月に見える堺大蔵左衛門尉久信とは堀江氏の有力家臣の堺氏であろう[28]。また、文明一一年より朝倉氏当主・一族や家臣たちが清水寺の再興勧進に奉加しているが、そこに二〇貫文を寄進した「越前国堀江石見守景用」の名が見え、景用は石見守を称したことがわかる[29]。さらに、文明一九年正月一四日には三国湊は「堀江南郷」と孝景の弟の慈視院光玖がそれぞれ二〇貫文宛で請負っていたことが知られ（『雑』同日条）、長享二年（一四八八）六月九日に加賀一向一揆に攻められた富樫政親の救援のために加賀に乱入した「越前ノ加勢」の筆頭に「堀江南郷」がいる[30]。堀江景用に関する以上の史料を踏まえたような記事が次の史料である（『雑』明応五年閏二月一七日条）。

当時堀江ト号スルハ加賀国者也、号堀江之南郷、云石見守也、

坪江藤沢名　本庄政所　公文は朝倉、

王見郷　関郷

牧村　三国湊半分　半分ハ慈視院、

細呂宜上方　但堀江河内守

以上

堀江加賀守入道　石見守ハ逐電、
細呂宜下方ハ堀江民部左衛門尉　是ハ越前守孫也、
溝江郷　溝江殿　朝倉党也、
坪江上下郷　杉若　兵庫郷　公文・政所朝倉殿

これによれば、明応五年（一四九六）には逐電していた堀江石見守は「堀江之南郷」と称する加賀国の人であったという。堀江中務丞（石見守）景用の初見である文明七年から二一年を経ているから、この逐電した石見守が景用であるとは断定できないが、既に触れたように「堀江南郷」が文明一九年に知られるところからして、同一人もしくは同じ家系に属する人であることは疑いない。南郷が加賀の地名とすれば、江沼郡山代荘南郷と判断される(31)。このように考えてよいとすれば、文明年間の堀江南郷氏に関しては次のような推定が可能となろう。

中務丞景用は石見守を名乗っていることからすれば、石見守家の家筋の人と思われ、長禄合戦で石見守利真が敗死した後は加賀江沼郡山代荘南郷に居住していたのであろう。越前で朝倉孝景と甲斐氏の合戦が始まると景用は孝景に味方し、細呂宜郷下方・関郷・三国湊の代官職を獲得し、さらに明応五年までには石見守家の本領である坪江藤沢名や本庄郷を回復していたのみならず、王見郷・坪江郷牧村をも支配していたのである。これらの所領のうち、本領以外に新たに獲得した関郷・王見郷はともに政所甲斐氏、公文島田氏という甲斐方の拠点であったから(32)、この両所は甲斐方を排除した後に孝景より与えられたのであろう。

この意味において、堀江南郷石見守家は朝倉氏と結ぶことにより、以前と比較すると地域的支配者としての性格を強めている。ただし、長禄合戦まで本庄郷においては政所は朝倉氏、公文職は堀江石見守家が有していたのに対して、明応五年までにはそれが逆転し、政所を堀江南郷石見守家が、公文職を朝倉氏が支配するようになっている。その逆転の事情は明らかでないが、堀江南郷石見守家においても、その本拠地の本庄郷において一円支配を認められておらず、以前の職支配の秩序が維持されていることは注目しておく必要があろう。

こうして堀江南郷家が石見守家を再興したのであるが、その他の堀江氏も簡単に見ておきたい。細呂宜郷下方を本拠とする細呂宜家を見ると、文明七年には細呂宜郷下方公文職は中務丞景用が持っていたが、文明一五年ころより細呂宜家が復活している（表2の②参照）。文明一七年五月一二日には下方代官堀江民部丞が年貢を未進したため朝倉氏により召し放たれ、孝景の弟の慈視院光玖が代官となったとされている（『雑』同日条）。右に引用した明応五年の記事によれば、堀江越前守の孫の民部左衛門尉が代官となっており、下方を本拠地として存続していることがわかる。

本庄家については、表2の②の文明一五年の記事では「堀江河内守河口方」と「本庄河内守」の二人が見えるが、翌年（表2の③）および明応五年の記事により、この両人は同一人であると判断される。明応五年一一月に三国湊性海寺に「当知行分藤沢菖蒲原方之内、今泉名之本役・同夫銭并内得等」を寄進している「景秋」は、この河内守の可能性が強い(33)。本庄家は文明一六年以後は本拠地であった荒居郷の支配権を失い、細呂宜郷上方代官として存続しているが、明応五年の記載様式からみると、河内守が代官である細呂宜郷上方は石見守家が上位の支配権を持っている地として記されている。荒居郷を失った河内守は、石見守家の統制下に服するようになりつつあったことが推定される。先に挙げた清水寺の勧進で、堀江一族では石見守景用のみが奉加していることと考え合わせると、一族内で石見守家の優位が強化されたものとみられる。

一族内で石見守家の勢力が拡大しつつあったのは、石見守家のいわゆる国人領主制の進展が伴っていたことを考えなければならないが、もとよりそれを推測すべき史料に恵まれていない。ただ、文明三年以後に孝景の越前支配権が確立するとともに、興福寺が職人支配権を失い、朝倉氏がそれを握ったことは考慮しておく必要があろう。そのことを尋尊の日記における文明年間からの記事の変化に即して指摘すれば、第一にそれまであれほど執着していた細呂宜郷・坪江郷などにおける補任権行使に関する記事が見られなくなる。それは先に挙げた細呂宜郷下方の民部左衛門尉の罷免記事が示すように、代官補任権は朝倉氏が掌握していたからである。第二には、文明一六年六月二〇日を初見として年貢収納を確保するために朝倉氏当主・一族・奉行人に音信物を贈るようになり（『雑』同日条）、荘園支配は朝倉氏に依存するようになる。第三に、表2や引用した明応五年の記事のように、尋尊が関心を持つ郷についてのみ代官の名前が覚書風に記されるようになる。これは、かつては荘全体の代官名列に関心を持つことのあった尋尊がいまや荘全体に対する関心を失ったこと、および代官の変遷を尋尊はもはやリアルタイムで知ることができなくなったため、覚書を作成するようになったことを意味する。以上を要すれば、河口荘・坪江郷において朝倉氏の支配権が確立したことを物語る。

石見守家の景用の本領回復、新領地獲得、一族に対する優位性の拡大などはこうした朝倉氏領国支配の確立と結びついていたものと推定される。かつて、守護斯波義敏の配下として国人主導の守護領国形成を意図して敗退した石見守家は、今度は朝倉氏戦国大名領国制のなかで復活したのである。しかし、結果論的にしかわからないが、石見守家の支配も安定したものではなく、明応五年には石見守は逐電している(34)。跡を継いだ堀江加賀入道は先に述べたように、寛正年間に坪江郷藤沢名代官として知られ、石見守家の系譜に属する人と考えられる。

第四節 「岡部系図」に現れる堀江氏

堀江石見守が逐電したと見える翌年の明応六年五月三日に、朝倉貞景は家臣の前波に命じて河口荘・坪江郷に年貢未進を催促する書状を出したが、その宛先によれば堀江氏は表3のような人々が現れている（『雑』明応六年七月八日条）。前年の明応五年の堀江氏と人名が一変しているのは、基本的には石見守の逐電の跡の変化を示すものであろう。細呂宜郷上方家は子どもが相続しており、細呂宜郷下方の帯刀左衛門尉と先代官の民部左衛門尉との系譜は明らかでないが、細呂宜家としての断絶はないものと見られる。問題は石見守の跡を支配する左衛門三郎である。左衛門三郎の支配地に石見守家の本領たる本庄郷が見えないことは、本庄郷が年貢未進地ではなかったことによるものとも解釈されるが、判断は保留しておきたい。

さて、この左衛門三郎がどのような系譜に属するかにについては、幸いにこのころから現れる堀江氏の発給文書の内、次に挙げる堀江氏が注目される。

①堀江景実（中務丞・石見守）……初見は永正元年（一五〇四）で（県資④性海寺一〇号）。同一三年には石見守を称する（同一三号）。大永七年（一五二七）までの文書が伝わる（県資④滝谷寺一七号）。

②堀江左衛門三郎景用……永正一三年に石見守景実とともに連署して性海寺に所領を寄進している（性海寺一三号）。

③堀江景忠（中務丞・幸岩斎藤秀）……初見は天文二年（一五五三）で、中務丞を称している（滝谷寺五一・一〇二号）。

表3　『雑』明応6年（1497）7月8日条（河口・坪江年貢未進につき催促）

堀江左衛門三郎　号坪江（堀江ヵ）殿	藤沢両所　牧村　満丸
堀江帯刀左衛門尉　号細呂宜殿	下方
堀江玉猿殿　坪江（堀江ヵ）河内守息	上方

『福井県史』に指摘されているように、彼が永禄一〇年に朝倉氏に反乱を起こしたとされる人物で、朝倉氏滅亡後には幸岩斎藤秀と称して越前に還住していた。最後の所見は天正五年五月の書状である（同一四二号）。

④堀江新五郎景好……天文二二年に滝谷寺宛の段銭寄進状がある（同五三号）。

⑤堀江駿河守景利……永禄元年と見られる書状で滝谷寺の四方掦内の地に存分なしとつたえている（同六二号）。

右のうち、②の左衛門三郎景用が石見守景実と連署して寄進状を出していることは、通常親子のような近い関係を物語るものであるから、いま仮に景用を景実の子とすれば景実―景用―景忠の系譜を想定することができ、官途は左衛門三郎→中務丞→石見守と進むものと思われる。この想定を図1の「岡部系図」と突き合わせると、活動する年代にはずれがあるが、系譜はまさに一致している。よって明応六年に石見守に代わって現れる左衛門三郎は後の中務丞（石見守）景実であると判断される。この石見守景実以前の「岡部系図」の人名は当時の日記・文書に現れる堀江石見守家（堀江南郷家）と一致せず、さらに遡って堀江賢光から堀江利真に至る石見守家とも一致しない。したがって、「岡部系図」は明応六年より史料によって確認される堀江惣領家の系図であるといえる。(35)

なお、④の景好は「岡部系図」の新五左衛門景好であり、⑤の景利は同じく駿河守利忠であろう。

「岡部系図」によれば、石見守景実の弟に兵庫介景任がいたとされ、下関村を本拠としたが、朝倉景豊・元景の叛乱に加わり、加賀で討死にしたとされている。この事件について「加越闘諍記」

表4　朝倉氏時代末の河口荘と堀江氏

「越前国相越記」天正3年（1575）9月9日条			年未詳　大乗院門跡知行分
本庄郷	堀江中務	鳥羽与三	堀江中務
大口郷	安波賀		堀江兵庫助
関郷	堀江兵庫助	松尾	松尾
細呂宜郷	堀江治部丞	同右近	堀江右近

註：「越前国相越記」＝県資③山田竜治一号。大乗院門跡知行分＝原題「越前国春日領大乗院門跡知行分之事」『北国庄園史料』450頁。

は、永正元年（一五〇四）八月に朝倉元景に味方した「堀江金江大和守」が坪江郷の合戦で討死にしたと記し、安波賀春日神社本および横浜本の「朝倉始末記」はそれぞれ「堀江兵庫介金井大和守父子」「堀江兵庫介・金井大和守父子」が討死にしたとする[36]。より信頼の置ける史料である「当国御陣之次第」には「九月十九日金井殿討死」としか記さないので[37]、ここでは堀江兵庫介は元景の叛乱に加わった可能性はあるものの、朝倉氏当主の貞景に討たれたかどうかは不明と考えておきたい。

この堀江兵庫介が本拠とした関郷（上関村）は、既に示したように文明一一年に堀江南郷中務丞景用が支配していたところであったが、それが明応六年以後は堀江景実に引き継がれ、弟の兵庫介に与えられたものと見ることができる。兵庫介の関郷支配については、文亀元年（一五〇一）の史料で確認することができ[38]、表4によって、その後も支配権を維持したことを知ることができる。ただし、表4の年未詳（朝倉氏時代）の記事では兵庫介は大口郷を支配しているが、この点は文書によって確認することができない。表4によって、その他の堀江氏について見ると、細呂宜郷は堀江治部丞と右近が支配している。このうち堀江右近については、大乗院経尋の日記の大永二年一〇月一五日条に[39]、

一、越前国河口・坪江両庄本役定使、今日吉日之間出門也、仍内書朝倉弾正左衛門尉方へ遣之、（中略）随而細呂宜上方并油免之事、堀江右近丞無故無沙汰之

間、祖父太郎左衛門方へ可為入魂由遣内書、巻数一合・油煙廿挺遣之、（以下略）

とあって、細呂宜郷上方を支配していたことがわかる。この右近丞と、堀江南郷景用の時から細呂宜郷上方を支配していた本庄家（細呂宜上方家）との系譜関係は残念ながら明らかでない。右近丞が上方を支配していたから、もう一人の堀江治部丞は下方を支配していたと判断される。しかし、治部丞とそれ以前の細呂宜家（細呂宜郷下方家、細呂宜殿、越前守・民部丞家）との関係は不明である。「岡部系図」には右近丞・治部丞ともに系図に現れないから、この二人は「岡部系図」の石見守家の出自ではないと考えられ、したがってそれぞれ以前からの細呂宜上方家（本庄家）、細呂宜家の系譜を引く人物ではないかと思われる。

第五節　堀江景忠の反乱

永禄一〇年三月に堀江景忠は朝倉義景に背いて挙兵するが、反乱は成功せず、景忠は加賀に逃れる。この反乱は最近では、加賀一向一揆と朝倉氏が長年対立してきた終末期の政治史のなかで理解されているので、本稿もその視角に学びたい(40)。

永禄七年八月に朝倉氏の軍勢は加賀に侵入し、翌年八月ころまで一向一揆と戦う。折しも大和から逃れてきた前将軍義輝の弟の一乗院覚慶（足利義秋）は近江和田から朝倉義景に援助を求めるが、朝倉氏は「加州手前之儀」（加賀一向一揆との戦闘）を理由にこれを断っている(41)。そこで、翌永禄九年に義秋は朝倉氏と加賀一向一揆との和平実現に向けて工作を始めるが、本願寺側は既にこの年の二月に下間頼総を加賀に派遣し、石川・河北の武装一揆勢を観閲するなど、朝倉氏に対する攻撃体制の整備を図っており[42]、すぐにこの和平提案に応じることはできなかった。一〇月に顕如は和平について「尤美目之至」と一定の評価をしながらも、「雖然時宜可有如何候哉」と述べて、義景の提案に乗る気はないと回答している[43]。このような状況において、加賀一向一揆のなかの強硬派は堀江景忠を味方に引き込み、翌永禄一〇年三月一二日に越前に侵入し、坂井郡金津近辺で朝倉軍と戦ったが撃退され、反乱を起こした景忠も翌日には加賀に退却した[44]。その後は加越和平交渉が進み、一一月には加賀より人質として杉浦又五郎が越前に赴き、加越両軍とも前線の城から撤退しており、一揆勢のなかで強硬派と見られる石川・河北の「面衆」は下間頼総により「悉成敗」されたという[45]。

以上の経過から見ると、少なくとも本願寺顕如が初めから朝倉氏との和平を拒否して徹底的に戦うという戦略を持っていたようには思われない。永禄一〇年六月に顕如が景忠に宛てて「今度為加州一味、既被退城」を謝し、「於此上者、弥丹後法眼（下間頼総）示合、可被尽粉骨事神妙候」と述べているのは、下間頼総のもとでの景忠の自重を求めていると読みとることが可能ではあるまいか[46]。結果的に見れば、本願寺は朝倉氏との和平交渉を有利に運ぶため、一揆内部の強硬派と堀江景忠を利用したという印象は否めない。景忠自身もそのことは自覚していたらしく、天正二年に越前の一向一揆が勝利した後に本拠地へ帰還した藤秀（景忠）は一二月に自らを「大坂御門徒一分」と称しながら（県資④滝谷寺一四〇号）、それ以前の七月には既に信長に内通する動きを取り始めており[47]、越前一向一揆は景忠にとって勢力回復の手段に過ぎなかったように思われる。こうして景忠は天正三年八月の信長軍の越前侵攻の時には杉津口で一向一揆軍を裏切って背後から攻撃し、一揆潰滅の端緒を開いたのである。

表5　堀江景忠反乱前後の河口荘の本年貢納入（「河口庄勘定帳」）

年代	細呂宜郷下方	細呂宜郷上方	関郷公文分
永禄5（1562）	朝倉景種　30		
〃　6（1563）	｜		
〃　7（1564）	｜	堀江右近衛尉 20	堀江兵庫助 5
〃　8（1565）	｜	｜	
〃　9（1566）	｜	｜	
〃 10（1567）	｜	朝倉景種 38	
〃 11（1568）	細呂宜殿 13（年々未進分）	｜	両代官（小河・中村）
〃 12（1569）			｜31

註：黒線は納入者として見える時期を示す。納入者に付した数字は納入額（単位は貫文）。

論を景忠の朝倉氏への反乱に戻し、反乱の前と後の変化を「河口庄勘定帳」（猪熊文書）によって確認しておきたい。「河口庄勘定帳」は、永禄五年から同一一年末まで大乗院門跡の収納使が河口荘から収納した様々な年貢銭の請取および配分台帳であるが、そこには表5に見えるような郷において堀江氏が年貢の納入者として現れている。これによると、細呂宜郷下方において「細呂宜殿」は未進を続けていたらしいが、景忠の反乱後の永禄一一年に未進分納入者として現れるから、景忠の反乱に同意せず、乱後も存続していたことがわかる。したがって、「細呂宜殿」（細呂宜郷下方家）は、長禄合戦の時と同じように、このたびも惣領家筋の石見守家とは別行動を取ったものと判断される。

次に、細呂宜郷上方の堀江右近衛尉は永禄九年末を最後として姿を消し、代わって以前から下方の年貢納入者として現れていた朝倉二郎右衛門尉（景種）が上方をも支配するようになる。堀江本庄家は文明年間以後は、堀江南郷石見守家に従属するような立場にあったことを既に指摘しておいたが、堀江本庄家の流れを汲むと見られる細呂宜郷上方家の右近衛尉は景忠の反乱に味方したと考えてよかろう。さらに、堀江石見守景実の弟より始まる関郷の兵庫助家も永禄七年八月以後は姿が見えないから、これも景忠に従ったと考えられる。兵庫助跡である関郷公文分は朝倉氏一乗谷の「両代官」と称される小川三郎左衛門尉と中村甚介が支配するようになる。[48]

「河口庄勘定帳」には景忠が全く現れてこないので、景忠の本拠地の本庄郷の支配については不明である。しかし、表4より知られるように、以前の堀江南郷家と同じように景忠も本庄郷を一円的に支配することはできず、朝倉氏一族の鳥羽与三（朝倉景富）の支配権が維持されていた。「河口庄勘定帳」によれば、本庄郷の代官であった鳥羽与三（のち右馬助）は、興福寺側の給人新殿（春日の新殿）に本庄郷依貞名（貞依名）の年貢銭を永禄五年から同一一年まで納入している。[49]また、本庄郷の行政・裁判権も朝倉氏当主が掌握しており、永禄九年に本庄郷の惣社春日社の売却された神領還付を求める訴訟は一乗谷朝倉氏のもとに提訴されており、朝倉義景の裁決を受けて還付されている。[50]

景忠が三国湊に支配権を持っていたことは、天文二二年に景忠が「湊本役」を滝谷寺へ布施として寄進していることから明らかであるが（県資④滝谷寺五一号）、三国湊には朝倉氏の代官のような地位にある宇野氏が支配権を及ぼしており、[51]湊の検断権も朝倉氏一乗谷が握っていた（同四九・五〇号）。

このような事例からうかがえるところでは、景忠は朝倉氏の制約のもとで古くから支配権を持った本庄郷と三国湊においても一円支配を実現することができず、基本的に室町期以来の職の支配の秩序を越えることができなかったものと見られる。そのことに対する不満が景忠の反乱の要因であったのであろう。逆に言えば景忠の反乱と越前退去は朝倉氏にとって、堀江氏本拠地における支配権強化をはかる機会でもあった。例えば、三国の平野分畠本役銭二六一文は享禄三（一五三〇）・四年には堀江氏と関係の深い金江氏が滝谷寺より徴収していたが（同一八・一九号）、その後は見えなくなる。代わって景忠の反乱の後の永禄一〇年一〇月には朝倉氏給人と見られる斎藤景福により滝谷寺から本役徴収がなされるようになる（ただし、大般若料に立用。同一〇八号）。

こうした朝倉氏給人支配の設定に加えて注目すべきは、朝倉氏の代官支配の浸透であろう。先に景忠の反乱後に関郷の堀江兵庫助跡は小川・中村の「両代官」が年貢を納入していることを指摘したが、元亀三年（一五七二）一二月にこの小川吉兼と中村吉康に窪田吉春を加えた三名は滝谷寺より「寺庵十分一米」を徴収しており（同一一五号）、彼らはこの地域の朝倉氏支配一般にも関わる代官であったことがわかる。小川・中村両代官は「河口庄勘定帳」によれば、永禄一二年末には本庄郷依貞名（貞依名）の年貢納入者として見えており、本庄郷も朝倉氏の代官支配に置かれるようになったと推定してよかろう。朝倉氏最末期になって堀江氏が本拠としてきた地域にも、新しい支配秩序が展開し始めていたのであるが、それが朝倉氏領国全体の秩序となり、戦国大名支配体制の刷新につながる前に朝倉氏は滅亡を迎えることになる。

おわりに

本稿では結局、堀江氏についての基礎的な考証に終始してしまい、越前の国人領主研究にさしたる寄与をなしえなかった。わずかに明らかにしえたことといえば、堀江氏の惣領家筋にあたる石見守家は、南北朝末期から長禄合戦までの石見守家、文明年間から明応五年以前の南郷石見守家、明応六年から天正年間の「岡部系図」と一致する石見守家と区分できることである。堀江氏には石見守家のほかに、本庄家と細呂宜郷下方を本拠とする細呂宜家があったが、これら庶子家は石見守家に対立していた。本庄家は一六世紀には服属するようになるが、細呂宜家は堀江景忠の反乱にも与せず、自立的な地位を保っていた。この意味で、堀江石見守家は朝倉氏のもとで惣領制的構造を最終的には克服できなかったといえよう。

堀江氏が国人領主として発展するためには、ある程度の地域的支配権を確立することが必要であったが、この点も朝倉氏のもとで少しは進展が見られたが、基本的には朝倉氏の支配権によって分断されていた。

それにもかかわらず、朝倉氏にとって堀江石見守家は潜在的にせよ一つの脅威であり続けた。その一つの理由は、堀江氏が有する加賀との結びつきであったろう。利仁将軍末裔として加賀斎藤氏との同族意識に支えられて、文安三年九月に加賀富樫氏の内部抗争に出陣して戦死したとみられる細呂宜家の堀江越前守久用、長禄合戦の後に加賀南郷で生き延びて文明年間に越前でよみがえり、富樫政親救援のために先頭に立った堀江南郷石見守家、そして永禄一〇年に加賀一向一揆と結んで朝倉義景に反乱を起こした堀江景忠などの例がそれを示している。戦国大名が絶えず領国の境界を確定しようとする権力であるとすれば、堀江氏は自ら越前・加賀の「境界」にあって、戦国大名の境界を脅かす存在であったように思われる。

註

(1) このような見方にたって堀江氏を描いているものとしては、『福井県坂井郡誌』(一九一二年)、坪田忠兵衛『中世の領主堀江氏の研究』(芦原町文化財叢書〈一〉一九八四年)、本荘郷土史研究会『中世の領主　堀江氏館跡の考察』(芦原町文化財叢書〈三〉一九八七年)、坂井健夫『新考中番村誌』(芦原町文化財叢書〈四〉一九八八年)がある。なお、『芦原町史』(一九七三年)と『三国町史』(一九八三年)では堀江氏はいずれも断片的に言及されているに過ぎない。

（2）『福井県坂井郡誌』（一九一二年）五二七頁以下に、大石村井向岡部氏蔵として収載されている。

（3）横浜本・安波賀春日神社本に載せる。より古い形を伝える「賀越闘諍記」「越州軍記」にはこのことは見えない。

（4）『福井県史』通史編2、中世（一九九四年）五一一～五一六頁。執筆者は大原陵路氏である。以下、本文中で『福井県史』と称するのはこの部分を指す。

（5）『後鑑』巻百、明徳三年八月二八日条（『新訂増補国史大系』第三十五巻、三三二頁）。

（6）県資②福智院七号。

（7）満丸名は二町小（「河口庄田地引付」追記、『北国庄園史料』福井県郷土誌懇談会、一九六五年所収、一九五頁）、あるいは二町五段二四〇歩（「河口庄綿両目等事」同三二九頁）の名田である。また、道賢は「有限済物」を本家に納入しているにもかかわらず「地利可及勘落事者、有何罪科哉」と栄舜に反論しているから、道賢は「地利」（名主得分）を有する名主であったことがわかる。

（8）越前・加賀の疋田系斎藤氏、河合系斎藤氏・林氏・富樫氏などの武士団が利仁将軍を共通の先祖とするという観念の形成時期について、浅香年木氏は「源平盛衰記」などの記事をもとに一二世紀末までにはその原型が形成されたとされている（「古代における手取扇状地の開発」同『古代地域史の研究』法政大学出版局、一九七八年、二六五頁）。なお越前の武士団斎藤氏の形成過程に関しては宮川誠一「越前における武士団成立に関する一考察―越前斎藤氏の形成について―」（福井県敦賀高等学校『研究集録』三〇号、一九九七年）がある。

（9）「坪江郷奉行引付」（『小浜・敦賀・三国湊史料』）所収。

（10）以下、『経覚私要鈔』をこのように略記する。

（11）県資②宮内庁書陵部所蔵桂宮三号。

（12）『三箇院家抄』一（史料纂集）に、松林院の給主職は細呂宜郷・兵庫郷を除く八郷であるとされている。

（13）この合戦は朝倉孝景の戦国大名領国制形成の前提となったものであるから、朝倉氏研究のなかで論じられてきた。松原信之『朝倉氏と戦国村一乗谷』（福井県郷土史新書4、一九七八年、三九頁以下）参照。最近のものとしては、『福井市史』通史編1、古代・中世（一九九七年）五章二節「斯波氏の領国支配」（松浦執筆）、六章一節「朝倉氏の台頭」（松原信之氏執筆）を見られたい。

(14) 河村昭一「畿内近国における大名領国制の形成」(『史学研究五十周年記念論叢　日本編』福武書店、一九八〇年所収)。この論考では、斯波庶子家と甲斐氏との対立が合戦の重要な要素であることも指摘されている。

(15) この保護策については『大乗院寺社雑事記』長禄二年三月一七日条を参照、このことは百瀬今朝雄「応仁・文明の乱」(『岩波講座日本歴史』中世3、一九七六年、一八九頁)に指摘されている。

(16) 以下、『大乗院寺社雑事記』をこのように略記する。

(17) したがって、朝倉孝景は本庄郷政所職も籾井の支配とされたことに抵抗し(『雑』長禄四年三月一五日条)、寛正二年までには政所職を回復するとともに、公文職をも獲得している(同、寛正二年一二月六日条)。

(18)「坪江下郷三国湊年貢天役等事」(『北国庄園史料』所収、二五〇頁)。ただし、「夫役」は「天役」に改めた。

(19)「河口庄田地引付」(『北国庄園史料』所収、一九四頁)。

(20) 尋尊の日記では「細呂宜上方并鶴丸名両所ヱ、堀江石見・杉江乱入」とあり、これによれば利真と杉江が共同で二ヵ所に乱入し、支配したかのように見えるが、大館に宛てた尋尊書状(同日条所収)では杉江について「殊更杉江事、依年貢無沙汰、召改事候処、如此之沙汰不可然候也」とされており、事実杉江彦左衛門入道という人物が応永二八年に坪江郷鶴丸名の代官に任命されている(「坪江郷奉行引付」『小浜・敦賀・三国湊史料』福井県郷土誌懇談会、一九五九年所収)。以上から判断して、杉江が鶴丸名支配の回復を図ったものと見られるから、利真の支配地は細呂宜郷上方に限定してよかろう。

(21) ここで直務とされた七郷が、それまで守護代方が支配していた郷である。それ以外の本庄郷・大口郷・兵庫郷については、本庄郷は石見守利真が、大口郷は守護方に味方する朝倉氏一族の阿波賀氏が、兵庫郷については将軍近習の熊谷直持がそれぞれ支配していたため直務から除かれたのである。

(22) むろん合戦のなかでは状況が急速に変化するから、利真の態度や行動を固定的に考えることは適当でない。長禄三年正月二〇日には利真が主導して豊原寺を攻撃する「土一揆」を起こそうとしており、河口・坪江両荘の荘民も同意したとの報告がなされている(『経覚』同日条)。これは利真の新しい行動の試みとして理解されるが、風評に終わったようで「土一揆」の行動を示す史料はない。この点を考慮して、利真の基本的態度は本文に記したようなものと理解する。

(23)「細呂宜郷下方引付」(『北国庄園史料』所収、二五頁以下)。この史料については楠瀬勝氏のご好意により、写真版を見ることができた。

(24) 河村昭一前掲論文。

(25)「安位寺殿御自記」文正元年八月一一日・文正二年三月四日条(『北国庄園史料』所収)。ただし、文正二年には堀江民部丞は斯波義廉の被官になっていると日野家は答えている。

(26)「安位寺殿御自記」文正元年八月四日条(『北国庄園史料』所収)。この時期になって民部丞が復帰しえた理由については明確ではないが、このときは斯波氏惣領に復活した義敏と守護斯波義廉の対立が越前でも緊張の度を高めており、民部は日野家被官から義廉被官になっていたことを考えると、義廉と彼を支持する甲斐・朝倉の勢力拡大の動きのなかで理解すべきかと思われる。

(27) 県資④滝谷寺三号。この文書は写であるが、『福井県坂井郡誌』四八五頁には原本の写真版が収められている(所蔵者は不明)。

(28) 永享九年頃、荒居郷政所本庄氏の代官に「堺殿」がいる(「河口庄坪江郷之帳」『北国庄園史料』四二一頁に「諸庄段銭注文」の文書題名で収録)。その他、戦国期には三国湊の性海寺文書・滝谷寺文書や『朝倉始末記』に堺氏が見えている。

(29) 県資②清水成就院一号。なお、奉加帳の日付の文明一一年とは勧進が始まった年を示すのであり、この奉加帳にはその後に奉加した人も含めて記されている(そのことは、奉加人に文明一一年当時は子どもであった朝倉貞景や朝倉宗滴が官途と実名をもって記されていることから知られる)。表2と関連させると、堀江「石見守」景用の奉加は文明一六年以後のことであった。

(30)「官知論」(日本思想大系『蓮如　一向一揆』岩波書店、一九七二年所収、二七一頁)。日本思想大系の補注(同、五六二頁)によれば、「越登賀三州志」「昔日北華録」には「堀江中務丞景用」となっているとのことである。なお、日本思想大系では「堀江・南郷」と並列点が入れられているが不要であろう。

(31) 南郷については、日置謙編『加能郷土辞彙』(金沢文化協会、一九四二年)、平凡社『石川県の地名』、角川日本地名大辞典『石川県』の「南郷」を参照されたい。ただし、中世史料で堀江氏が南郷にいたことは確認できていない。

(32)『雑』文正元年七月一日条。なお、坪江郷牧村については長禄二年ころ代官が狩野から松波に代わったとあり(『雑』長禄二年八月一九日条)、「河口庄綿両目等事」には牧村代官として「松波三川入道」の請地とある(『北国庄園史料』三一八頁)。本来は斯波義敏被官の二宮弥三郎の代官地であったらしい（『雑』寛正六年一一月一〇日条）。

(33) 県資④性海寺八号。景秋の寄進している「藤沢菖蒲原方」とは本庄郷「菖原方」とも記され、尋尊の時代には本庄殿が請負っていたところである（「河口庄田地引付」・「河口庄綿両目等事」。ともに『北国庄園史料』所収、一九四・三二六頁）。

(34) 堀江南郷石見守の逐電の理由は不明であるが、明応二年から四年までは、朝倉氏領国が一つの「危機」を迎えていたことを考慮する必要があろう。まず、明応三年正月五日に朝倉氏の宿老として大きな勢力をふるった慈視院光玖が死去したが、光玖の死は前年末のことであるとの風評が流れており（『雑』明応三年正月二三日条）、河内守護の畠山義国（基家）が光玖の死を「近日其聞候」として香奠を送ったのは四月四日のことであったから（同、明応三年六月末尾、なお今谷明「津川本畠山系図について」同『守護領国支配機構の研究』法政大学出版会、一九八六年、二〇八頁参照）、光玖の死は不穏な情勢を招くとして、しばらく公表されなかったらしい。こうした情勢を見て取ったのか、同年一〇月には加賀より甲斐方の牢人が越前に侵入しており、貞景は激戦の末に撃退している（同、明応三年一一月九日条）。翌明応四年には朝倉氏は美濃の合戦に出陣するが、九月に陣中で没した敦賀郡司朝倉景冬の死も越前では秘匿されている（同、明応四年一〇月二五日条）。光玖の死に始まるこうした不穏な状況や、甲斐牢人の侵入と堀江南郷石見守の逐電とは、何らかの関連をもっているのではないかと思う。

(35) 「岡部系図」は中務丞景実の先祖を堀江南郷石見守景用としていないから、堀江南郷家とは違う家の系譜を引くのであろう。既に「はじめに」のところでも述べたように、「岡部系図」では景実の祖父を景経とし、その妻の龍女が産んだ子が景実の父の備後守景重であるという横浜本・安波賀春日神社本「朝倉始末記」と同じ記述がみられる。そして、この備後守景重の存在を示すとされる文書が、文明八年（一四七六）十一月に「堀備後守景重」が性海寺に乙法師名内の田地一段を寄進した文書である（県資④性海寺四号）。この文書は字体・様式ともにさしたる難点を見いだしがたく、また「朝倉始末記」が語る文明年間の景重の連歌と合戦における卓越した活動と時代的にも符合している。しかし、自らの署名を「堀江備後守景重」と記さず、「堀備後守景重」としていることは、この文書を堀江景重のものと断定することを躊躇させる。その他、先述のように「堀江備後守景重」の活躍を記すのは、後に成立した横浜本・安波賀春日神社本の「朝倉始末記」であって、より古い形を伝える「賀越闘諍記」や「越州軍記」にはそのことが見えていないことも問題である。

それに関連して、長享二年の富樫政親滅亡時に救援に向かった堀江氏について「賀越闘諍記」（日本思想大系『蓮如　一向一揆』三二八頁）は正しく「堀江中務丞景用」と記しているが、横浜本（『福井市史』史料編2所収、八三七頁）・安波賀春日神社本（『越前・若狭一向一揆関係資料集成』所収、一三〇頁）はともに「堀江石見守景実」と誤っている。なぜ横浜本・安波賀春日神社本が誤ったかというと、備後守景重―石見守景実と続ける「岡部系図」と同じ系譜を念頭に置いていたから、文明から明応年間の堀江南郷石見守景用を正しく位置づけることができなかったのである。したがって、横浜本・安波賀春日神社本が文明年間の堀江氏について、堀江南郷石見守景用を無視し、備後守景重の文武における活動を特筆しているのも、「岡部系図」と同じ伝承にもとづいたものということができる。

以上の検討により、「堀備後守景重」の存在から「堀江備後守景重」の伝えられている活動をそのまま肯定することの危険性を指摘しうると思う。なお、朝倉義景の家臣に「堀平右衛門尉吉重」がいるが（県資②清浄華院一号、「賀越闘諍記」前掲書所収、三五四・三五六頁）、それ以前においては越前の堀氏を今のところ見いだすことができない。

(36)「賀越闘諍記」（前掲書三三七頁）、横浜本（前掲書八三二頁）、安波賀春日神社本（前掲書一二八頁）。

(37)『福井市史』史料編2所収、八〇一頁。なお、討死した人物の姓は「金井」ではなく、「賀越闘諍記」の記す「金江」が正しいと思われる（県資④性海寺二〇号、同滝谷寺一八・一九号）。

(38)「河口庄綿両目等事」（『北国庄園史料』所収、三三〇頁）のなかに次の記事がある（写真版により読みを訂正した）。

一、関郷公文職事、知足院御給分也、本直務所也、今庄家代官下関チ行分四十貫文ニ請定、近年号半済、二十貫文沙汰、近日猶以無沙汰之由、文亀元年在之、使庄司入道空阿下人、

朝倉方　□□御房　　油煙十挺

堀江兵庫方　　十挺　　本請口分

(39)表題は「寺院雑用抄　大永二」と記される経尋の日記である（写真版による）。

(40)『福井県史』通史編　中世（一九九四年）第四章五節（金龍静氏執筆）がこの視角で書かれている（七六二頁）。ただし、県史では「産福禅寺年代記」（室山孝「安楽山産福禅寺年代記について」『加能地域史』一一号、一九八六年）によって、堀江景忠の加賀

への退却を永禄一一年三月のこととするが、これはやはり不自然なので、景忠の挙兵と退却は永禄一〇年のことであったと考えたい。

(41) 県資②和田文書一号。

(42) 前掲「産福禅寺年代記」永禄九年の項。

(43) 「顕如上人文案」永禄九年（『石山本願寺日記』下巻所収）。

(44) この合戦に関する史料は多いが、基本的なものとして、朝倉景恒が近江の蒲生左兵衛大夫に宛てて「如尊意就堀江別心、従加州多人数雖令出張、去月十二日於所々合戦、何も味方得大利、敵悉敗軍候」と述べている卯月七日の文書がある（県資②儀俄甚一郎一号）。

(45) 前掲「産福禅寺年代記」永禄一〇年の項。

(46) 「顕如上人文案」永禄一〇年（『石山本願寺日記』下巻所収）。

(47) 県資⑤法雲寺二九号、天正二年七月二〇日織田信長黒印状。そこでは信長が一向一揆制圧のために越前に出兵したならば忠節を抽んでると約束したとされる人物の内に、高田専修寺と並んで堀江中務丞（景忠、藤秀）、細呂木殿も見えている。なお高田派の坂井郡加戸の本流院真孝の妻と、景忠の妻は同じく武田信孝の娘であるから、永禄一〇年に反乱を起こした景忠の子の利茂は本流院真孝の仲介により無事に加賀に退去したという（横浜本・安波賀春日神社本「朝倉始末記」）。細部での真偽はともかくとして、景忠が高田派に人脈を有していたことは事実であろう。

(48) この点は既に松原信之氏によって指摘されている。『福井県史』通史編　中世、六五五頁。

(49) この名の名称は読みとりにくいが、一応このように読んでおく。「依貞名」と「貞依名」のいずれが誤記かわからないが、両者は同じ名を指すと判断する。

(50) 県資④大連三郎左衛門五・六号。

(51) 松原信之氏が指摘されているように（「朝倉家臣、一老将の戦功書付について」小川信編『中世古文書の世界』吉川弘文館、一九九一年所収）、永正三年の越前・加賀一向一揆を撃退した後に、朝倉氏は堀江中務丞（景実）と宇野新左衛門尉（久重）に海上封鎖を命じたという（「朝倉始末記」）。また永禄元年（一五五八）に給人より畠の増地子を命じられた性海寺は「宇野新左衛門尉方」に頼って増地子を免れている（県資④性海寺一六号）。さらに、天文一五年（一五四六）に滝谷寺から天文一二年分の「御役所へ礼銭」二〇〇文を徴収したのは「宇野」であった（県資④滝谷寺三五号）。小泉義博氏が論じられているように、この礼銭は北庄橋の礼銭であるが（「戦国期の北庄橋」『若越郷土研究』三七―三、一九九二年）、天文一二年、永禄一一年、天正元年の北庄橋の役人はそれぞれ江守・室田、本保・立田、林・立田であることから、宇野氏が北庄橋役人に任じられていたとは考えがたいので、宇野氏は北庄橋役人の依頼を受けて礼銭を徴収したものと判断される。これらの例からして宇野氏は三国湊を管理する代官のような地位にあったものと推察される。

このように考えれば、弘治二年七月に朝倉氏一乗谷奉行人より、逐電した滝谷寺門前百姓を見つけ次第「誅伐」せよと命じられている人物は、『越前若狭古文書選』（三秀社、一九三三年）では「宇賀帯刀左衛門尉」とされているが、これは『福井県史』史料編の傍注が指摘しているように宇野帯刀左衛門尉のことだと判断される（滝谷寺六一号）。なお、応永一四年（一四〇七）に河口荘大口郷において「宇野景則」が年貢請負人として見え、その実名よりして朝倉氏家臣であったと思われる（内閣文庫「御教書引付」一二）。

第二章　中世後期の大野郡

はじめに

中世後期の大野郡は、越前のなかでも独自の地位を占めていた。それは、興福寺大乗院門跡の尋尊が「大野郡ハ山也、如大和宇多郡也」と記したような地理的な様相を基礎にして（『大乗院寺社雑事記』文明一二年八月三日条）、平泉寺という地方権門寺社がかなり自立的な支配領域を形成していたことに示されている。さらに、中世後期の大野郡の歴史をその支配者ごとに究明された松原信之氏によって、大野郡は斯波高経の庶子義種の子孫が勢力を持った郡であることが指摘され、守護斯波氏の支配段階から郡司が置かれており、朝倉氏のもとでも断続的ではあるが郡司が支配したことが明らかにされている[1]。

また松原氏は、寛正五年（一四六四）一〇月一七日に斯波修理大夫持種（入道名道顕）が二宮信濃入道による大野郡押領を将軍義政に訴えたことに注目されているが（『蔭凉軒日録』同日条）、南北朝期より室町期における斯波氏家臣を網羅的に検討された河村昭一氏は、義種の子・孫の満種・持種は大野郡の分郡守護もしくは郡司の地位にあり、二宮はその代官的立場にあったものが、郡支配をめぐって争うようになったとされている[2]。さらに、『福井県史』通史編2中世では大野郡は持種や二宮信濃入道にとって私領的な地域であったとされ、二宮は郡司であったとされている[3]。

小稿はこれらの指摘を受けて、義種系庶子家や二宮氏の大野郡における支配権の様相や郡司の成立について自分なりに検討してみたいと思う。

その場合に、本稿がもともと収載されていた『福井県歴史の道調査報告書』の性格に関連して、ここでは大野郡と越前の他の地域とのつながりを重視している。いずれの報告書も地域と地域を結ぶ道という視点を基礎に置くことが表明されており、越前や若狭の内部をより適切な地域に区分して精査する必要を感じさせている。本稿では道そのものを扱うことはできなかったが、中世後期において大野郡支配者が帯びることになったもう一つの地域との関連を考えることにより、意外なところに地域間の結びつきがあることを示してみたい。

第一節　室町期の大野郡における斯波庶子義種系家臣

南北朝末期から長禄合戦（一四五八年勃発）まで大野郡において現れる斯波氏家臣を年代順に挙げると、①嘉慶元年（一三八七）の安居（あご）備前守、②嘉慶二年の二宮氏泰と乙部中務入道、③応永二年（一三九五）・同二五年（一四一八）の守護代甲斐将教（ゆきのり）（祐徳）、④嘉吉二年（一四四二）の二宮土佐守、⑤文安四年（一四四七）の梁田が知られる。このうち②・④の二宮氏泰・二宮土佐守と③の甲斐将教は他の家臣とは同列には論じられないので、これらについては後述することにし、まずはその他の家臣の性格について検討したい。

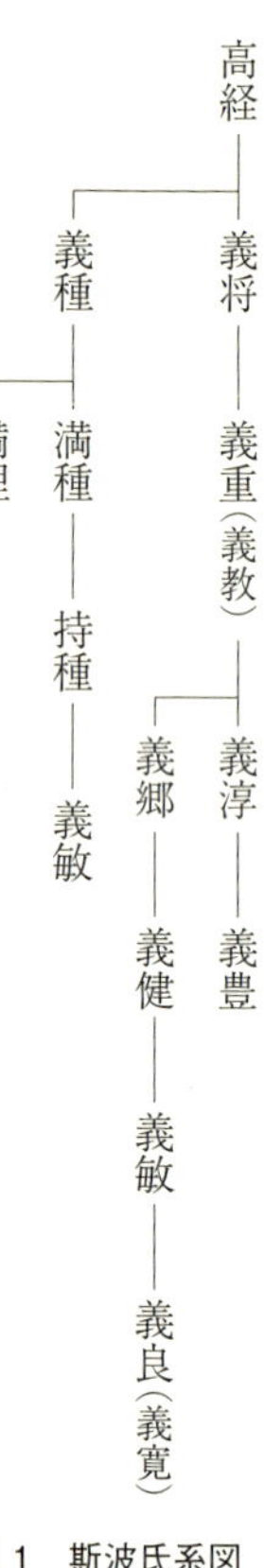

図1　斯波氏系図

1、安居備前守

嘉慶元年十一月、醍醐寺領牛原荘内の丁郷と井野部郷に守護（斯波義将）方が日吉段銭と「惣仙取」を申懸けているので、丁郷の武家半済給人安居備前守が醍醐寺にやって来て免除の執沙汰をしてほしいと願った。そこで、醍醐寺は井野部郷も含めて免除のための申状や免除状を調達することにしている（県資②醍醐寺七三号）[4]。この安居備前守に関する他の史料を見いだすことはできなかったので、安居氏に関して考えてみたい。

貞治六年（一三六七）に斯波高経方として「千秋安居一門」が「安居白土崗」に城を築き、朝倉高景・氏景と戦ったと伝えられている（「朝倉家伝記」の「徳岩」の項）。これにより、安居氏は九頭竜川と日野川の合流地点近くの「あしハの安居郷」（県資②「亀山院御凶事記」三号）の地に本拠を持つ斯波氏家臣であったことがわかる。さらに、明徳三年（一三九二）の「相国寺供養記」では斯波義種配下に「安居孫五郎藤原種氏」が見え、安居種氏は義種の重臣であった。応永一九年一〇月に越中の「武衛并左衛門佐殿兄弟所領」に東寺造営棟別銭が課せられた史料が伝わるが、そこには武衛（斯波義淳）の所領のほか、左衛門佐（斯波満種）・少輔（斯波満理、満種の弟）の所領についてもそれぞれの奉行人が現地の給人や代官に棟別銭納入を命じている[5]（なお、図1の斯波氏系図を参照されたい）。

満種の奉行人は二宮信濃入道是信であるが、満理の奉行人として安居弥太郎守景が棟別銭を督促しており、安居氏は庶子義種系の重臣であったことが確認される。なお室町期安居保の領主であった一条兼良の「桃華蘂葉」によると[6]、安居保は安居修理亮が六五貫文で請負っていたが、後に直務代官支配となり、応仁以来は朝倉孝景が押領しているとされている。安居修理亮が請負代官職を失った事情としては、長禄合戦における義敏方としての敗北が考えられよう。

2、乙部中務入道

嘉慶二年五月、二宮氏泰は興福寺寺官が春日社領の大野郡泉荘と小山荘の領家職分に関して半済免除の村々を書立ててきたので、それらの在所を南都代官に引き渡すよう乙部中務入道に命じている（県資②一乗院一二号）。乙部中務入道は他に現れないが、河村氏は暦応三年（一三四〇）九月に斯波氏家臣とみられる乙部兵衛三郎が現れること（県資②尊経閣文庫一五号）、貞治二年一〇月に斯波義将の守護代より越中堀江荘の打渡しを命じられている乙部勘解由左衛門尉がいることを指摘されている（八坂神社文書）[7]。さらに、河村氏は斯波氏の名字の地の陸奥紫波郡で南北朝期に乙部の地名が確認できることから、乙部氏を数少ない斯波氏の根本被官と推定されている。

大野郡において乙部中務入道が半済地の引き渡しを命じられていることは、彼が二宮氏配下として大野郡内に多少とも在地性を持っていることを示すが、室町期永享一二年（一四四〇）正月の春日社領小山荘飯雨村指出に「乙部之代官斎藤氏指出ヲ持来」とあり（県資②天理図書館保井家古文書五号）、乙部氏が大野郡内で斎藤氏を代官として支配していたことを物語っている。さらに年未詳（長禄合戦以後と考えられる）一二月に大野郡司二宮信乃入道が免除奉書の旨に任せて牛原荘の外宮役夫工米を免除するよう伝えた文書の宛先は二宮左近将監と乙部勘解由左衛門となっており（県資②醍醐寺一四九号）、明確に郡司二宮氏の配下として現れる。

乙部氏に関して指摘しておくべきことは、戦国期において吉田郡河合荘にも支配地を持っていたことであって、

「守光公記」永正一六年（一五一九）二月二二日条によれば、昨年一二月に河合荘の朝倉氏給人乙郡（部）左京亮が無力により禁裏料所の年貢を納入できなかったので、河合五郎兵衛が他のところで調達した銭三〇貫文を納入したとある。『越前国名蹟考』は、「城迹考」を引用して吉田郡河合郷中角村に「朝倉家家臣乙部勘解由左衛門」の屋敷跡があるとしている。乙部氏が河合荘に支配地を持っていたことの意味は後述することにしたい。

3、梁田氏

文安四年六月の僧長全書状（宛名は記されていない）は次のように記されている（大日本古文書『醍醐寺文書』七二五号）。

梁田方注進之趣、致披露候之処、彼人夫事被申懸候ハ傍輩事候、其上被請申在所にて候間、如此題目ハ為御代官可有了見候哉之由、被仰出候、可得御意候、

文中に見える代官梁田は、長禄三年（一四五九）一〇月の牛原荘井野部郷名主等申状に「やなた殿御代官候により、御領中悉及度々に被乱妨候」と見えており（県資②醍醐寺九八号）、井野部郷の代官であったことが知られるから、この長全書状も井野部郷に関するものと判断される。内容は、井野部郷に人夫が課せられたことを代官梁田が醍醐寺に注進して寺家としての対応を求めたが、人夫を課しているのは梁田の傍輩であるし、そもそも請負代官としてこうした問題は梁田が解決すべきものであると伝えたものである。

梁田は、先述の応永一九年の越中における斯波氏所領への東寺造営棟別銭徴収に関連する史料に現れる。すなわち、翌年三月一八日のものと見られる「やなた」書状案は、「さふへ（寒江）さんかい」殿に対し「寒江の事も無子細さ

たさせられ候へく候」と棟別銭の納入を催促している（東寺百合文書ヌ函二五〇）。この書状の端裏書に「左衛門介殿書下案」とあるから、「やなた」は斯波満種の家臣であることがわかる。ただし、梁田がどこを名字の地とするかは明らかでない。

右の検討から、大野郡に現れる守護家臣のうち安居氏と梁田氏は庶子家の満種の家臣であることで共通性を有し、また安居氏と乙部氏は九頭竜川と日野川の合流地点の安居郷と河合荘に出自や拠点をもつという共通点があることがわかる。これらの共通性は、南北朝期の斯波氏のこの地に対する関係を考慮すると偶然ではないように思われる。この合流地点の九頭竜川右岸には、暦応二年に新田義貞と対戦したときの斯波高経の拠点である黒丸城がある。その対岸に河合荘はあるが、高経が幕府に背いていた貞治六年三月に将軍義詮が河合荘を醍醐寺三宝院領として認めた御教書に「但為勲功賞被宛行、道朝（高経）知行経歳序畢、今度没官之間」とあって（県資②醍醐寺四五号）、高経が越前から南朝勢を駆逐した暦応四年の後、まもなく河合荘は高経に勲功賞として与えられていたことが知られる。

『太平記』巻二二には、暦応二年七月の黒丸の攻防戦で南朝方に降った斯波方武将として「河合孫五郎種経」を記すが、彼は河合荘の住人でその実名を信じれば満種の父義種の家臣であったと見られる。したがって、高経は黒丸城を築くころには既に河合荘とその近辺を城領として支配しており、この地域の武士（安居氏や河合氏）を家臣化するとともに、給人（乙部氏）を設定しており、それら家臣を庶子の義種の家臣として配していたものと考えられる。応永九年正月に斯波満種が坂井郡春近郷内末平名を命賢禅尼の霊供田として大徳寺如意庵に寄進しており（『大徳寺文書』三〇三一号）、河合荘の北に隣接する春近郷に満種の支配地があるのは義種・満種がこの地域を拠点としていたことを物語っている。

しかし、幕府に背いたことをとがめられて斯波氏は貞治五年から康暦二年（一三八〇）までの間は越前守護職を失い、畠山義深が守護となっていたから、斯波義種の河合荘とその近辺の支配も順調には進まなかったであろう。高経の嫡男義将が応安元年（一三六八）に越中の守護に任じられたのち、応安四年七月一日に義種は越中守護代として現れ（「社家記録」同日条）、越中で先述の応永一九年の満種・満理所領に見られるような所領を獲得し、勢力拡大をはかっていた。しかし、越中守護職は康暦二年に畠山氏の持つ越前守護職との交換により斯波氏の手を離れる。そこで越前守護となった義将は、義種のために大野郡における支配権を認めたのではあるまいか。その大野郡支配の具体的なありかたは安居備前守が丁郷の半済給人であったこと、泉・小山の村々半済が停止されていることから見て、さしあたりは郡内荘郷の半済分給与であり、義種家臣が半済給人として設定されたと見ることができよう。

第二節　大野郡における二宮氏と義種系庶子家家臣

次に、先に後述を約していた二宮氏とそれとの関連で守護代甲斐将教について触れたい。前に述べたように室町後期に「二宮信乃入道」が郡司として現れるので、検討の対象を二宮信濃守（信濃入道）に限定したい。既に河村氏が南北朝・室町初期の二宮氏について考証されているので[8]、それによりながら概略を述べる。

斯波義将が越中守護であった応安三年五月に是鎮という人が祇園社領越中高木村を打渡しているが（八坂神社文書[9]）、彼は応安五年七月に祇園社領北泉・上高木について守護義将より斯波義種とともに命令を受けた二宮入道と同一人であろう（「社家記録」応安五年七月二六日条）。さらに、永和二年（一三七六）五月には二宮入道が越中野市金屋鋳物師に公事を課したとして守護義将が停止の命令を守護代の義種に命じており、七月にはそれを受けて二宮信濃入道に「都波郡鋳物師」に公事を課すことを停止するよう命令が出されている（「松雲公採集遺編類纂」東寺伝来鋳物師文書）。これらのことから、応安三年から永和二年まで二宮信濃入道は越中砺波郡の「郡司」であったと判断される。

康暦二年に義将の越中支配は終わる。少し後の至徳二年（一三八五）五月に足利義満御教書写では信濃諏訪社領における国人の押妨を止めるよう「二位信濃守」に命じているが（守矢文書）、これは二宮信濃守の誤写と推定されている。そして、至徳三年八月に斯波義種が守護であることが確認される（市河文書）。信濃における「守護代二宮信濃守・子息余一」の活動は至徳四年六月まで知ることができ、その後は二宮式部丞が跡を継いでいる（同）。二宮信濃守が氏泰であり、子の余一は明徳三年（一三九二）の「相国寺供養記」に斯波義重の家臣として見える「二宮与一源種氏」と同一人である。

さて、至徳四年六月には加賀において義種が守護として確認される（美吉文書）。明徳二年五月には当主義重が守護となっているが、その守護代として二宮種氏が現れてくる（尊経閣古文書纂、室町家御内書案）。応永二年（一三九五）三月には義種が守護として復活しており（祇陀寺文書[10]）、以後応永二一年六月に守護職を将軍義持に奪われるまで義種とその子の満種が加賀の守護の任にあった。守護義種の支配組織については応永一三年閏六月に守護代として二宮信濃入道（是信）が知られ（「祇園社記」）、満種の守護時代になっても守護代は二宮信濃入道是信が勤めている（天竜寺所蔵文書）。二宮信濃入道是信は種氏の入道した姿であろう。

以上、簡単に源姓二宮信濃守家の動向を是鎮・氏泰・種氏（是信）について検討した。二宮信濃守家の特徴は斯波氏庶家の義種・満種と関係の深いことであり、義種が越中の守護代となっていたときに二宮信濃入道（是鎮か）が「郡司」として現れ、義種が信濃守護となると氏泰・種氏父子が守護代として信濃に赴き活動している。至徳四年に義種が加賀守護になったときの種氏の行動は不明であるが、義重の守護代として現れ、再び義種が守護となったときも守護代となっているから、義種が最初に加賀守護となったとき以来守護代であった可能性が強い。種氏の種の一字は義種より与えられたものと考えてよいと思われ、種氏が明徳三年の「相国寺供養記」で義重の配下として現れるのはこのとき加賀守護が義重であったからであって、種氏は本来義種配下の斯波氏家臣であったと判断される。「相国寺供養記」には満種の配下として源姓二宮与二種泰と藤姓二宮七郎種隆が見えており、二宮氏は源姓・藤姓の二流があるがいずれも満種の配下と見てよいであろう。

さて、本題に戻って先述の②嘉慶二年五月に二宮氏泰が大野郡に現れることの意味について考えたい。その文書は既に乙部中務入道に関して述べたところで言及しているが、改めて全文を引用しておく（県資②一条院一三号）[11]。

春日神領泉庄并小山庄領家職事、南都之寺管所付別紙以之被申候、注文之村々半済分、南都御代官厳蜜可被渡付候也、相構々々不可有無沙汰候、穴賢々々、

（嘉慶二年）五月十四日　（二宮氏泰）（花押）

乙部中務入道殿

ここでは、二宮氏泰が春日社領大野郡泉・小山両荘の領家職内における南都寺官注文の村々の半済を停止し、南都代官に打渡すよう乙部に命じている。この文書の文書案が天理図書館保井家古文書のなかにあって、その端裏書に「二宮施行　嘉慶二」と記されている。河村氏はこの二宮氏泰を「郡司」と見るべきだとされた（括弧付きであるのは

この時期に郡司の語が見えないからであるとされる[12]。たしかにこの案文の作成者はこの文書を施行状と理解したのではあるが、守護（義将）→守護代（甲斐氏）→「郡司」、あるいは守護→「郡司」と下された命令の施行であれば、本文にその旨が記されるべきであり、本文に年号が記されず、書止文言が「穴賢々々」となっていることも異様である。したがって、これは越前守護支配組織上の「郡司」として守護の命令を施行したものではなく、大野郡の半済を支配する権利を有する人物の意向に添って半済を停止した「施行状」であって、二宮に半済停止を命じた人物とは大野郡の半済支配権を与えられていた義種と判断する。

この義種の大野郡における支配権は自己の支配下にある半済地についての支配権であるが、それが越前の守護・守護代の領国支配権とどのような関係にあるのかは史料がないため確定することができない。これに関連して、先述の③の事例である応永二年一一月に守護斯波義将が守護代甲斐将教に宛てた文書案では、醍醐寺領の大野郡の牛原・丁郷・庄林・井野部郷を寺家雑掌に打渡すことが命じられている（県資②醍醐寺七五号）。この文書の端裏書に「牛原一円御教書案」とあり、翌年三月の三宝院満済御教書では「牛原庄井野部郷并堺名半済事、旧冬守護遵行之旨、即雖令付雑掌」とあって（同七六号）、半済が停止されたことがわかる。このとき半済が停止の対象となっている丁郷は、先述のように義種被官の安居備前守が半済給人であった。嘉慶二年の泉・小山両荘の半済停止が義種の意向を受けた二宮氏泰によってなされたのと異なり、この度は守護の意志と守護代の打渡によって行われているのである。

③のもう一つの事例である応永二五年一二月の場合は、七月に将軍義持が「越前国牛原四ヶ郷」をはじめとする諸国の三宝院領における「或半済、或無理押領之」という事態を停止するよう命じたことを受けて、守護斯波義淳が守護代甲斐美濃入道祐徳（将教）に牛原三箇郷を三宝院雑掌に沙汰付けることを命じたものである（同八二・八三号）。

この守護遵行に関しては、文正元年（一四六六）に作成された醍醐寺領文書目録に義淳の「牛原三ヶ郷遵行一通」とならんで「同渡状一通　二宮信濃入道祐徳」が見えている（同一三四号）。この「二宮信濃入道祐徳」は「甲斐美濃入道祐徳」でなければならず、後述するように文正元年当時は二宮信濃入道が大野郡司であったために誤ったものであろう。

以上の二つの事例から、応永年間には大野郡は守護・守護代の支配下に置かれており、義種・満種が分郡守護であった可能性はない。二宮氏が守護代のもとでの大野郡司であったかどうか判断が難しいが、右の二つの事例で二宮氏が関与したことは知られないし、応永二一年まで二宮信濃入道是信は加賀守護満種の守護代であったことを考えると、大野郡司であった可能性は少ないと見られる。

少なくとも応永二一年以後は大野郡は守護・守護代の支配下に置かれ、義種・満種家臣が有していた牛原荘の半済も停止されていった。義種・満種が加賀守護であった期間は大野郡での支配権限の後退を加賀で取り返すことも可能であったろうが、満種が加賀守護の地位を追われたのちの持種（満種の子）にとっては不満が残る結果となった。嘉吉三年正月三〇日には持種は管領畠山持国に頼って加賀守護職の回復を願っていたが、守護職は富樫氏に安堵されたので加賀を押領しようと企てて家臣に止められていたという（『建内記』同日条）。加賀の回復が叶わなかった持種はこののち守護代の甲斐将久（常治）と対立するようになる（『安富記』文安四年四月二七日条）。

こうして義種系庶子家の大野郡における支配権は削減されていったのであるが、彼らの家臣は大野郡で別の形で勢力を保持していた。先述の事例④に示した二宮土佐守は、嘉吉二年一〇月に春日社領泉・小山両荘の年貢・呉服の請負代官として請文を提出し認められている（県資②一条院一四号）。二宮土佐守は他の史料に現れないが、既に述べたように源姓・藤姓の両二宮氏ともに満種系庶子の家臣であったことを考えると、春日社領泉・小山両荘が嘉慶二年に義種によって半済停止とされた後は二宮氏のような義種系庶子家の家臣が代官として勢力を維持していたと見てよい。また、牛原荘井野部郷に文安四年に現れる梁田氏も半済が停止された後は代官として郷支配にあたっていたと推定される。このように、大野郡においては義種系庶子家の家臣は半済が停止された後には荘園代官として存続していたのであり、越前守護・守護代による大野郡支配のもとでも依然として大きな勢力を維持していた。

第三節　長禄合戦と大野郡司二宮信濃入道

享徳元年（一四五二）九月に持種の子の義敏が斯波家当主となったことから、持種と守護代甲斐将久の対立は義敏と将久の対立に引き継がれ、長禄二年七月に斯波氏の旧臣と国人堀江利真の支持する義敏方と甲斐将久との間でいわゆる長禄合戦が起こる。長禄合戦において甲斐方となったのは朝倉孝景・二宮信濃守・織田与次であるとされ（「朝倉家記」所収文書）、二宮信濃守が反義敏方になっているのはその後の経過から見て、持種の支配権を排除して大野郡を支配するためであったと考えられる。二宮信濃入道に関しては年未詳の史料であるが、一二月二一日付の「二宮信乃入道」の奉書は二宮左近将監と乙部勘由左衛門（勘解由左衛門）に宛てて、去る一一月一六日の免除奉書に任せて牛原荘の外宮役夫工米徴収を停止するよう命じている（県資②醍醐寺一四九号）。年代を特定することはできないが、応仁年間に二宮将監安兼が知られるので（同一四六号）、長禄合戦以後のものと推定される。室町期において大野郡に勢力を保持していた二宮信濃守は長禄合戦で持種・義敏の支配権を排除して郡司の地位を獲得したものと考えておきたい。

二宮信濃入道が郡司であった時期に荘園に対する態度はどうであったかを、牛原荘井野部郷と丁郷の事例で検討してみたい。長禄合戦は翌長禄三年八月一一日の戦闘で義敏方の堀江利真などが戦死することにより義敏方の敗北となって一段落するが、大野郡ではその後も紛争が続いていた。長禄三年一〇月の井野部郷の名主等の申状によれば、「やなた殿御代官候により、御領中悉及度々に被乱妨候」という状態になったのは「武家方より御代官めされ候により」起こったことであるから、「御本所より御代官御すえ候て、直務に御知行めされ候て、御百姓等をも御助候へく候」と直務代官を要求している（同九九号）。満種・持種の家臣であった梁田氏は、おそらく二宮信濃入道の圧迫を受けていたのであろう。したがって、長禄合戦直後には信濃入道が井野部郷を占拠するという事態になったことを推測してもよいであろう。しかし、後述する応仁元年（一四六七）に井野部・丁両郷に郡司二宮安兼が半済を行ったときの史料によれば、その後は名主たちが望んだように直務代官が置かれていた。すなわち、応仁二年四月に朝倉孝景奉行人の三輪久直が「御代官之事者、可被召上候」と述べ（同一四八号）、同じころ醍醐寺側の人物の書状にも「次代官召上候事、在庄仕自然之事も候てハ、為惣寺家為院家供僧中不可然候、可召上候由、則以参上此旨申上候て召上候」と見えており（同一五三号）、代官が醍醐寺に召上げられていることからして、直務代官が任じられていたと見ることができる。

丁郷に関しては、寛正三年三月に飯田与二郎家久が牛原荘丁郷と庄林の年貢請負代官として請文を提出しているが（同一一七号）、残念ながら彼はどのような人物か不明である。また、両郷とも応仁元年に半済が行われ、醍醐寺がそれを停止しようとしていることを見ると、長禄合戦から応仁の乱まで半済は行われていなかった。これらの例からすると、郡司二宮信濃入道のもとで荘園に対する支配権が強められたとはいえない。二宮信濃入道が郡司に任じられたということは守護斯波義廉の領国支配の一環として編成されたということであり、守護の荘園制維持政策を組織的に担う機能を持たざるをえなかったのであろう。

しかし、二宮信濃入道は持種の所領に対しては支配権を拡大したらしく、寛正五年一〇月より最初に述べたように大野郡支配をめぐって持種と争うのである。斯波義敏は長禄合戦での行動をとがめられて家督と守護職を奪われ周防大内氏のもとにいたが、寛正四年一一月一三日に管領細川勝元を通じて帰京工作を開始する（『蔭凉軒日録』同日条）。さらに翌寛正五年一〇月一七日には入道していた持種（道顕）が政所執事伊勢貞親の支援を得て、所領である大野郡を二宮信濃入道が押領していると将軍に訴え、二三日には安堵の将軍御判が出されている（同、同日条）。しかし、二宮信濃入道は大野郡を引き渡さず、一二月一九日には引き渡しの厳重な命令が二宮氏と守護斯波義廉に対して出されている（同、同日条）。これに対しても二宮氏は一向に応じる気配がなかったので、寛正六年（一四六五）六月二一日には宗成喝食（義敏の子松王丸）被官人四〇〇人と持種被官人の併せて六〇〇人の名簿が提出され、大野郡が返還されなければこれら被官人が餓死すると訴えたので、将軍から二宮信濃入道に重ねての命令が出されることになったという（同、同日条）。

同年九月八日には、持種が所領の越中砺波郡山斐郷を二宮信濃入道が押領していると訴え、また伊勢貞親が大野郡のことにつき二宮氏が無沙汰するようであれば近所近郷に奉書を出すことを要請し、一〇日には奉書が出された（同、同日条）。持種の所領の内容は不明であるが、牛原・小山両荘の地頭職に由来する所領や荘園の代官職であったと推測される。また、二宮信濃入道の押領が守護義廉の容認のもとで行われていることも推測して誤りなかろう。

義敏は寛正六年一一月晦日に赦免されて将軍義政に拝謁を許されており、翌文正元年（一四六六）七月二三日には斯波義廉が退けられて義敏に斯波家家督が認められ（『大乗院寺社雑事記』同日条）、八月一二日には義敏は二宮信濃入道により拘禁されていた松王丸弟の竹王丸も細川氏の手を経て奪還している（『蔭凉軒日録』同日条。『大乗院寺社雑事記』八月二三日条）。さらに、八月二五日には越前など三カ国の守護職も義敏に与えられ（『蔭凉軒日録』同日条）、大野郡支配の回復もなるかに見えたが、九月七日に文正の政変が起こり義敏は失脚する。こうして二宮信濃守は長禄合戦の後は郡司として大野郡に臨み、郡内の持種所領を押領したまま応仁の乱を迎える。

第四節　応仁の乱と大野郡司二宮安兼

応仁の乱で東軍に属した義敏は越前支配権の回復を意図して応仁元年五月二一日に越前へ討ち入ると噂されており、翌年の閏一〇月一四日には越前を大略支配下に置いていたという（『大乗院寺社雑事記』同日条）。これに対抗するために西軍方の守護斯波義廉と二宮氏は大野郡の全面的支配に乗り出した。その様子を井野部郷を事例として検討したい。

応仁元年一〇月、二宮将監安兼は牛原荘井野部郷に過分の兵粮米を課した（県資②醍醐寺一三八号）。さらに、一二月には現地で徴収を担当する二宮与次種数は井野部に半済を行い、残り半分も守護方代官の請負として守護より醍醐寺に年貢を納めると現地の百姓に伝えたため、井野部郷百姓たちは醍醐寺に対し、「郡司」に対して停止の命令が下るよう手を尽くすことを願い、「今郡司方へ御預候ハヽ、末代不可然候」と郡司支配下に置かれることに反対している（同一三九号）。この百姓申状から、種数の違乱を止めることが期待されている郡司とは二宮安兼であったと推定される。すぐ後に言及する種数と安兼の書状案の端裏書に「二宮庶子・宗領」とされているが（同一四三号）、大日本古文書『醍醐寺文書』一八九三号が庶子を種数に、宗（惣）領を安兼に比定しているように、安兼は惣領として郡司の地位にあったものであろう。

種数の半済実施や代官職要求に対して醍醐寺は効果的な策を取ることができなかったようで、翌応仁二年二月と推定される守護斯波義廉家臣の俊孝（板倉大和であろう）[13]の書状案は次のような指示を現地の種数に与えている（同一四〇号）。①牛原荘丁と井野部の半済分のうち一〇〇貫文は守護方の左京亮に渡し、五〇貫文は種数に与え、また一〇貫文を慶明という人に与える。残りの分も早く京都の義廉に納入せよ。②本所（醍醐寺）の年貢分も当年はまず「此方（守護方）へめされ候へく候」であるから、国で上使に渡すようにせよ。

これによると、守護方は丁と井野部両郷の半済分・本所分ともに年貢を収納するつもりであった。これに対抗して醍醐寺側は守護義廉に五〇貫文、朝倉孝景に二〇貫文を贈ってともかく醍醐寺円光院領の年貢を確保しようとした（同一四四号）。醍醐寺より依頼を受けた在京中の孝景は三月一一日に二宮安兼と二宮種数に書状を送って、円光院は孝景が特に祈念を依頼している寺院であるので無為の計らいをしてくれるよう願っている（同一四一・一四二号）。また、孝景は越前に「国中奉行人」として在国している弟の慈視院光玖に対し、両二宮に趣旨を説明し首尾よくことが運ぶように命じた。孝景の依頼に対し、種数は三月一九日にこの件について等閑ないことを報じ、安兼も三月二〇日に緩怠ない旨の返事を出している（同一四三・一四六号）。これで見ると両二宮は孝景の意向に従うように見えるが、三月二〇日に両二宮との交渉の状況を孝景に報告した光玖の書状（同一四七号）では、両二宮は「御意畏入候」と孝景の依頼を了承している。しかし、光玖書状は続けて「但　御屋形様（義廉）より被召仕事候之条、一端御申肝要之由被申候」と両二宮の言葉が引用されており、これによれば二宮は今度の井野部郷に関する処置は義廉の命令によるものであるから、醍醐寺や孝景より義廉に申し入れて諒解を得ることが必要だと述べたことがわかる。二宮の具体的要求は四月四日の光玖に宛てた孝景奉行人三輪久直書状によって知られるが、「二宮□より、如先々守護之地之由被歎申上者、御代官之事者、可被召上候」とあるように、二宮は井野部郷の代官職は守護方が持つべきという由緒を述べて代官職の支配を主張したので、孝景も醍醐寺の代官を召し上げることを命じているのである（同一四八号）。この代官職の由緒とはこのころの醍醐寺側の某書状によれば、粱田が代官であったときは「守護請」であったという主張であり、これは孝景も認めている（同一五二号）。醍醐寺側は二宮が代官となることに強く反対しているが、その後の経過は不明である。おそらく大野郡は実質的に郡司二宮氏の支配下に置かれたものと見られる。

この経過を見ると、二宮安兼は守護義廉の命令を楯に井野部郷を支配下に置こうとし、孝景の依頼があった後は代官職は守護請の由緒があることを理由にそれを確保しようとしている。この意味で二宮氏は守護支配体制下の郡司であるという立場を主張しており、それを足がかりに郡を実質的な支配下に置こうとしているといえよう。ただし、二宮安兼が孝景の依頼に応じる態度をとっていることは注目され、光玖を「国中奉行人」として勢力拡大をめざす孝景の実力は無視しえなかったことを示している。

文明三年（一四七一）五月に孝景は東軍に転じ、越前で甲斐氏と戦うことになる。東軍に属していた義敏は孝景と同じ陣営になったのであるが、孝景に協力せず大野郡佐開城に立て籠もっていた。文明七年二月に孝景は大野犬山で二宮氏と戦うが（「当国御陳之次第」）、四月一〇日に義敏は二宮安兼の土橋城に入り、孝景と敵対する態度を明らかにした（「朝倉家記」所収文書）。孝景は七月二三日に土橋城の兵を井野部郷に引き出して攻撃し、二宮安兼ら一五〇人を討ち取ったが、義敏の身は無事なようにとの将軍義政の命令を受けて交渉したので、義敏は一二月三日に城を出た（同）。こうして大野郡を支配下に置いた孝景は、弟の光玖を大野郡司に任命した。光玖が郡司となった年代は不明であるが、文明九年七月に光玖が孝景奉書の旨に任せて洞雲寺に大野郡庄林少林寺領を安堵しているのが（県資⑦洞雲寺一号）、郡司としての光玖の活動を示す最初の史料である。

なお、「大野郡代」光玖は右に述べた土橋城の合戦の際に捕らわれて切腹した二宮方の武士の追善のため、二宮屋敷跡に時衆土橋道場を建立した。後にこの地に青蓮寺・蓮光寺が建てられ、延徳二年（一四九〇）八月に天台念仏者の真盛を招いて別時念仏を行ったという（『真盛上人往生伝記』中巻）。明応三年（一四九四）五月の洞雲寺領目録「玉岩（光玖）寄進分」のうちに「参貫文　灯明銭　将監殿屋敷」と見えているのが二宮将監屋敷、すなわち土橋道場のあった地であろう（県資⑦洞雲寺六号）。孝景の時代には、洞雲寺も「土橋洞雲寺」と呼ばれている（同二号）。

第五節　朝倉氏の大野郡司と府中

南北朝後期から戦国大名朝倉氏支配の成立期までの大野郡における義種系庶子家の大野郡支配の様相と二宮氏の動向を検討することで紙数を費やした本稿では、朝倉氏の大野郡支配や大野郡司について正面から論じることはできない。ただ、義種・満種の家臣のうちに九頭竜川と日野川の合流点地域を本拠とする者がいたということと対比して、朝倉氏の大野郡司と府中とのつながりについてのみ言及しておきたい。

まず朝倉氏の大野郡司と見られる人の在任期間の徴証を表1に示したので、それについて簡単に注解を加えておきたい。光玖については既に述べたように、文明九年七月一四日に洞雲寺領について孝景の安堵奉書を遵行しているのが郡司としての確実な初見である（県資⑦洞雲寺一号）。延徳四年正月三日には「慈民（視）院大野兵二千」とされており（『蔭凉軒日録』同日条）、大野郡司光玖は朝倉氏のなかで独自の軍団を率いていた。大野郡司としての最後の史料は明応元年一二月四日に三条西実隆の所領である大野郡田野村の年貢千疋を慈視院が連歌師宗祇に託して実隆に送ってきたという記録である（『実隆公記』同日条）。光玖は明応三年正月に没したとされるが、おそらく最後まで大野郡司であったものと思われる。光玖の跡は荒木修理進が継いだと見えているが（「朝倉家伝記」の「固山」系図）、荒木の活動については何も知ることができない[14]。

表1　朝倉氏の大野郡司

人名	在任期間の徴証
慈視院光玖	文明9年（1477）7月～明応元年（1492）12月
朝倉景高	大永3年（1523）2月～天文5年（1536）1月
朝倉景鏡	元亀元年（1570）12月～天正元年（1573）8月

その後、大永三年（一五二三）九月三日に三条西実隆は孝景（宗淳）の弟朝倉孫八郎（景高）に太刀・書状を遣わしているが、その少し前の二月二一日に「川合」が実隆のもとに百疋を持参しており（『実隆公記』各日条）、この「川合」はその後、田野村の年貢納入者としてしばしば現れる景高家臣の河合五郎兵衛あるいは河合九郎右衛門のことであるから、この時に景高は大野郡司であったと見てよかろう。天文五年（一五三六）正月に右衛門大夫（景高）が大野郡穴間を攻撃しているから（「当国御陳之次第」）、このときまで郡司であ

った。その後、景高は当主孝景に敵対し、天文一二年四月に西国に没落した（『証如上人日記』同年四月一一日条）。

景高離反の後、大野郡は一乗谷当主の支配下に置かれていたが、朝倉氏末期に景高の子景鏡が大野郡司となる。元亀元年（一五七〇）十二月に景鏡は松田彦兵衛尉善勝の近江堅田における軍忠を賞しているが（県資⑦花倉家三号）、松田善勝は大野郡の朝倉家臣であるので、これをもって景鏡の郡司の徴証としたい[15]。周知のように景鏡は義景に敵対して信長支配下でも郡司の地位を保ったが、天正二年（一五七四）四月一五日に一向一揆と戦って敗死する。

光玖と府中との関連は既に松原氏が指摘されているように明確であって[16]、先述の応仁二年に光玖が「国中奉行人」と称されているのは、彼が「国中」（府中）を拠点としていたからと判断される[17]。光玖は文明四年一〇月に孝景の命令を受けて府中惣社の所領を安堵したのをはじめ（県資⑥惣社大神宮三号）、同九年七月三〇日に孝景より合物の相論の判決執行を命じられ（県資⑥岡田健彦一号）、同年一二月一六日には河野浦の船寄山の相論に関する孝景の裁決を執行している（県資⑥中村三之丞七・八号）。これらはいずれも「国中奉行人」としての光玖の活動を示すが、先述のように文明九年七月一四日には光玖は大野郡司であったことが知られるから、彼は「国中奉行人」と大野郡司を兼帯していたのである。文明一一年二月八日に「守護方」奉行人として青木隼人佐康延と久原平兵衛（行忠）が知られ（『大乗院寺社雑事記』文明一一年九月一〇日条）、この両人は府中にいた奉行人で当時の守護斯波義良に属していたが、当時の政治的・軍事的状況からして光玖の支配から自由であったとは思えない。青木・久原の両人は文明一八年四月には一乗谷当主氏景の支配下に編成されており（県資⑥大滝神社四号）、府中両人と称されるようになる。延徳二年八月には久原平兵衛に代わって印牧広次が現れるが、明応二年閏四月二八日には久原平兵衛は「慈氏（視）院被官」となっていることがわかる（『蔭凉軒日録』同日条）。翌延徳三年三月八日に越後に下向する細川政元や冷泉為広を府中で迎えたのは光玖であり、一行の帰途の四月二四日に同じく府中で歓待したのも光玖であったことをみると[18]、大野郡司光玖は依然として府中にも基盤を持っていた。

景高については、天文二年（一五三三）三月に奉行人として久原吉忠と桑原吉定が知られるが（県資⑦恵光寺一号）、久原吉忠は既に述べた光玖の被官の久原平兵衛行忠の跡を継いだ人であったと見ることができ、桑原氏も光玖の被官としてたびたびその名が見える（『大乗院寺社雑事記』文明一六年九月一日条ほか）。したがって、景高は光玖の家臣を引き継いだのであろう。なお、三条西実隆の所領田野村の年貢送付の責任者として河合五郎右衛門・河合五郎兵衛・河合秦四郎・河合九郎右衛門・河合二郎右衛門・河合善兵衛がみえている。義種系庶子家の家臣を出した河合荘との関連が考えられるが、景高が河合荘を支配していたことを示すものはないので、義種系庶子家の家臣として大野郡に給地を持っていた河合氏の系譜を引く人かと推定する。

その上で府中との関連で次の史料が注目される（県資⑤山岸長二号）。

なをなを役銭ハかふとより請取申候へ共、惣中よりかふとへハさたなく候よし承候、

当国丹生之北郡紺屋かふと役銭之事、毎年其より請取申候、何方より莵角之儀申候共正ニ立間敷、為其一筆申候、恐々謹言、

井口四郎左衛門尉
吉久（花押）

卯月四日

織田庄
教善左衛門とのへ

まずこの文書の年代に関しては『福井県史』資料編5は永正一五年の「織田庄紺屋教善左衛門」宛文書（同一号）と天文七年の「赤井谷紺屋左衛門次郎」宛文書（同三号）との間の時期のものと推定しているが、天文七年以後の宛名が「こう屋左衛門」「こう屋左衛門次郎」となっていることから、天文七年以前のものと判断される。[19]引用文書の内容は丹生北郡紺屋惣中より教善左衛門が「かふと役銭」を徴収して「かふと」に渡し、それを井口吉久が請取ることを定めたものである。「かふと」について『福井県史』通史編は「川舟の発着場といった意味が想定される」としているが、[20]これは支持できるのであり、川舟の「河戸（こうど）」を指すとみられる。丹生北郡の紺屋中は府中紺屋の統制下に置かれているとともに（同一号）、府中で河戸役銭を負担していたのである。

河戸役銭を徴収している井口四郎左衛門尉吉久は府中紺屋方の座長か府中両人の手代のように見えるが、そうでなくこの井口吉久は朝倉景高の家臣であったと推定する。その推定の根拠はいずれも景鏡時代まで降るが、次の二つを挙げることができる。その一つは、元亀三年三月に景鏡の出陣につき大野郡最勝寺門徒に鑓持五人を賦課した三人の景鏡奉行人のうちに井口四郎右衛門尉吉隆が見えていることである（県資⑦最勝寺一号）。井口吉久とこの井口吉隆は、「吉」を通字にしているので親子に近い関係であったと見てよく、吉久の時から景高家臣であった可能性は強い。次には、景鏡が府中で「二季津料」を徴収する権利を持っていたことが挙げられる。弘治三年（一五五七）七月に南条郡宅良・三尾河内木地山衆中に宛てた小原美将の証文の本文は、

於当府町、木地并引物等二季津料役之儀、多重雖存分候、山衆両三人為我等取次、孫八郎殿御被官ニ被罷出候、殊御一行頂戴之事候間、向後不可有違乱候、

となっている（県資④浄光寺二号）。府中において木地山衆が負担する二季津料役の徴収にあたっていたのは小原美将

であったが、今度美将の取次により山衆三人が孫八郎殿（景鏡）の被官となって一行を与えられたので、今後は二季津料役についての違乱はないとしている。この二季津料役は南条郡鞍谷轆轤師が負担していた「惣社両度之諸役」と同類のものと思われ、二季津料役を景鏡が徴収していたことは景鏡は府中惣社が本所として持っていた得分権を支配していたことを示している[21]。このことと井口吉久の河戸役銭とを関連させるならば、府中における川舟に対する諸役徴収権は景高時代にさかのぼり、景鏡はそれを断絶はあったにせよ、引き継いだと考えることが可能である。

おわりに

以上、わずかな手がかりからではあるが、景高の府中における支配権を推定しうる。景高がこの府中における支配権を獲得した事情は不明であるが、大野郡司景高が久原・桑原という光玖家臣を自己の家臣として継承したように、光玖が府中で有していた権限を景高が継承したと見るのが自然ではあるまいか。ただし、景高がすぐに府中支配権を獲得したのではなく、一族の景総と景延の支配を経て景高に与えられたものと見られる[22]。

最後に、景鏡と府中の関連は既に述べたところから明らかであろう。一乗谷当主孝景に背いた景高を親に持つ景鏡が親の権限をそのまま認められたとは考えられないが、右に見たように弘治三年には府中における支配権を回復していた。府中惣社が南条郡河野浦に対して本所としての支配権を持っていたことは長禄四年一二月の河野浦納所注文により明らかであるが[23]、その支配権を行政・裁判の独自の権限として引き継ぐ府中両人は河野浦・今泉浦などに「手長」の権限があるとしている(24)。同じく、府中惣社の得分権を引き継ぐと見られる景鏡もまた河野浦・今泉浦の紛争に関与している。天文二一年七月に河野浦人が禁止されている塩の里買を行ったことから今泉浦や山内馬借との紛争が起こり、河野浦を支持する朝倉景満の訴えもあって、一乗谷での裁判となったが、景鏡が今泉浦と馬借中を支援して景満に話を通したことが景鏡奉行人の山口吉則・小原美将によって伝えられている（県資⑧西野次郎兵衛四二号）。したがって、景鏡の府中支配は天文二一年までさかのぼる。ただし、永禄年間の景鏡と府中の関係は明らかでない。

まことに不十分ながら、歴代の朝倉氏大野郡司と府中支配権との関連を検討した。景鏡が大野郡司であったときの府中との関連は不明であるが、天正二年四月一五日に村岡山（むろこやま）で一向一揆に討たれた景鏡の墓所は武生市（現、越前市）の天台宗寺院窓安寺にある。境内の宝篋印塔に「朝倉式部大夫　月泉宗鏡大居士／天正二年卯月十五日」と刻まれており(25)、朝倉氏大野郡司家と府中のつながりを象徴するものといえるだろう。

註

（1）松原信之「朝倉光玖と大野領」（『福井県地域史研究』五号、一九七五年）。この論考は光玖のみならず、室町期から戦国末までの大野郡支配者が検討の対象とされている。

（2）河村昭一「南北朝期における守護権力構造─斯波氏の被官構成─」（一）・（二）・（三）（『若越郷土研究』二三─二・三・四、一九七八年）。引用箇所は（二）四の注21。

（3）『福井県史』通史編2中世、一九七四年、四七三頁。執筆は小泉義博氏である。

（4）醍醐寺文書は参照の便宜を考えて、『福井県史』資料編2中世に収録された文書番号を用いる。同資料集に収録されていない文書は、大日本古文書『醍醐寺文書』の文書番号を用いる。

(5) 東寺百合文書ツ函一〇六。この文書は『大日本史料』七編十七（三六頁以下）に収載され、これをそのまま『富山県史』史料編Ⅱ中世（四一六頁）も収載しているが、ともに左衛門佐を斯波義郷に、少輔を義淳に比定している。しかし、「武衛」（義淳）の所領と少輔の所領は区別されて書かれており、少輔は義淳ではありえない。義郷の官途は『尊卑分脈』・「武衛系図」（『続群書類従』五輯）ともに治部大輔である。したがって、左衛門佐は満種であり（「武衛系図」に左衛門佐とあり）、少輔は満種の弟の満理であろう。端裏書に「武衛并左衛門佐殿兄弟」とあるのは武衛（義淳）と左衛門佐が兄弟であるという意味ではなくして、左衛門佐の兄弟という意味である。なお、義淳の兄の持有も左衛門佐を称するが、持有が左衛門佐に任じられたのは正長元年（一四二八）六月二五日のことであった（『建内記』同日条）。

(6)『福井市史』資料編2、古代・中世、一九八九年、四八七頁に収載。

(7) 河村前掲論文（三）。

(8) 河村前掲論文（三）。

(9) 以下、越中に関する史料は『富山県史』史料編Ⅱ中世（一九七五年）により、信濃に関する史料は信濃史料刊行会編『新編信濃史料叢書』巻七（一九七二年）・巻三（一九七一年）所収文書により、加賀に関する史料は石川県立図書館石川史書刊行会『加能史料』南北朝Ⅲ（一九九六年）・室町Ⅰ（一九九八年）によることとし、注記を省略する。

(10) 義重が加賀守護職を離れたことについて、小泉義博「室町期の斯波氏について」（『北陸史学』四二号、一九九三年）は義重の「消極的性格」からして「職務遂行能力が欠けたから」と判断している。

(11) この文書の花押を『福井県史』史料編2は二宮氏泰と判断している。念のため長野県立歴史館所蔵の複製市河文書館十三所収至徳三年七月一日二宮氏泰書状の氏泰花押によって確かめたところ、この一乗院文書の花押は間違いなく氏泰のものと判定される。複製市河文書の閲覧にご配慮いただいた長野県立歴史館の郷道哲章氏、村石正行氏に感謝申し上げる。

(12) 河村前掲論文（二）。

(13) 光玖書状（県資②醍醐寺一四七号）に守護義廉の指示を示す文書として「板倉大和方より返状之案文写」を孝景に提出するとある。義廉家臣に板倉氏がいたことは、後の史料であるが歌人招月庵正広の『松下集』延徳二年（一四九〇）七月二三日に正広が

「板倉備中入道宗永所にて、右兵衛佐義廉の子息栄棟喝食対面申」とあることを参照されたい（『福井市史』資料編2、五一一頁）。

(14) ただし、永禄一一年五月に義景邸に足利義昭を迎えたときの記録「朝倉義景亭御成記」（内閣文庫本）に見える朝倉同名衆のひとり「修理進」は、この荒木修理進の系譜を引く人ではないかとされている（松原信之『越前朝倉一族』新人物往来社、一九九六年、一八九頁）。そうだとすると天正二年三月に大野郡内東縁などの地を松岳軒に寄進した「朝倉修理入道宗闇」との関連も考えられよう（県資⑦洞雲寺二三号）。

(15) 松田善勝が大野郡の朝倉家臣であることは、彼が永禄五年一一月の大野郡山中棟別銭半済分請取状の連署人の一人であることから確かめうる（石徹白徳郎家古文書一四号、『白山史料集』下所収）。なお永禄九年一一月に景鏡が野村七郎五郎の加賀における戦功を賞していることをもって景鏡の大野郡司在任を推定する考えもあるが（松原信之編『朝倉義景のすべて』新人物往来社、二〇〇三年、一四七頁）、野村七郎五郎は一乗谷当主に属する家臣と見られるから、これは景鏡の郡司在任の史料にはなりがたい。

(16) 松原氏前掲「朝倉光玖と大野領」

(17) 「国中」が府中を指す例として、明応七年一〇月二六日に足利義材が越前に進出し「国中ニ御座、コウ」とあることを挙げることができる（『大乗院寺社雑事記』同日条）。また、朝倉氏の府中両人のうち印牧家の印牧弥六左衛門が捕らえられた時に自分は「国中奉行人」の家柄であると述べたことも参照されたい（「朝倉始末記」日本思想大系『蓮如　一向一揆』岩波書店、一九七二年所収、三九〇頁）。

(18) 小葉田淳「冷泉為広卿の越後下向日記と越前の旅路」（『福井県史研究』三号、一九八九年）

(19) 天文二年七月の織田寺玉蔵坊領納帳に「こうや左衛門二郎」が見えているから（県資⑤北野七左衛門三号）、引用文書は天文二年以前にさかのぼるであろう。

(20) 『福井県史』通史編2、中世、七九三頁。執筆は佐藤圭氏である。

(21) 「物社両度之諸役」の史料は県資⑥河内区有二号。また、拙稿「朝倉氏領国制下の府中両人」（『福井大学教育学部紀要』Ⅲ　社会科学　三七号、一九八七年、本書第Ⅰ部第二章）を参照されたい。府中両人は府中物社に関わる行政・裁判に関しては一乗谷当主の支配から自立した独自な権限を持っていた。これに対し、景鏡は物社が本所として持つ得分権を支配していたのである。

(22) 光玖死後の府中の支配についてみると、延徳三年四月二四日に帰路の細川政元・冷泉為広の一行を府中で迎えたのは光玖であったが、翌日府中から今泉浦まで一行を送ったのは朝倉孫五郎景総であり、小葉田氏は景総は光玖の代理としてこの役を勤めたとされている（小葉田前掲論文）。したがって、朝倉氏景の弟の景総は府中に支配権を持っていた可能性がある。ただし、文明一六年七月に景総が光玖の養子教景を殺害したことにより、光玖は景総を憎んでいたということとうまく整合しないが（『大乗院寺社雑事記』同年八月八日条）、何らかの事情があるのであろう。景総は永正元年七月に前年に叛乱を起こした敦賀郡司景豊の遺志を継いで越前に侵入するが、敗れて能登に没落する。その後、永正一二年閏二月に朝倉氏が命じた惣国道橋普請をめぐる河野浦と今泉浦の紛争に関して「異見」を加えている人物として孝景の弟の景延が知られる（県資⑥西野次郎兵衛二一号）。この紛争を解決するため、「民部丞広宗」と「すミ重信」が（とりわけ前者が）河野浦と今泉浦に対して下工作をしている（同一八・一九・二一・二二号）。この両人は府中両人の下代のようにも見えるが、民部丞広宗が景延の「異見」を「景延御異見」と尊称なしに呼んだり、あるいは「若御方御異見」と内輪的な表現をしているところから見ると、景延の奉行人と推定される。この両浦の紛争を検討された小泉義博氏は、景延を道橋普請の「最高管理者」、広宗と重信を普請の管轄を命じられた「使節」と解されている（同「中世越前における北陸道」『日本海地域史研究』第三輯、一九八一年）。この解釈は文書の内容からみれば自然な解釈ではあるが、永正五年七月に今泉浦の永珍・道一が今泉浦中屋常慶に公方御用を申し付けられることに異議がないことを誓約した請文の宛先は常慶と「ミんふ殿様」とされており（同一四号）、民部丞広宗は（したがって景延も）早くから今泉浦の支配にあたっていたことがわかるので、彼らを道橋普請の管轄者や使節と見ることはできない。河野浦と今泉浦の紛争については府中両人の外に、後述するように景鏡が府中支配者として関与しているから、この景延も府中に支配権を持っていたと推定することができる。この景延のあと府中の支配権を与えられたのが先述の景高であろう。このように考えると、府中支配権は朝倉氏の一族（おそらく当主の庶子）に与えられるものであった。

(23) 刀祢文書（『越前若狭古文書選』四六八頁）。

(24) 前掲拙稿を参照されたい。

(25) 丹南史料研究第四集、斎藤嘉造『たけふ歴史探訪』上巻（一九九七年）によれば、墓の後ろに「河野又三郎」の銘文があるとされている。また、窓安寺はもと池田郷野尻にあったが天文二年に現在地（亀屋町）に移ったとしている。

第三章　越前大野郡小山荘の市場について

はじめに

中世の市場（いちば）を考えることは都市というものの原型を探る上で今でも有効性を持つものといえる。市場は始めは市の立つ日のみ商人が仮設的な屋敷を利用するものであったが、開市日が頻繁になり、販売商品の量が増加するようになると、常設の小売店舗が現れて町の様相を示すようになるとされている。(1)

このようにして市から町へと発展していった例も多かったであろうが、最近では町や宿と市場が併存していることが注目されている。五味文彦氏は著名な備前福岡には宿と市場があり、「一遍聖絵」に描かれているのはその市場の部分であるとし、(2)松田拓也氏は信濃諏訪上社の門前町の付近に二つの市場があったとされている。(3)さらに、宮瀧交二氏は考古学の立場から、室町期の遺跡である埼玉県毛呂山町川角（かわかど）堂下山遺跡について、宿と市場とが一体となっていた事例だとされている。(4)北陸においてもこうした併存の事例として、正和四年（一三一五）の越前坂井郡金津における金津宿と金津八日市の併存や、(5)観応三年（一三五二）の越中射水郡氷見湊における北市と南宿の併存を挙げることができる。(6)それゆえ、たとえ宿が町場のような景観を見せ始めていたとしても、市場は別に存在するのであり、市場は景観でなく、交換という機能とそのための空間として捉えなければならない。

問題となるのは荘園領主による市場、及び市場空間の認定についてである。越中石黒荘弘瀬郷の天満市・高宮市は「無主荒野」に立てられたと言われているが、これは地頭の主張であり、預所は百姓地と預所地に立てたと述べている[7]し、道路に面していたと考えられる両市が「無主荒野」の地であったとは考えにくい。市場空間は荘園・国衙領のなかにおいて、独自な空間として認定されることにより成立してくるものと思う。しかし、名（みょう）編成を基礎として年貢と公事を徴集する体制である荘園制においては、交換を機能とする独自な空間である市場を把握する論理が欠如している。石黒荘弘瀬郷の宝治二年（一二四八）の内検帳は現作田・除田・定田など田地を把握するものであったから、天満社や高宮社の神田は記されていても、そこにあった市場は把握されていない[8]。

したがって、荘園領主の土地台帳などに市場と見えていない場合でも、それを市場であると確定する必要がある。そのため、本稿ではこれまでも市場と関連深いものとされてきた「仮屋」や「目代」に注目して、荘園の史料の内に埋もれている市場に光を当ててみたい。

なお、本稿では述べることのできなかった市場空間の形態については、小林健太郎氏が尾張の市場地名跡の検討から構想された「村落市場」を念頭に置いている。その村落市場とは、①不規則なブロック状の土地区画で、一般の村落と変わりがない、②そこには市場遺構としては市神社や広場くらいしか見られない、③その市場圏はせいぜい半径二〜三キロメートルくらいである、というものである[9]。

第一節　越前大野郡小山荘の概要

荘園市場の具体例として越前大野郡小山荘（おやまのしょう）を取り上げて考察するので、まず小山荘について簡単に説明しておく。長承二年（一一三三）に参議藤原成通は大野郡内に小山郷舌村を始めとして「これを視聴く者、皆耳目を驚かす」と呼ばれるような広大な私領を持っていた(10)。一一四〇年代に成通は縁を頼りにこの私領を鳥羽上皇創建の安楽寿院の荘園のひとつとし、自らは領家職を確保した。荘域は大野盆地南部の扇状地、旧泉村、旧美山町に及ぶ広大な地域に拡がっているが、その中心部は大野盆地南部の扇状地である。

文暦年間（一二三四〜一二三五）に孫の経通が荘内黒谷郷を春日八講料に宛てたことにより(11)、春日社・興福寺の支配が及ぶこととなった。鎌倉期の地頭として伊自良氏が知られ、嘉暦三年（一三二八）以前に春日社・興福寺と地頭伊自良氏との間で荘内のいくつかの郷で「和与中分」がなされ(12)、荘に属していた阿難祖（あどそ）・木本（このもと）・森政・平沢においては今日でも領家方と地頭方に分かれている。鎌倉期末、荘内のいくつかの郷の領家職が貴族や僧によって分割所有されているが(13)、その後、南北朝から室町初期にどのような変化があったのかは不明である。次に述べるように、春日社・興福寺は大野盆地南部の扇状地の西よりの地の支配権を維持していた。

第二節　永享一二年の小山荘田数諸済等帳

本稿が分析の主たる対象にしようとするのが、永享一二年（一四四〇）四月の小山荘田数諸済等帳である（以下、諸済等帳と略記）[14]。これは小山荘の西小山郷、井嶋郷、舌郷、黒谷、深江郷、飯雨村、院内、佐開郷、木本郷、縁新宮地郷、上穴間、下穴間、上佐々俣郷、下秋宇、折立郷、河原郷、石とをしろ（石徹白）の領家方について（紙山保五箇村内とされる折立郷と河原郷については領家方と明示されていない）、田数・畠数と年貢・公事・地子銭などを記し、寺社の神田数を記している。この諸済等帳が作られるに到った経過については、この諸済等帳の記述からうかがうほかない。まず、右の諸単位所領の内、舌郷から院内までの所領と縁新宮地郷は「御知行分根本ノ領」「御知行分也」と記され、上佐々俣までのそれ以外の所領は「御不知行分也」と記している（下秋宇以下は知行に関する記事がない）。

このことと不知行分の所領である西小山郷のところに「去年十二月十三日被出渡状也云々」とあって、これらの所領を引き渡すとの渡状が出されたことがわかる。さらに、この西小山郷は「先方給人六人拝領之地也」と記されているから、最も想定しやすいのは、守護斯波氏により給人に配分されて不知行地となっていた地について春日社が将軍に訴え、斯波氏がこれを承認して所領返却の渡状を出したというものである。

これを受けて春日社は、これまで知行してきた部分も含めて支配の再構築を図るため、長栄という僧に命じて荘内の郷村の田数や諸済などの把握に努めた。長栄は縁新宮地郷から堂の修理田一段半が勘落（没収）されていたのを、もとのように認めてほしいとの要求があったことに対し、「仍長栄御代官之間、可閣申之由出折紙畢」と処置したことを記しており、荘務権を持つ代官であった。

長栄が小山荘の支配を根底から編成するためには検注が必要であったろうが、郷村結合を強めつつあった在地に対して検注を行うことは困難で、上穴間と下穴間の年貢をそれぞれの公文が注進している他は全て「御百姓等注進分」とされており、百姓の指出（自己申告）の形式をとっていた。長栄は木本郷の指出に宝慶寺の一八〇歩の寺田が記されていたことに対し、「不及巨細之糺明者、難披不審之間、先度無沙汰畢」と記して、この点は詳細に究明できず、不審が晴れないので、今度は寺田と認める処置をしなかったと述べており、指出の全てを認めたわけではない。しかし、指出は領主と百姓が双方の既得権とそれが慣習であるということを基礎に収取と下行について「合意」することであった(15)。その意味で、これまでのやり方が踏襲される保守的な性格を持っている。

それでは諸済等帳の記載例として、記載が比較的簡単な院内の例を挙げよう。

御知行分也
　院内領家方田数并御年貢等事

一、公田　壱名之所ワタせ名云々　柒段　御年貢柒石内　壱石井料・蔵付ニ引之、
　残御米陸石　七石参斗参升納之、
一、大豆　陸斗
一、銭弐貫百文内　八百文之上成、三百文之夫賃ハ六月中進上、七百文之上成、三百文之夫賃ハ十月中進上、
　当年弐貫参百文納了、

表1　永享12年（1440）大野郡小山荘田数諸済等帳（天理図書館保井家古文書）

郷村名	田　積	分米(石)	天役(文)	作 畠	大 豆	畠地子	公事	仏 神 田
西小山郷	126-0	122.0	8820	45-0	17.8	18500		44-0 (春日 17-180)
井嶋郷	385-0 16-060 (開出)	274.9 12.5	25550 1100	33-0	10.87 0.555	12700 550		51-060 (熊野 30-0, 荒島 7-0)
舌　郷	180-0	180.0	48000	1-180	13.3		有	17-0(春日・地蔵)
黒　谷	50-0	52.26	5000				有	3.5 石 (春日など)
深江郷	36-060	46.16			6.75		有	
飯雨村	24-0	15.4	3000			1200		
院　内	7-0	7.0			0.6	1500	有	3-180（薬師堂・春日）
佐開郷	31-0 (→16-0)	16.0		8-0	7.5		有	7-0(本社)
木本郷	30-030 (名田) 38-300 (散田)	30.713 39.95	3578 1365				有	10-0 (阿弥陀・篠蔵・春日)
縁新宮郷	80-0	74.5	5320			4830		7-180(篠蔵)

註：佐開郷では31-0のうち15-0が神田として差し引かれている。

以上

一、壱段　薬師堂修理田

弐段半　春日御神田　五節供料也、

以上

永享拾弐年二月　日　御百姓等注進　最結

句定

このように、まず田地について年貢額と下行額を確定し、次いで畠大豆と銭分について定める。計一貫五〇〇文の上成が何かは記されていないが、畠地子銭か天役銭のいずれかである。天役銭は他の例から段別七〇文が基準であることが知られるので、七段の段別銭としては計算が合わないので、これは畠地子と判断する。最後にはその地の仏神田が記され、これが免田であることが領主・百姓の双方によって確認されている。この諸済等帳のうち、小山荘の中心部をなす大野盆地南部の扇状地部分の記載を表1

に示したが、公事については負担している場合のみ「有」とした。

第三節　西小山郷の屋口と目代

諸済等帳において市場関連の記事として、西小山郷と井嶋郷の畠地が注目されるが、まず今日の大野市街地と推定される西小山郷から取り上げよう(16)。その部分を引用すると、

一、作畠分　肆町五段　御年貢大豆拾柒石捌斗
一、畠分　拾五町　屋口拾弐間 目代給共ニ
彼地子分合拾捌貫五百文 屋口分ハ間別百文宛、畠分ハ不同云々、
此内拾貫文ハ春成　捌貫五百文　秋成

と記されている。畠が大豆を負担する作畠分と地子を負担する畠分に区別されているが、畠分の内に屋口が一二間あり、それに対しては間別に一〇〇文が徴集されるという。この屋口銭は何らかの建物に対する賦課であることは間違いないと思うが、それが市場の建物であったことを推定させるのが、屋敷一二間の内に「目代給」が含まれていることである。目代が市場の代官であったことは辞典類に明記されており(17)、狂言においても新市を立てるときにその差配を任されているのが目代であった(18)。戦国大名毛利氏の領国では市場に目代が置かれているが、一例を示すと、

壬生市

一、五石弐斗三升六合　　　　　　目代
　　右者同国山縣郡（安芸）

のごとく、市場の目代が給分を与えられて、毛利氏に把握されている。[19]

これらのことから、西小山郷の畠分に見えている屋口は市場の存在を示すものと判断される。そのことは、西小山郷の仏神田の内に「市祭猿楽田」一段が見えていることからも裏づけられよう。市場と市祭が密接な関係にあることは既に豊田武氏の指摘があるが、[20]桜井英治氏はさらに明瞭に「市祭を主宰する者が市場の所有者である」とされている。[21]こうして、西小山郷においては一二間（軒）の建物を有する市場が存在していたと判断される。ただし、この市場が定期市場なのか、それよりさらに進んで定住的な町場の様相を見せ始めていたのかは不明である。

しかし、この地が市とも町とも表現されていないことは、市場の歴史を考える上で一定の意味を持つのではないかと思われる。この市場は荘園の土地編成上は「畠分」に含められていた。「畠分」は春成と秋成に分けて納入されているから、主要な部分である一五町はこの時にも畠として利用されていたものと思われる。その「畠分」に何時のころからか屋口と呼ばれる建物が建ちはじめた。この諸済等帳には後述する仮屋の他には百姓の在家や在家役は見えていないから、小山荘においては家の把握はなされていなかった。それが屋口という形で把握されたのは、百姓在家と違って市場の建物として機能していたからである。この意味において、荘園領主側ははっきりと屋口の独自な機能を認識して市場目代を通じて把握しており、百姓もそれに同意していた。しかし、この市場は目代が支配する独自な空間でありながら「畠分」のなかに留まり、市場として自立することはなかった。その理由のひとつとして、荘園制的在地把握は土地と在家の把握を原則としており、市場のような独自な空間を把握する論理を持たないことが考えられる。例えば、元徳四年（一三三二）の若狭遠敷郡西津荘畠年貢目録において、畠のうち「市屋形一反三百歩」が年貢免除になっているが、ここでは市場空間そのものが市と認識されて年貢免除の対象になっているのではなく、屋形の面積に換算するという荘園制方式がとられている。[22] また、臨川寺領加賀石川郡大野荘の文明一四年度（一四八二）の散用状には、「宮腰塩町在家三郎次郎」の地子銭が洪水河頽のため免除されており、[23] 彼は宮腰湊の塩町という町の在家と見られる。しかし、この散用状をはじめ大野荘関係の文書にこの町場を特別の空間として認識したものはなく、ただ他の百姓と同じく在家として把握されているだけである。

もう一つの理由は、この西小山郷の史料が百姓の指出であることであって、百姓たちは従来通りに「畠分」として申告したとも考えられる。この地が市場として現れない理由がいずれにあるにせよ、市場空間が荘園の枠組みを離脱できない段階にあったものと思われる。

第四節　井嶋郷の仮屋

次に、井嶋郷の仮屋に注目したい。その記載は、

一、作畠分　参町弐段内　参段河成
　御年貢大豆　拾石五斗
一、畠地子分　肆貫柒百文 春成

一、仮屋拾陸間地子分　捌貫文　秋成

一、作畠壱段年貢大豆　参斗柒舛十郎さ衛門作也、十六人給人方へ配分仕分也、

とあり、仮屋が一六間あって地子銭八貫文を秋成として納入している。まず、仮屋が市場の建物であることを先学の論によって確定しておこう。豊田武氏は、初期の市場商人は周辺の村落に住み、生産した「手工業製品の余剰を市の仮屋において、販売していたのではないだろうか」とされている。(24)高橋康夫氏は、仮屋を「臨時的・仮設的」な建物で、柱と柱の間には壁などの仕切りはなく、吹き流しであるとされている。(25)保立道久氏は、仮屋の古い史料として安芸厳島反古経裏文書中に現れる備後深津市の尼御前の「かりや」を挙げておられる。(26)

これで十分と思えるが、念のために中世越前の例を挙げておこう。長禄二年（一四五八）一二月の坂井郡称念寺・光明院寺領総目録（県資④称念寺三号）に、

一、長崎庄貞包名　南都皆免

（中略）

一、(長崎庄)同住吉市仮屋　友重内油田二段

一、同宮地仮屋　五間

とあり、住吉市に仮屋があり、これは二段と面積で表されているが、宮地の仮屋は間（軒）で数えられている。また、大永七年（一五二七）三月の大野郡洞雲寺隔庵分仮屋地子銭目録（県資⑦洞雲寺七号）に、

目録　かり屋地子分

八百文　作職くほ市　ゑさらい三郎衛門

参百文　作職　同

（二筆略）

参百文　　作職くほ市　衛門三郎
百五十文　作職牧野三郎左衛門尉方　（二筆略）
四百文　　作職十日市　あい物五郎二郎
　　已上　四貫五百五十文

と見えており、市場名を記さないものもあるが、基本的に仮屋は市場にあるものと考えられる。地子銭の額にばらつきがあるのは一定の基準で地子銭を徴集したからであると思われるが、その基準は明らかでない。もう一つ大野郡の例を挙げると、天文八年（一五三九）年十月の平泉寺賢聖院院領目録（県資⑦白山神社二号）に、

　一、代壱貫三百文　袋田村之内カリ屋銭、此内四百文出来分　無正供　院領
　一、鍬壱挺　袋田村ヨリ出之　院領

と記されているが、袋田村は後に勝山の町となる地である。戦国期には仮屋が建てられた市場であったことがわかり、鍬を作る鍛冶屋がいたと推定される。

以上の検討から、井嶋郷の仮屋も市場の仮屋であったと判断してよかろう。そして、この仮屋の地子銭八貫文は本来の畠地四貫七〇〇文をはるかに上回っている。さらに仮屋の間数は西小山郷の屋口一二間を上回る一六間であり、その間別地子銭五〇〇文は西小山郷間別一〇〇文の五倍に達している。ただし、これをもって井嶋郷の市場が西小山郷の市場よりも繁栄していたとか、進んだ形であると考えているわけではない。西小山郷において仮屋でなくて、屋口と表現されていることに注意し、両者を同一水準で捉えることには慎重でありたい。

表2　大野盆地の市場地名　（『大野市史』地区編）

地区	大字	小字
下庄地区	西市	仮屋（村の北西端）
	小矢戸	新保市
	中挟	苅屋（村の北端）
上庄地区	猪島（井嶋）	下苅屋・上苅屋・東苅屋（全て村の南端）
	森政地頭	苅屋（村の北端）
	下郷	苅屋（村の東北端）
富田地区	下麻生嶋	狩屋・下狩屋（村の東南端）
	上麻生嶋	大仮屋・仮屋（村の東端）

第五節　井嶋郷仮屋の現地比定と小祠

次に、井嶋郷の仮屋の現地比定を試みてみたいが、まず大野盆地の市場地名としての市とカリヤ（仮屋・苅屋、狩屋）に注目したい。幸い『大野市史』地区編（一九九一年）にはそれぞれの大字ごとの地名と地積図が掲載されている。それによって市場地名をまとめると、表2のようになる。

これによると、下庄地区（一七大字）の市場は分散的であるが、上庄地区（一六大字）と富田地区（一六大字）では猪島（井嶋）と上・下麻生嶋に中心的市場があったと判断される。井嶋郷の仮屋は三つの大字（猪島・森政地頭・下郷）に分かれているが、地籍図で復元すると（図1）、これらの地は連続した地であることがわかり、それを現在の地に比定したものが図2である。これはまさに小林健太郎氏の指摘された不規則なブロック状の農村市場の形態をなしている。市場は清滝川右岸に沿って立地していたと思われるが（後述の「春日社」参照）、清滝川が船運に利用されていたかもしれない。

また、この市場が近世の村の猪島・森政地頭・下郷の三村の境界の地にある

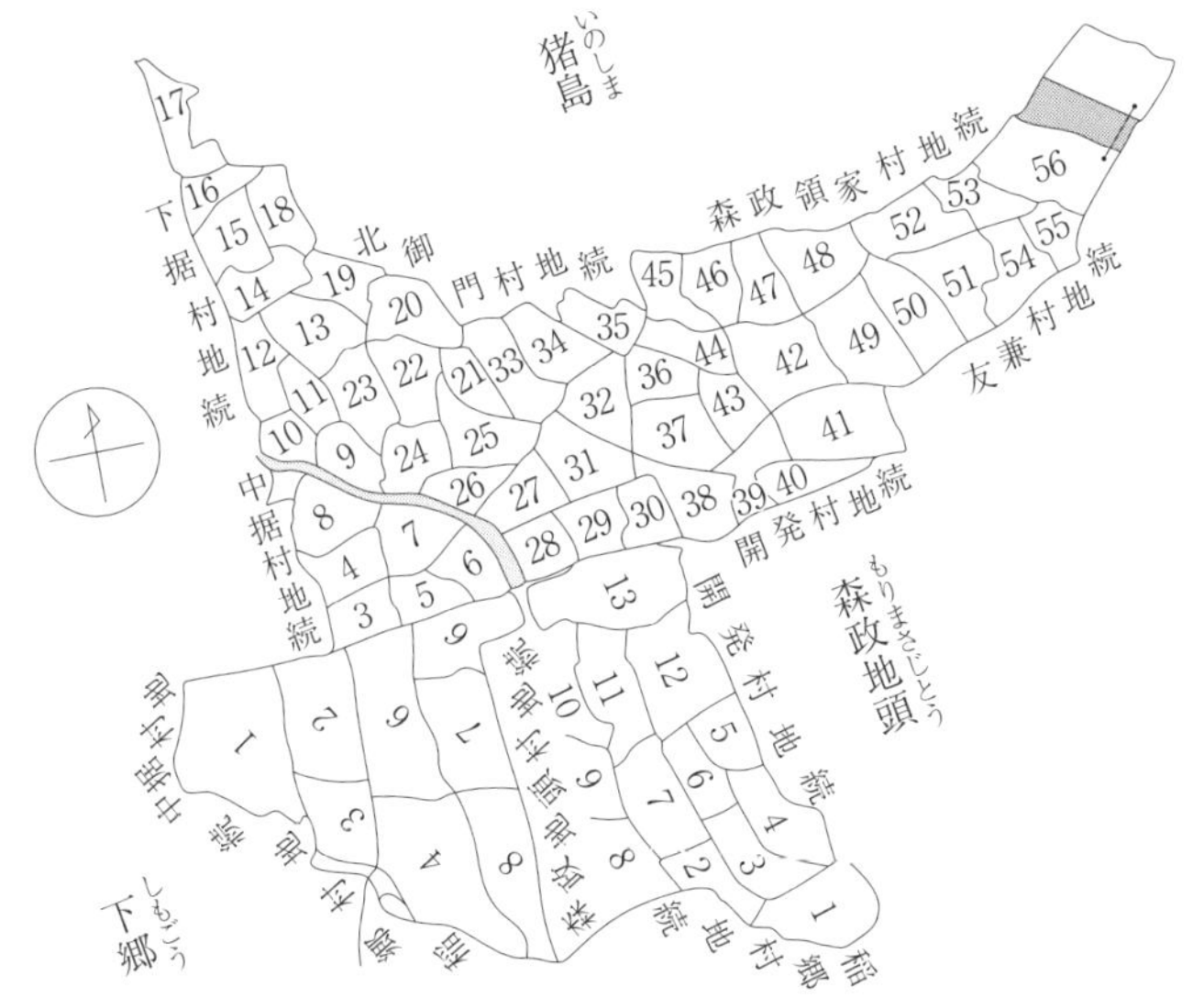

図１　井嶋郷仮屋地積図
井嶋（27 下苅屋、28 上苅屋、29 東苅屋）　森政地頭（13 苅屋）
下郷（6 苅屋）

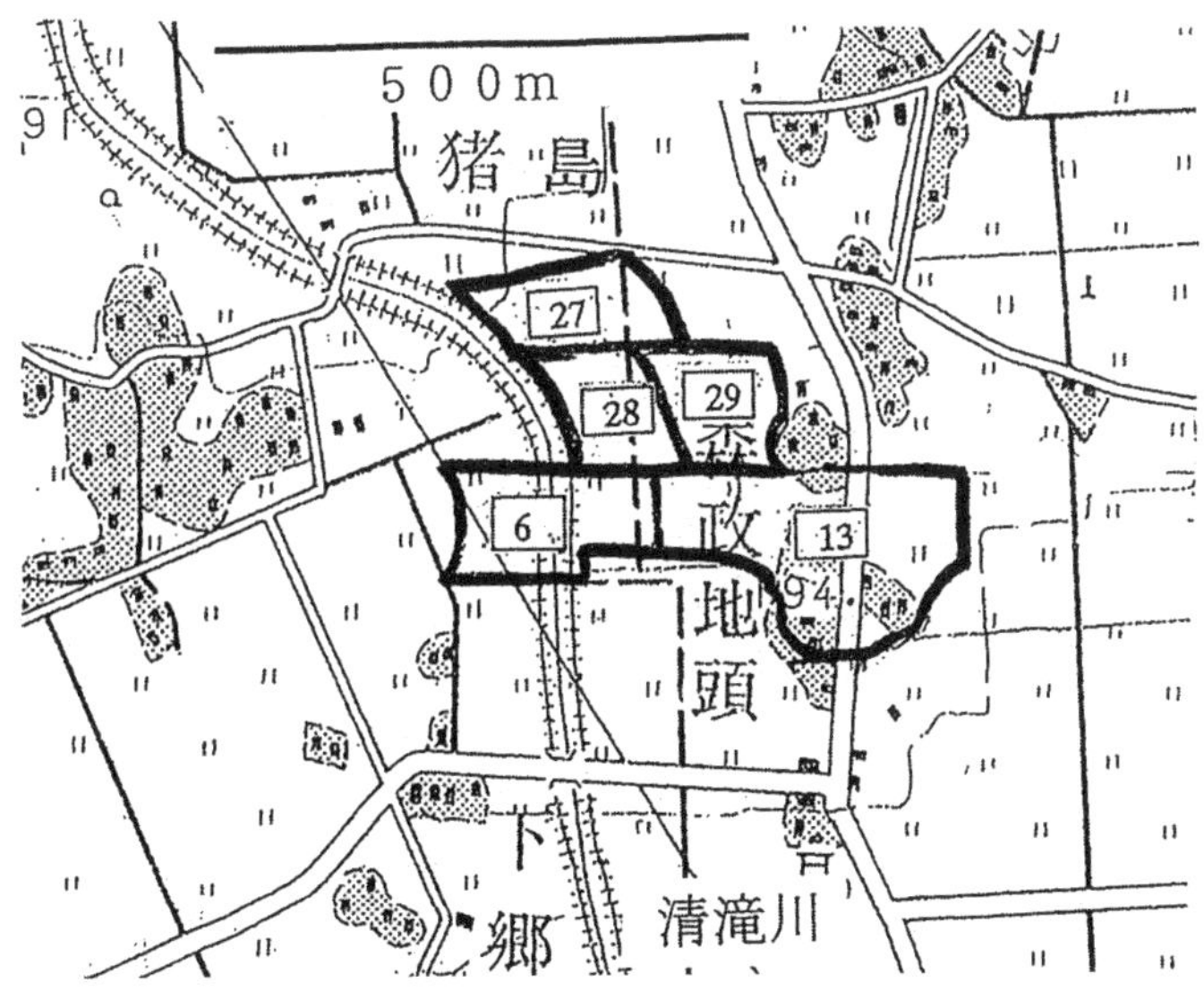

図２　猪島・森政地頭・下郷の「苅屋」の現地

写真1　下郷小字苅屋春日社

ことも興味深い。氷見湊の北市が阿努荘に、南宿が南条保に、越前大野の町が北は牛原荘に、南は小山荘に、坂井郡金津町が北は坪江郷に南は河口荘に属していたように、市場や町はまさに入り組みの地、境界の地に形成されるのである(27)。

さて、図2の下郷地籍6苅屋の清滝川右岸の地は今日水田のなかにあって、廻りを木々が囲む特別区域とされ、一部に畠があり、残りが「春日社」という標識のある小祠の境内地となっている（写真1）。この春日社について、『大野市史』地区編は本来、下郷小字苅屋にあったが、明治四二年（一九〇九）に猪島の熊野神社に合併したという由緒を記し、昭和三三年（一九五八）再び下郷の氏神として熊野神社より分離されたとき、旧境内の小字苅屋に移転し、今もこの地に小祠があるとしている（四六一頁）。「神社明細帳」（県本）の「石川県管下越前国大野郡下郷村二十番地字苅屋」の「村社　春日神社」は「祭神　天津児屋根命」、「由緒　明治九年六月八日村社ニ列ス、其他不詳」、「社殿間数　前口壱間三尺、奥行二間」、「境内坪数　百六拾四坪、民有地第二種」、「氏子戸数　十五戸」などと記し、異筆で「明治四十二年五月廿六日、熊野神社へ合併」と追記した後に、全体を×印で消している。なお、境内地の頭注に追記で「四十三年九月九日、売却許可」とある(28)。

これによって、近代においてはこの神社は小山荘の荘園領主である春日社であったことがわかるが、諸済等帳の時代も春日社であったろうか。その意味で、諸済等帳に見える井嶋郷の仏神田の内、熊野地蔵堂神田の次の記事が注目される。

一、熊野地蔵堂御神田事

（中略）

仮屋一間同修理方（虚空蔵堂）　一〃市祭猿楽田（段）

仮屋一間　住吉修理方　一〃山脇阿弥陀堂田

以上壱町大六十歩　仮屋二間

表1にも示しておいたが井嶋郷は熊野社の勢力の強い所であり、その熊野信仰の一環として熊野地蔵堂がこの地にあり、虚空蔵堂、住吉社、阿弥陀堂などを配下に置いていた。この熊野地蔵堂の神田の内一段が市祭猿楽田に宛てられているのは、この井嶋郷市場の祭礼が行われたことを示し、虚空蔵堂と住吉社の修理に宛てられている仮屋とは、井嶋郷市場の仮屋のことで、その地子銭間別五〇〇文が宛てられたのであろう。このように市祭や仮屋と関係深いこの熊野地蔵堂が先述の下郷苅屋に現存する春日社の前身であり、中世井嶋郷の市場神であったのではなかろうか。

第六節　市場の推移

諸済等帳は小山荘の一断面を示す史料であるが、市場の推移をうかがわせる記事も含まれている。縁新宮地郷の畠について、

一、畠之地子　合捌百参拾文

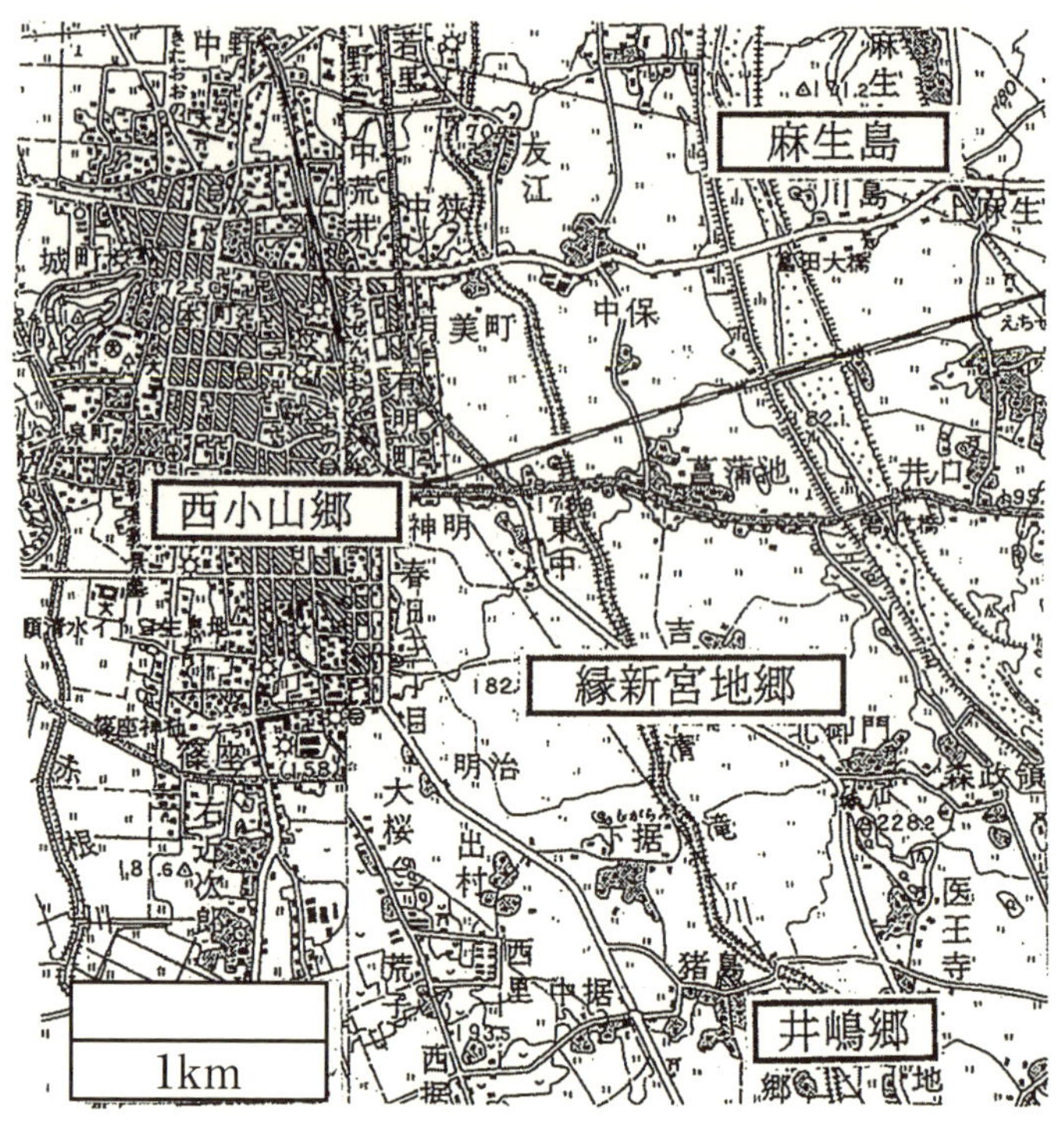

図3　縁新宮郷・西小山郷・井島郷・麻生島の位置

一、荒屋畠弐拾間分地子　肆貫文　是ハ
　篠蔵方請之、

とあり、荒屋敷畠は面積ではなく間数で示されているので、ここにはかつて屋敷があったが、今は畠となっているところと判断される。二〇間もの屋敷があったということは、かつては市場であったと思われる。

その衰退の理由は明確ではないが、縁は慶長一〇年（一六〇五）ころの「越前国絵図」に「へり村」とあり、現在の吉に当たる。この縁（吉）の位置は当時市場のあった西小山郷と井嶋郷、それに市場の存在が推定される麻生島（表2参照）が形成する三角形の中心点付近にある（図3参照。縁新宮地郷はそれぞれの市場に対し一・六キロメートル～二・五キロメートルの距離をもつ）。そのことから想像すれば、この三つの市場の成長により、中間にある縁の市場が衰退していったものと思われる。

しかし、井嶋郷の市場にも同様の運命が待ちかまえている。永禄一二年（一五六九）年の宝慶寺寺納納帳（県資⑦宝慶寺七号）には村と並んで「町」が支配の単位となっており、大野の町が姿を現している。そして天正三年（一五七五）に大野に入部した金森長近のもとで大野城が建設され、大野は城下町として発展していく。この時期の井嶋郷の市場の様子を示す史料はないが、大野城下町の発展により衰退していったものと思われる。

慶長三年の猪島村太閤検地帳(29)には「かりや」の地名（ホノギ）をもつほぼ連続した田・畠・屋敷六四筆があり、その面積は田一町六段九畝八歩、畠二段九畝六歩、屋敷（六軒）八畝、合計二町六畝一四歩となる。図２に示した猪島村苅屋の推定面積は三町三段程度になるから、太閤検地段階で三分二が農地であったことになる。六軒の屋敷のうちには市場の機能を果たしていたものもあったかも知れないが、農村化しつつあるといえるであろう。

おわりに

本稿では、これまで荘園史料のなかで注目されることの少なかった屋口や仮屋を取り上げて、それが市場であることを論じた。このような手法は、荘園制に独自な耕地把握のために史料に「市」と現れていなくとも、また遺存地名の「市」として伝わらなくとも市場と認定でき、しかもその位置を特定しうる可能性が大きい。本稿で明らかにした小山荘井嶋郷の市場はその具体例であり、後の三村落の境界の地にあり、清滝川に沿って一八軒（修理料に宛てられた二軒を含む）の仮屋があった。

検討してきたことをもとに、この地の市場交易の歴史を素描すると以下のようになろうか。一五世紀の前半に大野盆地において西小山郷が一二間の屋口をもつ交易の中心地として発展しつつあり、大野盆地南部扇状地の交易の中心地としての井嶋郷には一八間の仮屋をもつ市場が開かれており、それらの影響でその中間にある縁新宮地郷の市場は衰退していた。しかし、戦国期から近世を迎えるころ大野城下町が繁栄するようになると、井嶋郷を始めとする市場は衰退していった。

しかし、史料の不足もあって市場の機能論を論じることはできなかったし、荘園市場という概念についても批判的に検討できていない。今後の課題としたい。

註

（1）豊田武『中世日本商業史の研究』岩波書店、一九五二年（『豊田武著作集』第二巻所収、一二九頁）。
（2）五味文彦「中世都市の展開」（新体系日本史6『都市社会史』山川出版社、二〇〇一年所収、六四頁）。
（3）松田拓也「諏訪上社前宮門前と上原における中世町屋の形成と変遷」（『信濃』五二―四、二〇〇一年）。
（4）宮瀧交二「発掘された中世の宿・市」（前掲『都市社会史』所収、二五五頁）。
（5）拙稿「中世の越前金津宿」（日本科学者会議福井支部『福井の科学者』五七号、一九九〇年）。
（6）大野究「中世越中氷見湊について」（『北陸都市史学会誌』一六号、二〇一〇年）。
（7）弘長二年三月一日、関東下知状（前田育徳会所蔵文書、『富山県史』史料編Ⅱ、中世、所収）。
（8）宝治二年一一月、弘瀬郷内検帳（仁和寺文書、『富山県史』史料編Ⅱ、中世、所収）。
（9）小林健太郎「大名領国成立期における中心集落の形成」（同『戦国期城下町の研究』大明堂、一九八五年所収〈初出は一九六五年)、二七一頁以下)。

(10) 長承二年六月一四日、官宣旨案(県資①「醍醐雑事記」巻一三)。

(11) 弘長二年四月、鷹司伊頼置文(県資②宮内庁書陵部所蔵水野家一号)。

(12) 嘉暦三年三月二七日、六波羅下知状(県資②京都大学所蔵一乗院七号)。

(13) 嘉元四年、永嘉門院使家知申状(県資②竹内文平氏所蔵一号)。

(14) 県資②天理図書館所蔵保井家古文書五号。

(15) 指出については拙稿「戦国期北陸における指出についての覚書」昭和六三年度科学研究費補助金(総合研究A)研究成果報告書『北陸における社会構造の史的研究―中世から近世への移行期を中心に―』一九八九年所収(展望日本歴史12『戦国社会』東京堂出版、二〇〇二年再録、本書第Ⅱ部第五章)を参照されたい。

(16) 西小山郷の場所については確証がないが、大野市扇状地において他の郷村の比定をしていくと、大野市街地が残ることと、春日社の神田が集中していることによる。

(17) 『国史大辞典』(吉川弘文館)では「市目代」は市場管理のための代官で、山陽道方面に多いとされている(佐々木銀弥氏執筆)。『日本歴史大事典』(小学館)「市目代」では、市場の公事銭を徴集したとされている(井原今朝男氏執筆)。

(18) 狂言「鍋八撥」・「牛馬」、岩波文庫『能狂言』上巻所収。

(19) 毛利家文庫所蔵「八箇国御時代分限帳」九。

(20) 豊田武前掲書、前掲著作集一三四頁)。

(21) 桜井英治「中世商人の近世化と都市」(高橋康夫・吉田伸之編『日本都市史入門』Ⅲ、東京大学出版会、一九九〇年、同『日本中世の経済構造』岩波書店、一九九六年所収、一五四頁)。

(22) 元徳四年三月、西津荘地頭年貢目録案(県資⑧大音正和四八号)。

(23) 文明一四年一二月、大野荘年貢散用状、鹿王院文書(『加能史料』戦国Ⅱ、所収)。

(24) 豊田武前掲書、前掲著作集一三一頁。

(25) 高橋康夫「中世都市空間の様相と特質」(前掲『日本都市史入門』Ⅰ、東京大学出版会、一九八九年所収、七頁)。

(26) 保立道久「キーワード『市の在家・仮屋』」(前掲『日本都市史入門』Ⅲ、東京大学出版会、一九九〇年所収、二五六頁)。

(27) 無論この永享一二年の段階で近世の村につながる村域が確定されていたわけではないが、その原型のようなものは形成されていたと思う。小山荘においても飯雨村のような村が登場し始めている。

(28)「神社明細帳」については福井県立図書館の長野栄俊氏のご教示を得た。なお、同「福井県における宗教関係公文書の史料学的考察(その一) 神社明細帳」(『若越郷土研究』五〇—二、二〇〇六年)を参照されたい。

(29) 真柄重郎家文書二号(『大野市史』諸家文書編一)。

第四章　中世越前の諸地域について

はじめに

中世の越前は単一の地域ではなく、いくつかの地域から構成されていた。その諸地域は、戦国大名朝倉氏領国支配制度に反映されている（図1参照）。敦賀郡と大野郡には守護斯波氏の時から郡司が置かれていたが、朝倉氏のもとでも郡司が置かれ自立的な支配権を認められていた（ただし、大野郡司は天文九年〈一五四〇〉の少し前から元亀元年〈一五七〇〉まで置かれていない）。坂井郡・吉田郡・足羽郡という朝倉氏が戦国大名化する以前から拠点としていた諸郡は一乗谷当主の直接支配地とし、近世の郡名でいえば丹生郡・今立郡・南条郡については府中両人（府中奉行人）が一乗谷の出先機関のようなかたちで行政などに当たっていた。そのほか安居や織田には一族が配置されて自立的な支配権を認められており、池田は鞍谷氏と見られる人物の支配に委ねられていたと

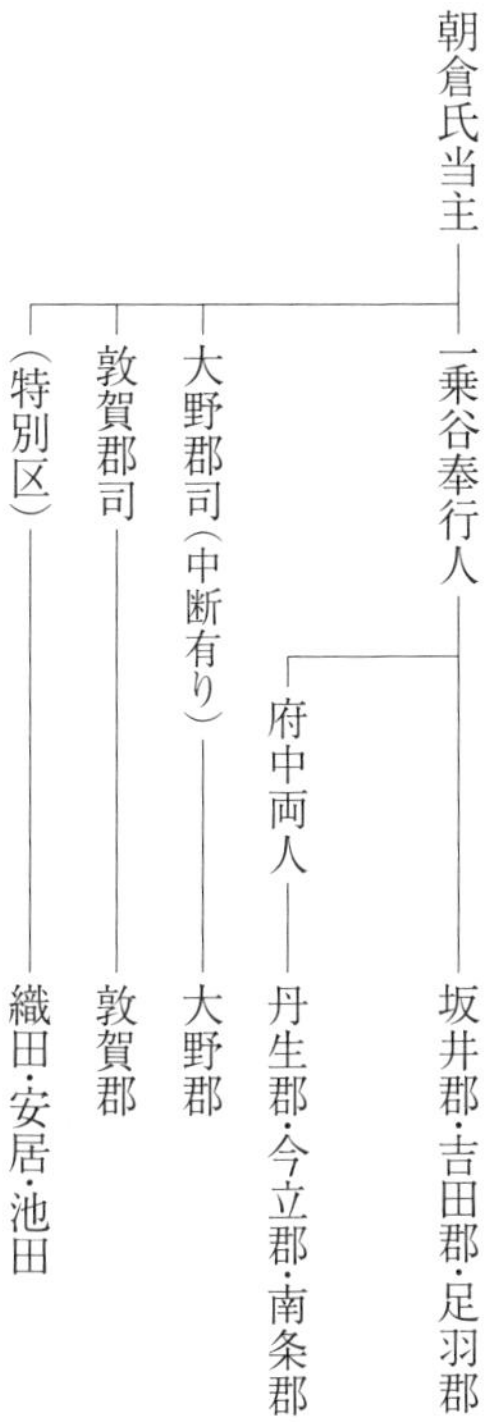

- 朝倉氏当主
  - 一乗谷奉行人 ― 坂井郡・吉田郡・足羽郡
    - 府中両人 ― 丹生郡・今立郡・南条郡
  - 大野郡司（中断有り） ― 大野郡
  - 敦賀郡司 ― 敦賀郡
  - （特別区） ― 織田・安居・池田

図1　朝倉氏の越前支配体制

されている。[1]

朝倉氏がこのような支配体制を取ったのは、守護斯波氏時代のありかたを継承したという側面があるだけでなく、これらの地域が地域としてのまとまりをもち、地域の中心点が歴史的に形成されていたという実態にも注目する必要があろう。朝倉氏が諸地域の特性に合わせて支配を行ったことを理解するためには、諸地域の特質を明らかにする必要がある。そこで、以下では郡司の置かれた敦賀郡と大野郡、府中両人が管轄した諸郡の歴史的特質を考え、一族が支配した織田荘について検討してみたいと思う。織田荘を取り上げるのは、二〇〇六年に福井県立文書館に寄託された山内秋郎家文書を紹介するという意図もある。

第一節　敦賀郡の特質

まず敦賀郡について考えると、地理的にも近代になって「嶺南」と称されるように木ノ芽峠によって隔てられている。しかし、古代の敦賀郡は後の丹生郡織田地域をも含んでいたので、[2]木ノ芽峠が常に地域を分かつ自然的な役割を果たしていたわけではなく、敦賀郡の特質はまた歴史的な性格を持つものと捉えるべきと思う。さて、中世後期の敦賀郡には斯波氏・朝倉氏ともに郡司（郡代）を置いて支配した。[3]文安二年（一四四五）の西福寺領是時名の処置について、

濃州（守護代甲斐常治）より奉書をなされ、作職を改替すへきよし、郡代下知ニより知行全する事にて候（県資⑧

西福寺一一六号）、とされており、守護代の命令を受けて活動する郡代の存在を確認することができる。この文安二年ころの郡代は甲斐八郎四郎久衡という人物で（同一一〇・一一五号）、甲斐氏の一族と見られる。おそらく敦賀郡代は守護斯波氏の代官というより、守護代甲斐氏の代官という性格を持っていたと思われる。

次には、斯波氏の時代から越前のなかの特別な地域として郡代を置いたという敦賀郡の特質とはなにかが問題となる。敦賀郡を特徴づけたものとしては、敦賀湊と日本海海運、あるいは外国との交易が挙げられると思うが、残念ながらそれらを考えることのできる史料が伝えられていない。そこで、伝えられている文書史料から検討していくと、敦賀郡においてはやはり気比社の存在が大きかったことが浮かび上がってくる。以下、中世後期気比社の支配力が敦賀郡全体に及んでいた点をいくつか挙げてみたいと思う。

まず、気比社の支配した敦賀郡浮免田に注目したい。建暦二年（一二一二）の気比社領注文によると、社領は気比荘・莇野保・諸木野・葉原保などの所領からなっていたが[4]、そのほかに供僧分五五町四段（内訳、本郡四五町余、野坂荘遣田一〇町余）・社家分七二町六段（内訳、本郡五八町余、野坂荘遣田一四町余）が敦賀郡浮免田とされている（『気比宮社記』所収注文）。この免田は、古代において気比社の供僧や社家の経済基盤として国衙から認められていたものが、その後気比荘や野坂荘が成立したときに、それらの荘園内の免田として存続したものと思われる。浮免田というのは、下地が特定されていない（浮いている）免田を意味するが、南北朝期の延文二年（一三五七）の野坂荘木崎郷長丸名名主職宛行状に、

藤原氏女に宛行う所なり、公事臨時課役等免除せしめ畢（彼の注文裏封、別紙に在り）、限り有る年貢・気比社々司遣田免田等、

懈怠なく其の沙汰を致さるべき者なり、

とあり（県資②京大古文書集五号）、野坂荘においては遺田免田は少なくとも年貢納入の単位である名内の地として特定されていた。このような免田を持つことにより、気比社は荘園や国衙領の枠を超えて郡内一帯に支配を及ぼすことができたのである。

次には、気比社の神人が注目される。神人とは、神に貢納物を捧げたり、祭礼や行事に参加するなどのさまざまな神への奉仕を理由に獲得される身分で、彼らは神人身分を得ることで課役免除・独占的営業権・通行自由などの特権を主張していた。気比社神人については外岡慎一郎氏の研究があり、(5)それによって簡単に述べてみたい。まず、①預神人と呼ばれる人がいて、彼らは郡内に散在して居住している社家から鍵を預かり日常の神事を勤めていた。つぎに、②犬神人がいて社地の清掃を担当しており、見返りとして端不組の莚と穂長（飾り用の羊歯(しだ)）の独占販売権を有していた。また、③炊殿神人・膳部神人と称して、祭礼時の神饌や供御を調える神人もいた。さらに④陶充(すえみつ)神人という正月の松飾りを担当する神人もいた。これら神人の人数など詳しいことは明らかでないが、気比社が郡内の人々の一部を神人として掌握していたことは疑いない。先に述べた敦賀郡浮免田とこれら神人の存在は、気比社が郡規模で直接に一定の土地と人を支配していたことを示している。

中世では職人や商人たちは座と呼ばれる組合を作っており、気比社はこれら職人や商人の座の本所（保護者となり、一定の奉仕を受ける地位にあるもの）の役割を果たしていたのではないかと思われる。それを示すものが、次に挙げる永禄一一年（一五六八）四月の敦賀郡川舟座人の申状（嘆願書）である。川舟座の人達は越前の浦々へ赴いて魚商売をしていたが、朝倉氏の命令で下浦（敦賀郡以北の浦々であろう）への出入りを禁止されてしまう。困った川舟座人は次のように述べている（県資⑧道川五号）。

（前略）然ニ我等商買役に付而、相勤申す御役の次第、一書を以て申上げ候、

一、気比大明神御社家へ、升米銭参貫五百文毎年相立て申し候、則五月五日御神事料ニ相成り申し候、并に入肴同御社家へ相立て申し候、其の外御造営の御時、舟公事御用次第馳走致し候、

ここでは、気比社に関わる条文だけしか引用していないが、この条文に続けて川舟座は朝倉氏のためにも犬馬場用の砂を運搬したり入肴役を勤めていることを述べている。すなわち、川船座は金儲けの商売ばかりしているのではなくして、自分たちの商業活動に関連する「公的」な役（商売役）をも勤めていることを強調しており、その例として気比社に神事料を納入し、入肴役や舟公事を勤めていることを挙げている。川舟座の人々の商業活動の正当性の根拠のひとつが気比社を本所としての奉仕にあったことが読み取れるであろう。生きていくための食料生産に励む農民の場合その農業活動の正当性は疑われることが少ないが、商売に従事しているような人々は神仏の権威によってその活動を正当化する必要性が強かったといえるので、川舟座以外の座においても気比社を本所とする場合が多かったろうと推定される。

最後に気比社の浦支配について取り上げる。先ほど述べた建暦二年の社領注文から三箇浦（大縄間・沓浦・手浦）・大谷浦・干飯浦・玉河浦・蒲生浦から海産物を公事として収納していたこと、浦にも気比社神人がいたことがわかる。朝倉氏の支配下においては、朝倉教景（宗滴）などの敦賀郡司の支配が強められ、肴役・陣夫役が課せられるようになった（県資⑧刀根春次郎七・一三号、秦実二六号）。しかし、浦の指導者である刀祢の補任権（任命権）は気比社政所の執当が、朝倉氏郡司の支配下においても一貫して保持し続けていたことが表1からわかる。江良浦を例に見ると、

表1　気比社執当による浦刀禰・権守補任状

年　代	補　任　者	補任内容・被補任者	典　拠
正安3（1301）6.3	＊執当角鹿	刀・手浦秦正吉	秦実1号
正安4（1302）10.23	＊執当前出羽守	刀・手浦秦実安	秦実3号
正安4（1302）11	＊執当前出羽守	権・手浦秦（実安）	秦実5号
嘉元2（1304）10.21	＊執当前出羽守	権・（手浦）秦真安	秦実6号
正和元（1312）9	執当前山城守	大・手浦大郎刀禰子	秦実7号
元応元（1319）10.12	＊執当前山城守	刀・大・手浦安大郎	秦実9号
康永3（1344）6.10	執当角鹿	刀・手浦乙法師	秦実11号
至徳2（1385）2.12	＊執当角鹿	刀・手浦秦実正	秦実14号
正長元（1428）8.10	実雄	刀・手浦左衛門九郎	秦実15号
宝徳3（1451）8.吉	＊執当角鹿親衡	刀・縄間浦親信	滋賀大附属史料館
享徳2（1453）8	＊執当角鹿親衡	刀・手浦左衛門五郎	秦実16号
文亀元（1501）閏6.23	＊執当角鹿	刀・手浦左衛門五郎	秦実19号
永正3（1506）5.5	＊執当角鹿親雄	刀・手浦（名欠く）	秦実20号
享禄5（1532）7.吉	＊執当大中臣教親	刀・手浦実次	秦実21号
天文9（1540）10.吉	執当大中臣教親	刀・江良浦彦次郎	刀根春次郎9号
天文15（1546）6.12	＊執当大中臣教親	刀・手浦近次	秦実28号
天文20（1551）9.8	＊執当大中臣景親	刀・沓浦実在	山本宗右衛門1号
弘治2（1556）8.吉	執当大中臣景親	刀・江良浦彦太郎	刀根春次郎14号

註：(1)　＊は太神宮政所下文の形式をとるもの。
　　(2)　補任内容の刀は刀禰職の補任、権は権守の補任、大は大夫職の補任を示す。

この地は執当の「私領」といわれ、天野氏に売却されたこともあったから（刀根春次郎六・七号）、浦は気比社社家などが個別に支配することもあったと思われるが、それでも刀祢職補任権は執当が集中・独占していた。次の史料は、天文七年四月に郡司朝倉教景配下の小河と中村が連署で執当大中臣教親に宛てた書状で、執当と刀祢の結びつきを示すものである（秦実二三号）。

昨日四辰の刻、手浦へ海賊あがり、彼の浦刀祢討ち死にせしめ、其の外手負い三人これ有る由、御注進の旨披露致し候処、刀祢の動（はたら）き言語道断の由に候、殊に此方へ罷り下り候時は、見参候て弓なども下され候つる、（後略）

海賊との戦闘で手浦刀祢が戦死したが、そのことの報告は執当教親から郡司教景になされている。戦死した手浦刀祢は郡司教景に拝謁して弓を与えられてはいたが、朝倉氏の家臣ではなく執当の配下として活動していたことがわかる。鎌倉期以来、敦賀郡の浦々の刀祢職補任権を握ってきた執当は朝倉氏の郡司支配下においても刀祢たちを直接に掌握しており、執当・刀祢の結合を維持したまま郡司に服属していたものと見られる。おそらく、中世以前から浦人たちは気比社の神人として気比社に結びついており、その伝統が戦国時代においても執当と刀祢との関係として存続しており、朝倉氏郡司としてもそのつながりを断ち切ることは困難であったと考えられる。ただし、表1から知られるように執当による刀祢職補任状は弘治二年（一五五六）以後は見えなくなり、これは執当の権力の後退と郡司の支配権強化を示しているのかもしれない。

以上、気比社の有していた敦賀郡浮免田・野坂荘遣田、神人、座の本所としての地位、執当による浦々の刀祢掌握について見てきた。その結果、気比社は荘園・国衙領の枠を超えて土地を支配し、一定の人々を神人として掌握しているだけでなく、郡内の商人・職人の座の本所としての地位を持ち、さらに浦々の刀祢を掌握していたことが明らかとなった。敦賀郡がまとまったひとつの地域であるのは、気比社という強い吸引力をもった中心点があったからと判断されるであろう。

第二節　大野郡の特質

次に、大野郡の特質を考えたい。坂井郡河口荘を支配していたことから越前に関心を持っていた奈良興福寺の大乗院門跡尋尊は、大野郡について「大野郡ハ山也、大和国宇多（陀）郡の如き也」と述べており（『大乗院寺社雑事記』文明一二年八月三日条）、大野郡は独自の自然的景観を持っていたように思える。大野盆地の南は扇状地になっており、水が得にくいため雑木が生い茂っている様子が独自の景観となっていたのであろう。しかし、ここでも問題となるのは歴史的な特質である。

敦賀郡と同じように、大野郡においても守護斯波氏の段階から郡司が置かれており、朝倉氏も長い中断があるが郡司制度を引き継いでいる。しかし、大野郡に郡司が置かれたのは敦賀郡とはかなり違った事情によるものであると考えられる。既に先学により、大野郡は斯波庶子家の義種系歴代とその代官的地位にある二宮氏が勢力を持った地であることが明らかにされており[6]、私もそれを受けて検討したことがある[7]。大野郡についての以下の記述は、私のその論考と重なることが多いことを予めお許し頂きたい。なお、斯波氏の系図（図2）を参照されたい。

斯波義種の最初の越前での拠点は、吉田郡河合荘・春近郷・安居保あたりであったと見られる。義種の妻小督局は春近郷末平名を相伝していたが、それを応永四年（一三九七）に大徳寺如意庵に寄進し、さらに応永九年には義種の子の満種も改めて寄進状を出している[8]。また、義種系庶子の家臣に本来これらの地域の土豪と見られる人がいることも注目される[9]。それに加えて南北朝期の後半に義種は大野郡において半済地を与えられていた。次の史料は、その半済を停止したことを示している（県資②一条院一三号）。この文書の案文が天理図書館保井家古文書のなかにあり、その端裏書に「二宮施行　嘉慶二」とあって年代（一三八八年）が判明し、またこの文書が上位の人から命じられた業務を遂行するための施行状と捉えられていたことも知ることができる。

春日神領泉庄并小山庄領家職事、南都の寺管所付別紙これを以て申され候、注文の村々半済分、南都御代官に厳

蜜に渡付らるべく候也、相構々々無沙汰有るべからず候、穴賢々々、

（嘉慶二年）五月十四日　（二宮氏泰）（花押）

乙部中務入道殿

この文書を荘園領主側は「施行」と捉えているが、守護→守護代→郡司（郡代）の正式の施行状であれば、年号を省略し、書止文言が「穴賢々々」（軽い命令形）となるなど内々の形式が用いられることはまず考えられない。当時、二宮氏泰の役職は何であったかをみると、彼は至徳三年（一三八六）七月に信濃守護の義種の守護代として知られ、翌至徳四年には子の種氏が信濃に在国している(10)。この特異な「施行」と氏泰が信濃守護の義種の守護代であったことを関連させると、越前守護斯波義将としては義種の半済地停止を守護→守護代の公的手続きによって行うことは強引と考えられたため、内々に義種の了解を取り、その実行は義種配下の二宮氏泰の内々の「施行」によって処理しようとしたのではないかと判断される。これが認められるとすれば、この文書で半済停止の対象となっているのは義種及びその家臣の半済地となる。実際、義種家臣で半済給人となっていた例として、牛原荘丁（ようろ）郷の安居備前守を挙げることができる(11)。

以上から、南北朝期に義種が大野郡で半済地を支配し、家臣に給分として与えていたことが知られ、義種はその内のいくつかの半済地を停止したことがわかるであろう。

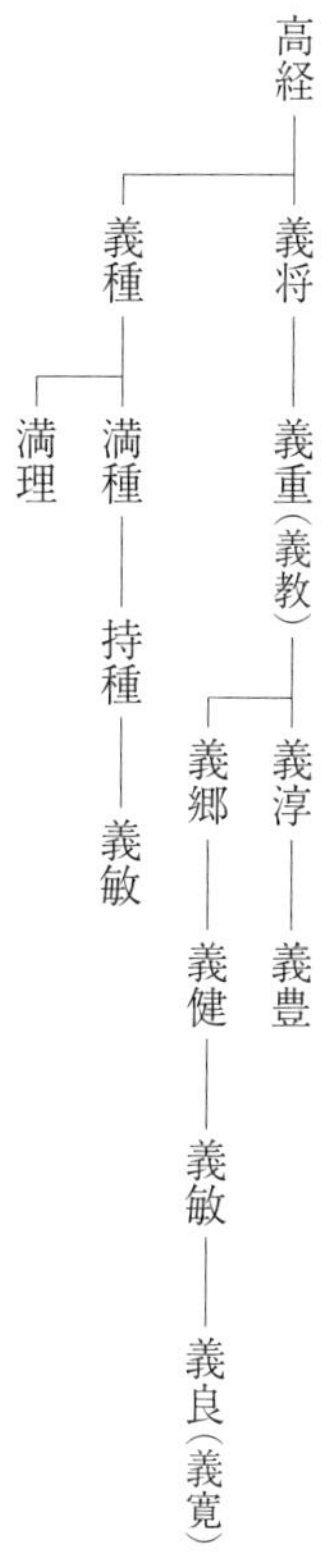

高経─┬─義将───義重（義教）─┬─義淳───義豊
　　　│　　　　　　　　　　　　└─義郷───義健───義敏───義良（義寛）
　　　└─義種─┬─満種───持種───義敏
　　　　　　　└─満理

図２　斯波氏系図

このように義種系庶子家は大野郡に所領を持っていたが、一五世紀前半に

おいて分郡守護になったとか、大野郡司を置いていたことは知られていない。牛原荘に関して半済を停止せよとの守護斯波氏の命令が応永二年と応永二五年に出されているが、その命令はいずれも守護代甲斐氏に出されており、その命令を実行したことを示す渡状も甲斐氏の名前で出されており、郡司が関与していることはうかがえない（県資②醍醐寺七五・八二・八三、一三四号）。義種・満種親子は応永二年から応永二一年まで加賀の守護であったので、そちらを重視していたものと思われるが、大野郡に義種・満種の所領があり、家臣が給人として配置されていたことは基本的には変わらなかったものと思われる。ただし、家臣が給人として知行していた半済が停止されたところでは、家臣は荘園の代官職を獲得して勢力維持を図っていたと見られる。(12)

大野郡のこうした状態に変化が起きたのは、長禄合戦（一四五八～五九年）の時と思われる。そもそも長禄合戦に到る背景には、斯波家の実権を握る甲斐・織田・朝倉の新重臣と、義種系庶子家およびそれと結ぶ斯波氏譜代層の対立があり、それが義種系庶子家の出身である義敏が斯波家家督を継いだことにより、両派が争う長禄合戦にまで発展したのである。結果は義敏側が敗北し、義敏は退けられて義廉が家督を継ぐ。この合戦の時、二宮氏がどのように振る舞ったかについて、後に朝倉孝景（英林）は次のように述べている（「朝倉家記」所収文書、朝倉氏由緒覚書）。

此の時分は甲斐美濃入道（常治）・二宮信濃守・織田与次一味仕候へ共、当国合戦の事は大略此方仕候、

すなわち、二宮信濃守はこれまでの義種系庶子家とのつながりを絶って、甲斐方になったことがわかる。その背景には、大野郡の所領をめぐる持種・義敏と二宮信濃守の対立があったものと考えられる。二宮信濃守は義敏を退けた守護義廉のもとで郡司に任じられていたものと見られ、年未詳一二月二一日に「二宮信乃入道」は二宮左近将監と乙部勘解由左衛門に宛てて、

三宝院御門跡領当郡牛原庄内外宮役夫工米の事、十一月十六日免除御奉書の旨に任せ、催役（促）を停止される
べきの由に候也、仍て執達件の如し、

との奉書を出している（県資②醍醐寺一四九号）。年号がなく、大野郡と書くべきところを「当郡」と記して、やや内々の表現をとっているが、幕府の免除奉書とそれを受けて発せられた守護義廉の免除の意思を伝える奉書であり、長禄合戦の後には二宮信濃入道が郡司であったことを示している(13)。

こうして大野郡における支配権を確立した二宮氏のありかたは、庶子家の持種から見ると「押領」に相当し、実際に庶子家分の年貢も押領していたようである。そこで持種（入道名道顕）は寛正五年（一四六四）一〇月一七日に幕府政所の伊勢貞親の支援を得て、所領である大野郡を二宮信濃入道から取り戻してもらいたいと将軍に訴えている（『蔭凉軒日録』同日条）。将軍からの返還命令が出されても、二宮は全く応じる気配がなかった。そこで持種は訴え続けており、寛正六年六月二一日には大野郡が返還されないと、義敏の子と自分の被官人の計六〇〇人が餓死するとまで述べている（『蔭凉軒日録』同日条）。

義敏も執拗に復帰運動を進めており、ついに文正元年（一四六六）七月二三日には斯波氏家督が義敏に与えられ、大野郡回復も現実味を帯びてきたのであるが（『蔭凉軒日録』同日条）、九月七日の文正の政変によって義敏は失脚し、大野郡は依然として二宮氏が支配している。

このように見ると、大野郡司の成立は敦賀郡の場合と全く違っていた。敦賀郡では、郡内に大きな勢力を持つ気比社に配慮しながら、大名権力の浸透を図るために郡司が置かれたのに対して、大野郡では二宮信濃守が義種系庶子家の勢力を排除して、郡内を支配するために郡司に任命されていたのであった。朝倉氏の大野郡司慈視院光玖はこの郡

司二宮氏の権限を引き継ぐものであるが、朝倉氏時代については省略する。

このように大野郡の特徴を義種系庶子家の勢力の存在とそれを排除するための郡司に求めることができるが、しかし、これには大きな限界がある。上記の特質は大野盆地には妥当するが、中世末に北袋とよばれた現在の勝山市地域は全く別の歴史を歩んでいたからである。いうまでもなく、この北袋の地域の中心にいたのは平泉寺である。平泉寺も気比社に似て荘園の枠を超えた郡規模の土地支配権を持っていた。天文八年（一五三九）の平泉寺賢聖院院領目録に、聖供を負担すべき土地に泉荘・牛原荘に属する新在家村・堂本村・矢戸村・大槻村が含まれていることから、平泉寺は正供（しょうぐ）（聖供）と呼ばれる年貢米を膝元の所領からだけでなく、近隣の荘園内の土地からも徴収していたことを知ることができる（県資⑦白山神社二号）。しかし、気比社に見られたような神人についての史料は見いだされておらず、商人や職人の座の本所として機能していたことを示すものも今のところない。平泉寺に関しては史料が少ないため慎重な判断が必要であるが、平泉寺が大野盆地と北袋の両地域を統合するような中心地であったとは言えないと思う。

大野郡が二つの領域を持っていたことは戦国期に現れる町のありかたからも知られる。上記の天文八年平泉寺賢聖院院領目録に勝山町の前身である袋田村において「カリ屋銭」と鍬が年貢として徴収されているが、仮屋とは市場に建てられた家を指し[14]、袋田村は町の様相を示し始めており、鍛冶屋が定住していたことが推測される。大野盆地では永享一二年（一四四〇）に「屋口銭」が徴収され、「仮屋」も見えているので、市の存在とそれが町へと発展しつつある様子がうかがえるが（県資②天理図書館保井家古文書五号）、戦国期の永禄一二年（一五六九）には現在の大野市街地の地に「町」が現れてくる（県資⑦宝慶寺七号）。この町はやがて城下町となり、現在も大野郡の二つの中心地の一つに発展していく。

第三節　府中諸郡の特質

次に、朝倉氏のもとで府中両人（府中奉行人）が管轄した府中諸郡（近世の郡名でいうと丹生郡・今立郡・南条郡の三郡）の地域的特質について考えたいと思う。まず、府中両人の役割について簡単に説明する。[15]府中両人には、最初は青木・久原の両人が任じられていたが、明応五年（一四九六）から久原に代わって印牧（かねまき）が現れ、以後朝倉氏滅亡まで青木・印牧両氏の世襲の職となった。その任務は、①一乗谷当主の命令を受けて三郡の行政（命令の伝達・執行、所領打渡し、造営奉加の支援など）にあたる。②一乗谷当主の判物に任せて所領などを安堵するほか、百姓間の紛争処理（水論、百姓と名子の紛争）も扱っている。③相論を審理し、一乗谷に注進したり、一乗谷裁判に必要な情報を注進する。④段銭・棟別銭の徴収（坂井郡・吉田郡・足羽郡にも及ぶ）、などが主要なものである。府中両人は斯波氏時代に府中に置かれた小守護代の機能や行政資料（太田文など）を継承し、その活動領域を府中諸郡に限定したものであるが、管轄対象が府中諸郡とされていることの意味、換言すれば府中諸郡の地域としての特質は何かを明らかにすることが、ここでの課題となる。

まず、府中が経済活動の中心地であったことを示したいと思う。天文三年六月、今立郡水落町代官の小嶋景重が水落神明社神主に次のように伝えている（県資⑤瓜生守邦一三号）。

正金与太郎紙の座の事、府中の本人へ相届け、近間藤四郎紙を売るべきの由申し候、本人領掌の上は近間に申し付け候、

すなわち、近間が水落で紙を売るためには、府中の紙座の長である正金与太郎の許可が必要であった。府中の正金与太郎紙座は、一定の領域（おそらく府中諸郡）における紙に関する営業について独占的な権利を有していたものと思われる。

営業権に関する府中の優位は、紺屋についても指摘できる。永正一五年（一五一八）一二月に府中両人は織田荘紺屋教善左衛門に対して、

丹生北郡内紺屋かた四方搦（しほうがらみ）、寛弘七年よりの証文四通明白の時は、当府紺屋かたへ毎年弐十疋宛沙汰候て、証文の旨に任せ、先々の如く執沙汰（とりざた）相違あるべからざるの状件の如し、

と述べている（県資⑤山岸長一号）。寛弘七年（一〇一〇）というのは疑わしいが、古くからの由緒を主張する丹生北郡内紺屋方であっても、営業をするためには府中の紺屋方へ毎年二〇疋（二〇〇文）を納入しなければならなかったのである。府中の商人と職人の座について知ることのできる事例はこの二つであるが、そのほかの府中の座も府中諸郡の商人や職人に対して統制権を持っていたと考えることができるであろう。府中の座がこうした統制権を主張するのは、彼らの本座としての特権的営業権を守るためであり、そしてそれが国衙・守護・戦国大名により認められているからである。府中紺屋方の座の特権は歴史の古さという由緒に守られていたと思われるが、それと対抗する丹生北郡紺屋方も寛弘七年の証文を持ち出してくるのであるから、特権を主張するためにはその正当性を示さなければならないだろう。府中の座の史料が伝わっていないので、その正当性が何に求められていたのかについて、少し回り道を

して考えてみたいと思う。

今述べた織田荘紺屋について、年未詳四月四日に井口四郎左衛門尉吉久が紺屋教善左衛門に宛てて、

> 当国丹生北郡紺屋かふと役銭の事、毎年其れより請取り申し候、何方より兎角の儀申し候共正に立間敷く（たつまじく）、其の為一筆申し候、恐々謹言、

と伝えており（同二号）、丹生北郡紺屋は「かふと役銭」を井口吉久に納入することになっている。井口吉久は他に見えない武士であるが、元亀三年三月の大野郡司朝倉景鏡の奉行人のなかに「井口四郎右衛門尉吉隆」がいる（県資⑦最勝寺一号）。左衛門と右衛門の違いはあるが、[16]「吉」を通字としているので、井口吉久は景鏡の父の景高の家臣と見てよいだろう。また、「かふと」とは既に指摘されているように「川舟の発着場」の河戸（こうど）と判断され、[17]日野川の川舟の発着場を利用する人に課せられる役銭が「かふと役銭」である。

それにしても、丹生北郡紺屋方と「かふと役銭」との関連をどのように捉えるか、また大野郡司にもなる朝倉景高の家臣がなぜ「かふと役銭」を徴収しているのかという疑問が浮かぶであろう。これらの疑問に答える手がかりとして、弘治三年七月に小原源介美将が南条郡宅良・三尾河内木地山衆中に宛てた文書に、

> 当府町に於いて、木地并引き物等二季津料役の儀、多重存分候と雖も、山衆両三人我等取次ぎとして、孫八郎殿（朝倉景鏡）御被官に罷り出でられ候、殊に御一行頂戴の事に候の間、向後違乱あるべからず候、仍て後日の証文件の如し、

とあるのが注目される（県資④浄光寺二号）。内容は、小原美将は府中において南条郡宅良・三尾河内木地山衆（轆轤師）から二季津料を徴収することについて色々と主張したいこともあるが、自分の仲介で木地山衆が朝倉景鏡の被官

となり、景鏡の判物も頂いているので、今後は二季津料の請求はしないというものである。小原美将は先に井口吉隆について引用した元亀三年三月の景鏡奉行人のうちの「小原三郎右衛門尉美□」（□の字は花押と重なって読めない）その人か、その父と見ることができる。先に景高の家臣の井口吉久が丹生北郡紺屋から「かふと役銭」を徴収していることを見たが、今度は景高の子である景鏡の家臣とみられる小原美将が宅良・三尾河内木地山衆に対し二季津料の徴収権を主張していたことがわかる。木地師の負担する二季津料とはなにかを考える上で、朝倉氏一乗谷奉行人が永禄二年八月に同じ木地師である今立郡鞍谷轆轤中に宛てた連署状の文言が注目される（県資⑥大河内区有二号）。

国中轆轤師・同塗師方法頭の事、正安三年十一月日　御院宣并府中両人折紙これ在り、殊に惣社両度の諸役等、懈怠なしと云々、其れに就き他国轆轤師引物は案内に及ばず、商売の儀堅く停止せしむ、然る上は先規の例に任せ、進退すべき者なり、仍て件の如し、

ここでは鞍谷轆轤師が府中総社の両度の諸役を怠りなく勤めていることが、他国轆轤師の商売を禁止する理由として特に挙げられている。同じ木地師（轆轤師）の負担する役なので、「惣社両度の諸役」＝「二季津料」と判断される。そうすると「かふと役銭」も含めて、これら津料は本来府中の惣社に対して商人や職人が納入するものであったと考えることができよう。すなわち、敦賀の気比社が郡内の座商職人の本所として彼らの活動を正当化する権威を持っていたように、府中諸郡ではその機能を府中物社が果たしていたと思われる。ただし、武装した社家衆を有して戦国期にも勢力を維持した気比社に対して、府中総社はそうした軍事的・政治的な力は弱いため、二季津料や「かふと役銭」の徴収権は景高・景鏡に与えられ、その家臣が徴収に当たっていたのである。

こうして府中諸郡の商人や職人は府中物社への奉仕をもって彼らの活動の正当性を主張しえたのであり、この物社

を中心とした求心力が府中諸郡の特質ということができる。府中惣社は軍事的・政治的な力は弱く、得分収納も低下していたと思われるが、商人や職人のなかでの精神的権威は保持し続けたと見られる。天文一二年に一乗谷に滞在中の学者清原宣賢を尋ねた孫の枝賢は、宣賢とともに五月五日に「府中祭」見物に赴いたものの、折悪しく雨のため六日間も滞留し、十一日・十二日両日の祭りを見物して、山や練物など「目を驚かす見物なり」と記している（「天文十二年記」）。この記事は、府中惣社の祭礼がいかに熱気に溢れたものであったかを示しており、その祭礼を中心に担うことが府中の座の人々の本座としての優位性を保証したものと思われる。

第四節　織田荘と織田荘朝倉氏一族

次に、朝倉氏一族が支配していたといわれている丹生郡織田荘について検討したい。まず、朝倉氏時代の織田荘支配の特質と見られるものを挙げてみたい。それは第一に、織田寺社の社家・寺家に関することや、織田寺社領については一乗谷当主の直接的支配に置かれていたことである。この点では府中両人を介することはない。しかし、第二として、府中両人は先に見たように織田荘紺屋の営業を保証しており、また織田大明神の常楽会を勤めている在所に舟役を課したとされているので（山内秋郎家文書一三号）[18]、百姓身分のものに対しては織田寺社領内であっても支配に当たったものと考えられる。そうすると第三として、織田荘に対する朝倉氏一族の支配は一乗谷と府中両人の支配のもとで独自なかたちを取ることになったことを予め指摘できると思う。この第三の朝倉氏一族の支配の特質を検討することが以下の課題となる。

その前に、織田荘は本所方・料所方に区分されていたことについて述べておかなければならない。この点は既に先学が指摘されているが[19]、ここではさらに場所を特定してみたいと思う。出発点となるのが「織田荘指出帳」（県資⑤山岸長一二号）で、この指出帳は前欠だが、途中に「織田本庄御本所方山ヨリ北名々分、同御散田之指出帳」と記され、以下名と散田（名でなくなった耕地）が記されている。これが別の文書に見える「本所方北分」（同一〇号）であることは、指出帳の末尾に「北分」と並んで「南分」が見えることからも明らかである。作人の肩書きに注目すると、「本所方北分」には赤井谷・山田・篠川（笹川）・細野・岩蔵（岩倉）の地名が見え、織田荘の中心部から北に伸びる谷合いの地をさすことがわかる。同様に、「南分」（本所方南分）の作人の肩書きには市場・上野・大王丸・平等（たいら）・三崎・上戸・山中が見えている。やや飛び離れている上戸を別とし、近世織田村（大明神村）内の地名である市場・上野と、料所方と考えられる平等は後述することにし、その他の地名に注目すると、「南分」は山中・大王丸・三崎という織田荘の中心部から西に伸びる谷を指すことがわかる。ここで思い合わされるのが、慶長一〇年（一六〇五）頃の越前国絵図に織田荘地域に記された「大明神村」（一七五四・四九石）、「織田庄」（二二一七・七三七石）、「織田庄平村」（三三六〇・八一八石）、「太田庄」（三〇三〇・〇一一石）のうち「太田庄」が上山中・下山中・四杉・三崎・大王丸・中・赤井谷・山田・細野・岩倉・桜谷・篠川・上戸の村々からなると推定されていることである[20]。これはまさに本所方の北分と南分の村々と一致するので、国絵図の「太田庄」は本所方を示すものであったことがわかる。

国絵図に記された単位所領のうち、「織田庄平村」は平等・下川原・江波・樫津・蚊谷・八田の村々から構成されていたと推定されているが、「江並村守真名」が料所方に含まれるとする文書があり（県資⑤劔神社一六号）、また後述するように料所方を支配した朝倉景親が平等村の地を寄進しているので（同一三号）、この「織田庄平村」は料所方であったことも間違いないと思われる。「織田庄」は境野・茱原・頭谷・青野・金屋・内郡・朝日・開発と推定される村々からなっていたが、本所方・料所方いずれなのか手がかりがない。

残る大明神村（近世の織田村）では、名を単位に本所方と料所方に分割したものと判断される。享禄元年（一五二八）の織田寺社領納米銭下行分注文（同三一号）には、「料所へ段米国光分」「本所江段米同名（国光）分」がそれぞれ一石一斗下行されているが、この例は名を単位に本所方と料所方に分割されていることを示している。中世織田荘全体で名を単位に本所方と料所方に分割されたのであれば、先述の本所方指出帳の名は半名となっていなければならないが、散田を含まない本来の名についてみると、真弘名・包弘名・綾丸名など分割されていない名はいくらでも挙げることができる。

大明神村（織田村）で名を単位に分割がなされていたことを示すものとして、正元名・安次名・有次名の例を挙げることができる。永禄元年（一五五八）のこの三名の米銭納帳（県資⑤北野七郎左衛門四号）によれば、その耕地名（ホノギ）から大明神村（織田村）にあったことが確かめられる[21]。注目されるのは、納帳でこの三名からの負担分である名の本役米六石五斗余、公事銭一九〇〇文が「半納」として阿波賀四郎右衛門尉と中村源左衛門尉にそれぞれ均等に納入されていることで、これは織田荘本庄＝大明神村（織田村）においては名を単位として本所方と料所方に分割されていたことを裏づけるものである[22]。大明神村はいうまでもなく織田荘の中心であるから一方に属させるのでなく、若狭の太良荘の半済のように名を単位に本所方・料所方に分けたと判断される。したがって、先述の本所方指出帳の最初の部分には織田本庄内の本所分が記されていたと考えられ、市場・上野という織田荘本庄内居住の耕作人が見えることも自然なことである。

それでは、織田荘についての朝倉氏（当主・一族）の支配の様子を年表風に並べ、文書に据えられた花押に番号を振り、その番号に対応する花押をまとめて載せておく。

①文明六（一四七四）～文明一四（一四八二）孝景・氏景の直接支配（劔神社八～一三号）

②明応二（一四九三）七　景親が知行していた平等村の神領・買得田を返付・寄進する（同一三号）。

③明応二（一四九三）一〇　景儀が料所方の千手坊領を氏景安堵判物にまかせ安堵する（同一四号）。

④明応四（一四九五）一一　景儀が料所方において叔海（景親か）が支配していた江並村守真名などを玉蔵坊に安堵する（同一六・一七・二二号）。

⑤明応六（一四九七）一二　景亮（兵庫助）が社神領山林の禁制を発する（同一九号、清水寺奉加帳）。

⑥明応七（一四九八）九　景儀が剣社神領山林の禁制を発する（同二〇号）。

⑦享禄四（一五三一）閏五　景良（兵庫助か）が貞友次郎兵衛の天王社の座配を裁許する（県資⑤進士正五号）。＝花押1

⑧天文四（一五五三）八　景良が永正一七年（一五二〇）の大王丸右衛門堀田詫状に裏封を加え千手院領たることを保証する（山内秋郎家三号）。＝花押2

⑨本所方北分において年貢収納・名田安堵などを行う人物の活動。

（A）天文七（一五三八）四・三　本庄本所方赤井谷山岸名の名主職を紺屋左衛門次郎に宛行う（山岸長三号）＝花押3

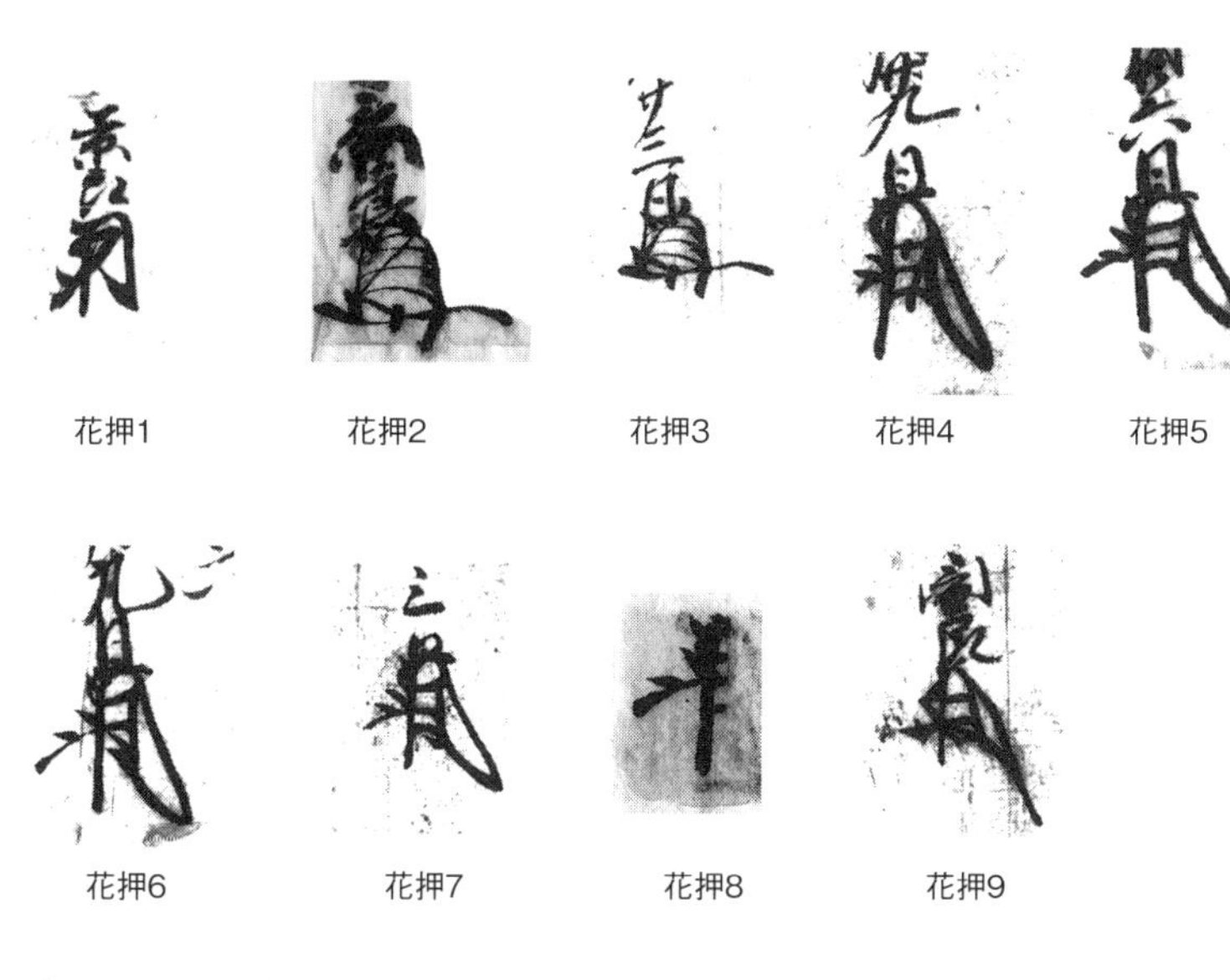

（B）天文二〇（一五五一）八・二九　千田村浄円跡は沽却散在地も含めて番中として年貢を納入するよう命じる（同四号）＝花押4

（C）永禄元（一五五八）閏六・二六　本庄北常円分を散田としていたのを、沽却散在地も含めて名立（名に編成）することを命じる（同五号）＝花押5

（D）永禄六（一五六三）三・九　千田村浄円分につき、その地の買得者に安堵がなされているので、この地を除く代わりに公事を月別五日免除する（同七号）＝花押6

（E）永禄八（一五六五）八・三　北分常円分の内進藤買得分を除き代銭二貫六二八文とし、この内から本米・諸納銭を納入した残りを紺屋左衛門の収入として扶持する（同九号）＝花押7

⑩年未詳（後欠文書）　某の買得した本所方本役米などを「朝倉兵庫助」と追記される人物が裏判で安堵する（山内秋郎家一四号）＝花押8

⑪永禄一一（一五六八）一〇・七　朝倉氏奏者が出雲守（朝倉景

亮）の本所方北分についての米銭・諸納所などの訴訟を義景に披露のところ、北分の寺庵・給人・百姓に来一五日までにその算用を遂げよとの命令が出される（山岸長一〇号）。

⑫天正元（一五七三）一〇　景良が本所方北分常円分内・国弘名内を紺屋に扶持する（同一一号）。＝花押9

⑬天正二（一五七四）六・五　織田荘の兵庫助居城を一向一揆軍が包囲する。五月下旬に敦賀より兵庫助支援の舟が着いたので、この日敦賀に逃れる（『朝倉始末記』）。五月二〇日、秀吉が敦賀郡立石浦に「篠河兵庫かたへ通路の舟」を申し付く（県資⑧立石区有一号）。

織田荘を支配した朝倉氏一族のうち②から⑥までの人物については既に明らかにされており[23]、景親は英林孝景の子で「朝倉家伝記」所収朝倉系図に「淑海性波」とされる人物であること、その跡は弟の景儀（栢庭宗悦）が継いだが、景親・景儀は共に織田荘料所方を支配したこと、これに対し本所方を支配したのが兵庫助景亮であるが、彼の系譜は不明であることが指摘されている。その上で彼らの持っていた支配権について検討する。景親に関して②の寄進状には、

御神領平等村修理日御供諸買得、子細有るにより知行畢と雖も、明応二年癸亥七月八日奇瑞の旨に任せて、先規の如く左右違無く、返し奉る所実正也、

と記されており、これは平等村が料所方に属することを示す史料でもあるが、景親が織田寺社の所領を何らかの理由で没収して知行していたことを示している。そうすると、景親は検断権（警察権・裁判権・執行権を兼ねた権利）を持っていたと考えられる。この明応二年（一四九三）に景親の跡を継いで現れる景儀は、系図には景親の弟とされている。景儀は、③の事例から織田寺の寺院の所領を安堵する権限を有していたことがわかる。⑤で景亮が剣神社の神領

山林の伐採を禁止する禁制を出しているが、翌年には⑥に見られるように料所方の景儀も同じような禁制を出している。したがって、景亮は本所方の支配者であったと推定される。禁制を発する権限は多少とも軍事的な権限も持つことを意味するが、明応七年一〇月に同じ内容の禁制を一乗谷当主の貞景が出しているから（劔神社二一号）、彼らが軍事的に自立していたわけではない。こうして彼らは検断権や所領安堵権を行使して支配に当たっていたことがわかる。

ところがこの後三〇年近くものあいだ織田荘関連の史料に朝倉氏一族の姿を見ることができない。その理由はわからないが、朝倉氏一族の支配権が後退したことだけは言え、特に料所方においては一族を置くこともなくなったと考えられよう。そのなかで、⑦・⑧に示したように享禄四年から景良が現れてくる。これまで⑦・⑧の景良は同一人で兵庫助を称すると推定されてきたが[24]、⑧の文書は花押のない写し文書で伝えられてきた（劔神社二四号）。ところがその文書の原本がこのたび山内秋郎家三号として見いだされ、その花押を知ることができるようになった。それが**花押2**で、**花押3**と一致し、本所方北分を支配する人物でもあることが判明した。景良とその後継者の本所方北分支配について述べる前に、⑦をどう考えるかについて簡単に述べたい。

⑦の史料は後世の写し文書であるが、この文書によって一ヵ月後の六月に朝倉氏家臣の魚住景栄も安堵しており、その魚住安堵状写の中心部分は、

天王拝殿正面に於いて、去年始めて勅使代と座敷相論の条、兵庫介殿申段相尋ぬるの処、証文三通明白につき景良一行これ有り、然る上は正面横畳貞友独座、先例に任せ相違あるべからざるの状件の如し、

となっている（県資⑤進士正六号）。魚住が、貞友次郎兵衛は自分の由緒などをどのように兵庫介殿に申上げたのかと尋ねたのに対し、貞友次郎兵衛は、由緒を示す証文三通を兵庫介殿に提出したところ、明白だとして一行（安堵状）

を出されたと答えた。ところが、それを文章化するときに混乱が生じ、傍点部の「景良一行」は「兵庫介殿（御）一行」であるべきところが、現実の文書が「景良」と署名していることに引かれて、「景良一行」となったのではないかと思う。このように考えれば、兵庫介殿＝景良と考えられる。花押1は花押2や3と相当異なっているから同一人と見るのは躊躇されるが、景良の花押の中央にみられる「久」の字に近い形が認められるので、同一人と判断したい。

それではこの景良も含めて、花押7までの人物の織田荘支配について考えてみたい。花押4から7までを同一人と見てよいかどうか微妙であるが、ここでは後述する理由もあって同一人と見ることにする。まず、花押8を手がかりにこの人物の系譜と名前を考えたい。花押8が裏に記される⑩の文書は第二紙目が失われているため年代や作成者を知ることがでないが、某が「織田本庄本所方」の本役米・田地年貢米・同代方を永代に売却した文書である。その紙背にある花押8はまことに奇妙な形で花押とは言えないものに見えるが、これは花押5の一部（左下部）で、本来は文書表に書かれた内容を保証するために、文書一紙目と二紙目の継ぎ目裏に据えられた花押なのだが、二紙目が失われたため一部が残ったものと判断される。花押残存部の右側が切れ落ちて、少し余白があるのは糊代部分と見られる。この文書裏には異筆で「朝倉兵庫助殿之御判」記されている。本所方に関する文書であり、兵庫助景良の例からして、この異筆は信用してよいと思われる。

次に、その名前（実名）について手掛かりを求めてみよう。「朝倉家伝記」に載せる「朝倉系図」は永禄一二年頃にまとめられた信頼性の高い系図だが[25]、その中に空海（越前朝倉氏初代）の子の愚谷（中野能登）から分かれた子孫の系図の末尾に、

玉林 今出雲守、兵庫助是ヨリ継家也、

とあるのが注目される。玉林は今は出雲守と称しており、兵庫助が出雲守の家を継いでいるという意味にとれる。この出雲守は⑪に示したように、まさに織田庄本所方北分に関して現れる人物で、その実名は永禄一一年五月「朝倉義景亭御成記」（内閣文庫、『福井市史』資料編2）の朝倉氏同名衆に「出雲守景亮」とあることによって知ることができる。景亮は中野家より織田本所方を支配した景良の跡を継いで最初は兵庫助を称した人と推定され、出雲守を称していた永禄一二年頃には子どもかと推定される兵庫助が家督を継いでいるのだと考えられる。こうして新出の山内秋郎家文書に残された花押の一部と異筆記事により、われわれはこれまで特定できなかった織田荘本所方北分の支配者の実名を知ることができたのである。そして出雲守景亮の跡を継いだ兵庫助は⑫に見える景良と見られるので、織田荘本所方北分の支配者の系譜は、

兵庫助景亮……兵庫助景良――兵庫助・出雲守景亮――兵庫助景良

となり、子は祖父の生まれ替わりだとして祖父の実名を名乗る家風であったと思われる。花押4から7を同一人と見たのもこの理由による。なお、朝倉氏一族では鳥羽氏が景富・景忠を繰り返している。

それでは最後に、この朝倉氏一族の織田荘支配をみておきたい。本所方全体に関わるものとしては⑧と⑩があるが、その関与は部分的といわざるをえない。それに対して、詳しくは述べないが、一乗谷当主は織田寺社領に関しては、寺社領全体の安堵（劔神社二九〜三一号）、個別坊領安堵（同二六・五二号）、沽却散在地の没収（同三五号）、年貢催促と未納者成敗（同四九号）、百姓作得分の没収（同五三号）など、景親や景儀が行使した権限も吸収して強い支配を行い、これには景良や景亮も関与していない。

これに対して、⑨の本所方北分においては、これまでの諸研究が朝倉氏の名支配の事例として取り上げてきたよう

に[26]、景良・景亮は名主職の補任権（⑨A）、散田を名に編成し、逆に名を散田化する権利（⑨B・C）、年貢・公事の負担額の決定権（⑨D・E）、買得地を安堵する、もしくは没収する権利（⑨C・D）を行使しており、まさに百姓を全面的に支配していた。寺社領に対する彼らの関与の低さと、この本所方北分における全面的支配権の行使は対蹠的であるが、後述するように⑫の景良は「篠河兵庫」と呼ばれており、篠河（笹川）は本所方北分に属しているので、彼らの本拠地は本所方北分であったと判断される。

しかし、このような強い支配権をもっていた本所方北分においても、朝倉氏末期になると状況が変わっていたことをうかがわせるのが⑪の事例である。この文書は一乗谷の奏者（訴訟を一乗谷当主の評定の場に披露する人）三人の連署で本所方北分の「寺庵・給人・百姓」に宛てたもので、念のために本文を引用すると、

織田本庄本所方北分の儀に付きて、出雲守殿（景亮）御訴訟の通り披露せしめ候処、来る十五日已前に算用を遂ぐべきの旨仰せ出だされ候、然らば米銭諸納所・諸公事・小成物等成し様、急度申上ぐべく候、恐々謹言、

となっている。一乗谷に訴えた景亮の訴訟の内容は明確でないが、景亮への米銭諸納所以下の未進か、あるいはその額をめぐる紛争があったものと思われる。しかし、考えてみると、自分の本拠地での紛争解決を景亮はなぜ跡を継いだ景良に頼ることなく一乗谷に訴えたのか、また一乗谷はその解決策の実行をなぜ景良に命じるのでなく、寺庵・給人・百姓に命じているのかが疑問である。この疑問に答えるためには、この永禄一一年には景亮・景良ともに本所方北分の米銭諸納所以下を取得する権利は持っていたものの、在地に対する支配権は失っていたと考えるほかない。織田荘全体に対する一乗谷の支配権の強化が進行していたものと推察されるのである。

⑫より朝倉義景の滅亡後に景良は再び本所方北分を支配しているが、⑬に示したように翌年一向一揆の攻撃を受け

て敦賀に逃れ、朝倉氏一族による織田荘支配も終焉を迎えた。

おわりに

以上、不十分ではあるが、朝倉氏の郡司や府中両人を手掛かりに敦賀郡・大野郡・府中諸郡の特徴を考えてみた。敦賀郡と府中諸郡においては気比社と府中総社が、それぞれの地域の商人や職人の本所として、彼らの奉仕を受けており、その神への奉仕が彼らの経済活動を正当化していた。朝倉氏や郡司が規制する政治秩序は比較的目に見えやすいが、神仏の権威は目に見えにくい形で政治の壁を越えて人々の活動の精神的支柱になっていた。気比社が浦の刀祢を、府中総社が木地師や紺屋を捉えていたように、地域の中心的寺社は非農業活動に従事する広範な階層に影響力を持っていた。その目に見えにくいものを視覚化するのが、気比社や府中総社の華美な祭礼なのである。

大野郡は義種系斯波庶子家の勢力と、それを排除した郡司二宮氏の存在により、大野盆地に一つの政治的中心が生まれた。そのこともあってか、北袋の地を拠点とする平泉寺は郡全体に影響力を強く持つ存在にはなりえなかった。そして一六世紀後半には、北袋の地には平泉寺の形成する中心地に代わって袋田（後の勝山市街地）が成長しており、大野盆地では大野町が姿を現しており、現在に到る大野郡の二つの中心地が形成され始めていた。

織田荘も剣神社を中心とする一つの地域で、朝倉氏は一族を置いて支配に当たらせたが、一六世紀前半の景良以後は、本所方全体を支配するというよりも、本所方北分に見られるように、特定の地を拠点にしたように思われる。

最後に気になることは、敦賀郡においては気比社政所執当による刀祢職補任状が弘治二年（一五五六）を最後に見えなくなることと、永禄一一年（一五六八）には織田荘本所方北分において景亮・景良の在地支配権が失われていたとみられることである。この二つを関連させると、朝倉氏の支配は地域の特質やこれまでの歴史に左右されない画一的な支配の強化を意図していたように思われる。

註

（1）松原信之「越前池田庄と池田氏」（『福井県地域史研究』一〇号、一九八九年）。
（2）『福井県史』通史編1、原始・古代、三三六頁。
（3）河村昭一「朝倉氏の敦賀郡支配について」（『若越郷土研究』二〇―一、一九七五年）。
（4）気比社領に関しては外岡慎一郎「中世気比社領の基礎的考察」（『福井県史研究』一一号、一九九三年）を参照されたい。
（5）外岡慎一郎「中世気比社神人とその周辺」（『福井県史研究』一四号、一九九六年）。
（6）松原信之「朝倉光玖と大野領」（『福井県地域史研究』五号、一九七五年）。河村昭一「南北朝期における守護権力構造―斯波氏の被官構成―」（一）～（三）（『若越郷土研究』二三―二・三・四、一九七八年）。
（7）拙稿「中世後期の大野郡」（福井県歴史の道調査報告書、第5集『美濃街道・勝山街道』福井県教育委員会、二〇〇五年所収、本書第Ⅱ部第二章）。以下の叙述はこの論考によるところが多い。
（8）大日本古文書『大徳寺文書』二七一四～二七一五号、三〇二九～三〇三一号。
（9）明徳三年の「相国寺供養記」（『後鑑』収載）に斯波義種配下に安居種氏がみえ、また越中の棟別銭に関して満種弟の側近として安居弥太郎守景が見えており（東寺百合文書ツ函一〇六）、安居を名字とする安居氏は義種系庶子家の重臣であった。また、後述するように義種の守護代である二宮氏泰の命令を受けている乙部氏の本拠が河合荘であったことは、『守光公記』永正一六年二月二二日条において河合荘に「乙郡（部）左京亮」が現れること、『越前名蹟考』の河合郷中角村に乙部勘解由左衛門の屋敷跡があるとしていることから推定される。

（10）市河文書（長野県立歴史館蔵複製本）至徳四年六月九日室町将軍家御教書に「守護代二宮信濃守（氏康）子息余一（種氏）在国の処」とある。

（11）安居備前守については他に所見がないが、註（9）の安居氏の例から、義種家臣と見てよいと思う。

（12）嘉吉二年（一四四二）一〇月に春日社領泉・小山両荘の請負代官二宮土佐守の例（県資②一条院一四号）と、文安四年（一四四七）と長禄三年（一四五九）に牛原荘井野部郷の代官として見える梁田氏を挙げることができる（大日本古文書『醍醐寺文書』七二五号、県資②醍醐寺九九号）。梁田が満種の近臣であることは、前註（9）の越中の棟別関連の「やなた」書状の端裏書に「左衛門介（満種）殿書下案」によって判明する（東寺百合文書ヌ函二五〇）。

（13）この奉書案を長禄合戦以後のものと判断する根拠は、長禄合戦の時には信濃守であったが、後述するように寛正五年（一四六四）から文正元年（一四六六）には「二宮信濃入道」と呼ばれており（『蔭凉軒日録』）、その後入道したと考えられること、また宛名の一人である二宮左近将監は、応仁元年（一四六七）に「郡司」「宗領」（二宮惣領）として現れる二宮将監安兼とみられることによる。

（14）長禄二年の坂井郡長崎称念寺領目録のなかに「同（長崎荘）住吉市仮屋」とあり（県資④称念寺三号）、大永七年の洞雲寺隔庵領「かり屋地子分」目録にみえる仮屋は「くほ市」「十日市」に多く見られる（県資⑦洞雲寺七号）。袋田村の仮屋については、『勝山市史』第二巻、第三章（二〇〇六年）のなかで述べているので、参照されたい。

（15）府中両人（府中奉行人）に関する研究には次のものがある。松原信之「朝倉氏領国支配の一考察」（『福井県地域史研究』三号、一九七二年）、水藤真「戦国期越前の府中奉行」（『一乗谷史学』八号、一九七五年）、拙稿「朝倉氏領国制下の府中両人」（『福井大学教育学部紀要』Ⅲ　社会科学　三七号、一九八七年、本書第Ⅰ部第二章。以下で述べることの多くはこの筆者の論考によっている）。

（16）念のため写真版を見たが、読みに誤りはない。

（17）『福井県史』通史編2、中世、一九九四年、七九三頁。執筆者は佐藤圭氏。河戸に触れている文献として『金津 坪江の郷土史』

（坂本豊執筆、金津町教育委員会、一九八五年、一九五頁）、宮野力哉『小さな湊町なのに—三国湊物語』（サンブライト出版、一九九五年、二二九頁）がある。

(18) 松原信之「山内秋郎家の新出中世文書」（『福井県文書館研究紀要』三号、二〇〇六年）。文書番号は松原氏の翻刻番号に従う。

(19) 古田憲司「戦国時代織田庄に出現した散田について」（日本史研究会史料研究部会編『中世日本の歴史像』創元社、一九七八年所収）。氏は「この時代の織田庄は本所・料所・神領に分けられ、それぞれ山門・朝倉氏・剣神社に支配されていた」とされるが（一八七頁）、神領は本所方・料所方の双方に本来は免田のかたちで散在している織田寺社の所領であるから、荘園領主権の分割にもとづく本所方・料所方の区分とは次元の違うものである。なお氏も認めておられるように（一九六頁）、戦国期には山門の支配権を示すものはない。

(20) 『朝日町史』第二章（松原信之執筆、七七頁。二〇〇三年）が村々の推定を試みている。本稿もこれに従う。

(21) この納帳に見える「ヤケ屋」「鏡の宮」は、近代織田村の「織田小全図」（地籍図）に見えている。「織田小全図」の一部は拙稿「柴田勝家の越前検地と村落」（『史学研究』一六〇号、一九八三年。戦国大名論集17『織田政権の研究』吉川弘文館、一九八五年、に再録、本書第Ⅱ部第六章）に収載している。

(22) この納帳全体の分析については拙稿「戦国大名朝倉氏領国制下の寺庵・給人の所領支配について」（楠瀬勝編『日本の前近代と北陸社会』思文閣出版、一九八九年所収、本書第Ⅰ部第三章）を参照されたい。

(23) 前掲『朝日町史』第二章。『越前町　織田史（古代・中世）』（二〇〇六年）は、『朝日町史』の見解を基本的に踏襲する。

(24) 前掲『朝日町史』。兵庫助と推定されるとは享禄元年（一五二八）の織田寺社領注進状に「兵庫助」が米一石を寄進したと見えていることによる（県資⑥劔神社三〇号）。

(25) 一乗谷朝倉氏遺跡資料館第六回企画展図録『戦国大名　越前朝倉氏の誕生』（一九九二年）所収の「朝倉家伝記」による。

(26) 宮川満「室町後期の土地関係—越前国織田庄を中心に—」（日本史研究会史料研究部会編『中世社会の基本構造』一九五八年）、河村昭一「戦国大名朝倉氏の領国支配と名体制」（『史学研究』一二三号、一九七一年。戦国大名論集4『中部大名の研究』吉川弘文館、一九八三年に再録）。古田憲司前掲論文。

第五章　戦国期北陸地域における指出について

はじめに

戦国期の領主と農民との支配関係を解明していくには、さまざまな方法があろう。従来、領主と農民の対立関係に注目して述べられることが多く、筆者も多くそうした見方を取ってきた。しかし、北陸において領主が支配を始めるときに、百姓に「指出」を提出させている例があることに気がついた。そこで、本章一節において指出が領主と農民の支配関係のなかで果たす役割や意義を中世北陸地域の事例をもとに考え、二節でその理論的意味を探ってみた。そして、三節から五節において越前・若狭の指出について敦賀郡江良浦と若狭遠敷郡太良荘について検討する。さらに、領主が作成した納所定文は百姓の指出に対応するものなので、南条郡河野浦と敦賀郡山泉（やましみず）の納所定文を取りあげてみた。

なお、本章の構成について付け加えておかなければならないことがある。本章一節と二節は一九八九年に書かれたもので、引き続き指出についての具体的分析に基づく論考を仕上げるつもりであった。しかし、その翌年に藤木久志氏が史料のほぼ逐語的な解明による江良浦の指出の公事と下行の実体について「村の公事―上納と下行の習俗―」を発表され(1)、さらに二年後の一九九二年には若狭・越前の指出そのものについて詳細に検討された「村の指出―上納と下行の習俗再考―」を追加された。[2] それらの論考は副題が示すように、領主と農民の関係は一方的な支配でなく、富の再配分と互酬の習俗を伴っていたことを明らかにされたものである。さらに一九九四年には、指出を「合意の回路」と捉える湯浅治久氏の「室町・戦国期の地域社会と『公方・地下』」が出され、各地域の指出を考察対象として、指出を媒介とする多様な関係を明らかにした。[3] こうした論考に接し、これらの論考を越えることが難しいと感じて、指出の具体的分析をまとめることができなかった。しかし、本書を刊行する機会が与えられたので、本章三節から五節において指出と納所定文についての分析を新稿として付け加えることにした。なお、若狭遠敷郡矢代浦の指出は藤木氏の第二論文に詳しいので、ここでは触れなかった。

しかし、こうした構成をとったため、一・二節と三節以下が対応しておらず、特に二節は全体のなかで浮き上がってしまっている。不手際をお詫びしたい。

第一節　指出の意義

まず一般的に言って、中世の荘園制下では荘園領主によって個別に検注が行われることがあったが、戦国期になるとそうした検注は次第に見られなくなり、戦国大名や織豊権力の検地を迎えることになる。ただし、このうち戦国大名の検地というのも、後北条、今川、甲斐武田など東国大名について知られることであって、北陸の戦国大名においては、そうした検地は知られていない。以下、北陸地域に限定して論を進めることとするが、戦国期に大名が検地を行わなかったとすれば、年貢収取は何にもとづいて行われていたかが問題となろう。そしてこの点について、本稿で問題とする指出が重要な意味を持つのである。

指出とは、地下よりその在所が負担する年貢・公事について、領主に提出する文書であり、通常は耕地面積・公事の種類・年貢負担者、そして年貢・公事の額や領主が地下に下行すべき項目と額などが記されている。むろん、指出は戦国期になって初めて現れるものではなく、文安五年（一四四八）一二月に能登珠洲郡馬緤（まつなぎ）本光寺住持瑞渓が寺領の指出を提出している例が知られる（4）。しかし、右に述べたことからして、指出の意義が増してくるのは戦国期に入ってからであることが了解されると思う。

戦国期において、指出が重要な役割を果していたことは、次の例から知られよう。文明九年（一四七七）正月に勧修寺門跡領の加賀能美郡郡家荘の代官職を請負った二松竹夜叉代の周鷹はその請文のなかで、

御年貢并恒例臨時之御公事等、無懈怠可致其沙汰候、於員数者、以地下差出之帳面、可致沙汰候上者、不可有私曲候、

と述べており（5）、代官の支配は地下より提出された帳面にもとづいて行うとしている。また越前の戦国大名朝倉氏の場合、「沽却散在」となった寺庵・給人の知行地支配を再建するときには、作人中に「指出」の提出を命じることが原則化されており（6）、指出提出がいわば制度化されている。

このような指出は、領主側が在地の年貢高や作人などを把握できなくなった状況のなかで徴されるようになると考えられる。越中の立山寺は戦国期に婦負郡針原の公文給について「一、廿七表　杉本　小嶋　又五郎」のごとく記す坪付を有していた。しかし、やがてこの坪付は古くなって実態と合わなくなったため、明応元年（一四九二）十月吉

日に道珍などの「御百姓」から「御百姓指出」を徴し、「すきの本　参百七十苅　廿四俵　室屋左衛門」などと記される一六三俵三斗分の坪付を獲得している。[7]このように、領主が在地を独力で把握できなくなると、領主は在地からの申告を認めなければならず、こうなれば領主側の年貢増徴はかなり困難であったと判断される。戦国期北陸地域の在地において本年貢が固定化され、しばしば本年貢を上まわる加地子（内徳）が形成されているのは、このような指出にもとづく領主支配を考えれば容易に納得されるであろう。

しかし、常識的に考えてみても、領主が地下の申告をそのまま受け容れたとは信じられないであろう。このことを最もよく示しているのが、文明一〇年（一四七八）の能登珠洲郡高座宮に対する新代官五井兵庫の指出徴収である。[8]この一件については既に東四柳史明氏が説明を加えられており、[9]中世の祟りに関する興味深い事例でもあるこの事件の全体についてはそれに譲り、ここでは指出に関してのみ述べる。この年、五井兵庫は畠山氏に願って京着一〇〇貫文の地とされる方上保庶子分を三〇〇貫で請負い、保内の寺社・農民に指出の提出を命じた。これに対し高座宮・同別当高勝寺・金文宮はこれまで寺社分として認められてきた田地として、それぞれ一町・二町七反・五反の指出を提出した。しかし、五井兵庫はこれを認めず、在地に乱入して、それぞれ二町八反・五町・八反の地だと申懸けて、この田積どおりの指出を無理に取ったのである。そこで高座宮は守護畠山氏の裁判に訴えて勝訴したこと、および五井兵庫には神罰が下ったことが、この一件を記した高座宮神主友永の置文に見えている。この場合には五井兵庫の露骨な強欲さが強調されているが、領主が在地の申告をそのまま認めるとは限らなかったことが知られる。注目されるのは、申告に対して五井が申懸けた田積が申告田積の単なる三倍ではなく、高座宮・高勝寺・金文宮のそれぞれについて倍率が違っていることであり、これは五井が方上保庶子分について、指出とは別に、何らかの収取基準を掌握していたことを示している。しかし、五井は彼の掌握していた収取額をそのまま一方的に寺社・農民の納入額とすることはできず、彼の望む額を申告させるという指出提出の形式をとっている。ここに指出は単に負担額の報告ではなく、同時に指出提出者がそこに記された額の納入を誓約するという請文としての機能を持っていたものと推察されるのである。

このことをより明瞭に物語るのが、大永七年（一五二七）正月の越前敦賀郡江良浦における新地頭への指出提出である。この年に江良浦の地頭職を買得した天野与一は浦人を呼び出して、新地頭となったことを告げるとともに、指出の提出を命じた。これについて江良浦の刀祢・百姓等は次のように述べている。(10)

十一日ニ与一殿へ罷出候、然所ニ十六日ニ吉日ニて候間、指出仕せ承候間、如先規仕候処ニ、先地頭殿より被仰合候分より外ハ、百姓之指出ハ承引有間敷にて候、先々兎角申候へハ緩怠と存候て、度々御意ニ随候、

この引用部分から、さしあたり次の二点を指摘することができる。①新地頭天野与一は先地頭から収取の内容や額を教えられていた。したがって、浦人の提出した「如先規」の指出を拒否して、彼の掌握している通りの内容を持つ指出を浦人に提出させたのである。これは右に述べた能登の五井の場合と同じである。領主は指出を徴する前に収取の内容を程度の差こそあれ掌握しているのであるから、地下が指出を提出するということは、地下がこの収取に「同意」したことを証する文書として機能するのである。②したがって、指出提出は「同意」のための儀礼的側面を持つのであり、天野与一が正月十六日が「吉日」であるから、この日に指出をせよと命じていることがそれを示すものと思う。実際に江良浦の指出は、端裏書には「大永七年正月十六日」とあるものの、本文の日付は「大永七年正月吉日」と記されている。(11)このように見ると、先述の越中針原の「御百姓指出」が「明応元年壬子十月吉日」に提出され

ているのも、偶然と解すべきではなかろう。

以上に述べた能登方上保庶子分と越前江良浦の例は、いずれも新領主が在地からみて不当と考えられる指出を徴して問題となった場合であり、我々が指出の性格について知りうるのは、こうした紛争の事例を通じてであることを確認しておくべきであろう。逆に言えば、地下からの指出に領主がさしたる異議も唱えず、領主と地下の「合意」が比較的簡単に行われた場合も少なくなかったであろう。指出が「制度化」されている朝倉氏の場合に、指出をめぐる紛争を伝える史料がないことも、これを裏付けるものと思う。いずれにせよ、戦国期の領主は一方的に支配意志を宣言しただけでは地下を支配することはできないのであり、指出を提出させることによって地下の「同意」を得るという形式が必要であった。このような指出は、農民集団の自律性が形式的・社会的に承認されていたことを示すものと思う。ここで形式的に承認されているというのは、支配のためには手続として指出を必要とするという意味であり、社会的に承認されているというのは、指出にもとづかない支配は正当でないという考えが社会的な承認を得ているという意味である。

第二節　中世における所有権の社会的性格

それでは、農民集団の自律性がこのように形式的・社会的な承認を得るようになるということの意味はどのように考えるべきであろうか。以下、不十分ながら多少とも理論的に検討しておきたい。

川島武宜氏は『所有権法の理論』[12]において、近代的所有権の絶対的・観念的な性格をあざやかに理論化されている。そして氏はこの近代的所有権との対比において、前近代的所有権についても理論化を試みられている。[13]氏によれば近代的所有権が絶対的なのに対して、前近代的所有権はゲヴェーレ（事実上の支配）として表わされ、また近代的所有権が観念的であるのに対しては、現実的であるとされている。すなわち、前近代社会が領主と農民という現実的な政治関係を克服しない限り、所有権はゲヴェーレの形態にとどまることになり、絶対的・観念的な近代的所有権は成立しないのである。

それでは、前近代社会には所有権の現実性を克服していく要素が全くないかと言うと、そのようには言えず、所有（所有者）が帯びる「社会性」が所有の現実性と対立するものとして捉えられている。川島氏はヨーロッパ中世を例として、所有の社会性と現実性との関係について述べられているが、いま日本中世を例に述べれば次のようになろう。荘園の農民は自らの土地について独自の個人的地位を持つとともに、領主に対して一定の社会的地位、すなわち荘民としての地位を有し、村落のなかでは村人として村落共同体における社会的地位を有している。換言すれば農民は荘園制の領主・農民という支配関係のなかで荘民という社会性を、村落共同体のなかで村民という社会性を有している。しかし、この農民の社会性は、荘園や村落の外部に対するときには、薄弱なものとなり、現実の支配・隷属関係という現実性を超えることがなかったのであり、それゆえ前近代的所有は近代的所有と区別される。

近代的所有権の性格を鮮明にしようとする川島氏の視点からすれば、右にみたように、前近代的所有の持つ社会性の限界が明らかにされれば、論として完結するのであるが、氏が同時に中世の所有について「純粋に現実的な未開社会の所有と、純粋に観念的な近代的所有とのいわば中間に位するもの[14]」と述べられていることに注目したい。すなわち、中世農民の有する社会性の多様なありかたや、その変化を検討する必要があるのである。

例として名主を取り上げてみよう。名主が名田に対して有する権利は名主職と称されるが、中世前期においては、この名主（名主職）の社会性はすぐれて荘園制の枠内にあった。荘園領主が名田を荘外の者に売却することを禁じていること、名の結直しが行われる場合のあったことなどから考えて、名主職は、荘園領主と名主の現実的支配を離れて、万人に対して主張しうる自立した所有権であったとは言えない(15)。名主職相論において、農民がしばしば「由緒」とともに、荘園領主への「忠節」を主張して名田を保持しようとしているのも、権利が権利として尊重されず、「忠節」のような政治的理由によって権利が否定されうることを示している。しかし、中世後期になると名主職売買が一般化し、名主職の社会性が荘園制の枠を超えはじめる。その他、名の解体、あるいは名の変質が進むので、この点でも名主職の社会性は強化されると思われる。

農民は村落共同体においてもうひとつの社会性を有する。一般的に言って中世後期は惣村の展開にみられるように村落共同体結合が強化され、農民の村民としての社会性も強化される。しかもこの動向は名の性格変化と関連しているのであって、荘園領主はあくまで名を単位とする支配に固執し、惣村を無視するが、次第に「村」が支配の単位として自己を主張し、それを貫徹していく(16)。

しかし、同時に注意されなければならないのは、この村民の社会性の強化とは、村落内部における社会性の強化なのであって、村落の座的構成あるいは排他性などと称されるような閉鎖的性格を中世後期の村落が強めることである。例えば、惣村が公的な役割を果たすとしても、それは家父長権や家格の保証や補強であると指摘されている(17)。したがって、中世後期に村を越える農民の地域的結合が形成されたとしても、それをもってただちに村民の社会性が拡大したとは言い難いのである。最近、藤木久志氏が明らかにされているように[18]、自力救済観念に基礎づけられた戦国期の村落間の激しい対立を想起すれば、農民自らが「百姓」という共通の社会性に立脚した普遍的身分として自らを形成していくことは、実際には困難であったと思われる。したがって、ここに「百姓」身分の普遍化が統一権力によってはかられるという状況が生じるのである。それでは農民があくまで村落に立脚して、普遍的なものを目指す道はないのであろうか。

そもそも、川島氏の所有権論は団体法を出発点とする考え方を批判し、個人を出発点として構成されており[19]、この視点に立つことにより近代的な法秩序の形成が意図されている。したがって、中世農民の社会性の薄弱さも、こうした近代的個人という基準から位置づけられているのである。しかし、中世のあるいは前近代の農民のこうした社会性の限界を認めつつも、なお「自由が個人のものでなく、団体のものであった時代においてはその団体に属する限り、皆対等に均質的な『自由』を享受しえた」という阿部謹也氏の視点[20]に注目したいと思う。

厳しい自然との対立のなかで形成された村落共同体の法は、本来領主であっても服さねばならないという公的性格を有していたと考えられる。例えばドイツのマルクや村落においては、領主の山林・草地・耕地がそのマルクや村落内にあったとしても、その領主の利用権はマルク法や村落法に規定されたひとつの、他の成員の権利と同等のものであったという[21]。日本の村落がこのような公的性格を有していたかどうかは疑問であるが、戦国期の農民はあくまでも自らの村落結合に立脚しつつ、その村落結合の自律性を主張し、それを領主もたやすくは無視しえない社会的秩序として主張するほかはなかった。指出はこうした動きのなかで理解すべきものと思われる。甚だ未熟な論であるが、右に述べたようなことを念頭において、具体的に指出を検討したいと考えている。

第三節　敦賀郡江良浦の指出

江良浦の指出が作成された事情などについては既に述べているので、ここでは内容について指出を表にした表1について検討する。(22) この指出に記されているのは、地頭気比社執当と江良浦人の支配関係であるが、「年中行事」としてまとめたなかの正月の饗応などを見ると、藤木氏の主張の通りであることが実感されるであろう。ではその支配の特徴はなんであろうか。この江良浦に対する地頭執当の支配権について浦人は執当の「私領」と称している。(23) そして表1の公事（木・ほう柴・入れ草など）はいずれも執当の「私領」からの負担が執当の家経済を支えていることを示している。しかし、表1において年中行事とした七月に浦人が進上する根芋・大角豆・長柄杓は執当の家経済を支えるためのものでなく、執当が執り行う、あるいは参加する儀礼（盂蘭盆会か）に必要なものを提供していると見るべきである。このことは八月一五日の気比社児宮祭礼についてより当てはまるであろう。すなわち、江良浦人は執当の行う神事祭礼にこのような物を神饌・供御として調達するかたちで参加しているのである。

外岡慎一郎氏は気比社の神人について論じられた論考で、敦賀郡において神人とは考えられない人が神人の役を勤めている例をあげ、これは「おそらくは古代にまで遡るであろう気比社への『奉仕』の伝統が敦賀郡全域にわたって存在していたことを前提としないと、解けない実態」であるとされている。(24) また、外岡氏は気比社の陶充神人・炊殿神人・預神人が年末に気比社の各社殿の粧松・注連飾りを調進していたことを表示されているが、表1に見える執当

表1　大永7年（1527）正月吉日　江良浦指出

＜年貢・公事＞
米　1石（このうち5斗分は麦1石7斗で納入、残り5斗分の内2斗は在所の社の御供に充て、また2斗は木を切り出す時の食料に下行、残り1斗を納入。
銭分3000文（1000＝浜地子、1000＝桑代、500＝麻代、500＝堂畠代）
木　195束（代ならば1束5文、上記のように切り出す食料として2斗下行）
つはいあわ3斗（御祝言に瓶子1具、一番鯖2）、地子麦2石6斗、ほう柴600（2～11月、入れはじめに12文下さる）、節料木（50束）、
稲掃3枚、御祝言に代18文御出候、
入れ草、3月3日より1月、草のない時は藁、最初の日に酒手12文
12月歳暮の公事、餅つき柴60束（御祝言に白酒1斗御出候）、山芋50本、
くろとり（干蕨）3連、糠1石5斗、はら（藁）20束、畳のこも4枚
3年に一度間別、800文は殿、200文は代官

＜人夫＞
日公事……3合飯2度、昼は5合飯
陣夫・詰夫……4合飯2度
御所領……5合飯2度
詰夫・歩夫……路次は自堪忍、帰り時3合の台飯
節季御米徒……3合飯2度、昼は5合飯、魚菜3、酒御下され候

＜年中行事＞
正月6日年始礼＝刀祢・百姓4人（下人4人、計8人）、代500文・白米3斗持参、
領主の饗応＝瓶子1具・一番鯖2、刀祢＝5升の戴き餅・扇1本　・7合飯・
御まわり（魚菜）7（この内精進菜1）切目高さ7寸×方6寸、
刀祢下人＝1升鏡餅・4合飯、御まわり3、
御百姓3人＝3升鏡餅・5合飯・御まわり5（高さ6寸×方5寸）
下人3人＝5合餅・4合飯・御まわり3
2月麻蒔＝酒手50文御出し候
7月（盂蘭盆会か）＝根芋3把・大角豆3把（3文で店で買う）・長柄杓3
8月15日（気比社児宮祭礼）＝芋2升・枝豆少し、酒手6文御出し候
節季松囃子＝殿様の山にてはやし申し候、御祝言に白酒1斗・米7升
餅つき＝餅つき召され候はば、飯は節季の如く、5合餅1ずつ下さる

の山で松囃子に合わせて切り出される門松もこうした神人の奉仕に由来するのではあるまいか。江良浦人は神人ではないが、外岡氏の指摘される「奉仕」の伝統の基盤の上で神人的支配関係が見られることがひとつの特徴である。

次に、藤木氏は江良浦の領主と浦人の関係が互酬的であることを指摘されており、指出を合意のための請文とみる私の理解からもそれに異論は全くない。その上で考えてみたいのはその互酬性の性格である。江良浦の指出に見える人夫には、国内夫と国外夫について台飯の量による区別はあるものの、その負担についての人数の制限がない。荘民たちが過重な夫役を強く忌避したことは太良荘において明白である[25]。後述する太良荘の指出では、夫役は国内夫と国外

夫が区別され国外夫については人数の制限が加えられている。したがって、江良浦の夫役負担の量に制限がないというのは、夫役は契約的な合意の対象となっていないということである。その意味では、この指出は領主に無制限の夫役徴発権を認めるという形になっている。むろん夫役の制限がないからといって、執当が無制限に夫役を徴発できたとは考えられず、徴発には自ずと限界がある。その限界は執当と浦人との暗黙の合意に依拠していたのであろう。執当が浦人に断りなく天野与一に支配権を売却したことは、こうした暗黙の合意を危うくするものとして浦人たちが反対したのではなかろうか。要は指出だけが支配関係の全てではなく、外岡氏のいう「奉仕」の伝統にも支えられていた。指出は先例を重視するものである。

第四節　南条郡河野浦の納所定文

次に、領主の側が作成した納所定文で、百姓の指出に対応する事例として、越前南条郡河野浦と敦賀郡山泉の二箇所を紹介・検討して見たい。領主側が百姓の負担すべき年貢・公事を記した文書はどこでもみられるが、この二つの事例は年貢・公事だけでなく、正月年始の時に領主が百姓与える酒食や引出物、それに百姓の夫役に対する台飯を記しており、まさに領主の指出という内容を持っている。また、河野浦は領主が府中総社であり、山泉の領主は気比社社家東河端氏であって、いずれも江良浦と似たような状況に置かれているので、江良浦に続けて取り上げることにした。

表２　長禄４年（1460）12月吉日南条郡河野浦納所定文

＜年中行寺・公事＞
正月６日、牛玉１手、芹・薊12把宛、網鱈１番、鱈１かけ、小魚12、神馬筆１把、年柴２把、白米少し、粟１ほ宛、黒石２包み結付候、この人夫に燗酒、あたたけ1、料足10文、扇１本辺事に添え候
正月18日、睦月鯛１かけ、鱈１かけ、鮑７杯、樽銭200文、同50文中間方へ、同鱈1、下行引出物、刀祢には１年は曲桶１，扇１本、１年は大滝雑紙５帖、造紙也、隔年、余の百姓には次桶１、扇１本、１年は大滝雑紙３帖、扇１本、隔年、連れ者へ10文
２月10日、三宮筋古金27番、鎹は取らず、鰈12、神馬筆１把、２石５斗かち炭、但し11月になり、この人夫台飯人別３文、右宝物の用
５月４日、め40把束ね、犬のくひとり、水蕗、茗荷27把、小豆の花２把、二人人夫４日より７日まで詰候、この台飯人別３合宛、こりやうへのひくはこの人夫詰候、10分１分に納所の内より100文出候、
７月７日、夫婦魚12、大さ一番鯖、心太草２升、此方より何時も人遣候付は百姓中として厨を仕候

＜月宛神事公事＞
６度の御神事に参る色々の事、正月、３月、４月、５月、７月、11月、俵入
小魚27、山芋27本、野老２升、塩２升７合、袖め３枚折入れ、人夫台飯３文宛
大さつへい（朔幣ヵ）、正月より11月まで11度、塩３升宛、袖め３枚宛、小魚30、つくも30つくね、俵１に入れる、人夫台飯３文宛下行

＜公事＞
４所あと（安堵＝漁場）より飛魚1200、４月・５月に納める
12月、炭の代250文

まず、年代の古い長禄四年（一四六〇）十二月吉日――吉日とあることに注意――の河野浦諸納所定文から見ておきたい(26)。これは、府中惣社の神主衡光が河野浦が惣社に負担すべき諸納所を記して、河野浦へ与えたものの案文である。その内容は表２に示した。

納所について言うと、納所は大きく三つに分けられる。①表２において「年中行事・公事」とまとめているもので、定められた月日に納入されるものである。正月六日の芹・薊、鱈以下が記されているが、それぞれ納入すべき額が記されている。いずれも月日が特定されているので、何かの行事（恐らく神事）への負担であったと思われる。②定められた月に定期的に納入されるもので、年六度の神事（正・三・四・五・七・一一月）への小魚以下の納入と正月より一一月までの一一度の大さつへい（朔幣カ）として塩以下の納入がある。③海と山からの特定の納入で四・五月に四カ所あと（安堵＝漁場）からの飛魚一二〇〇と一二月の炭の代二五〇文の納入がある。③

は普通の荘園でも見られるものであるが、それを含めても河野浦人の納所は節季物の負担や神への捧げ物という性格が強く、全体として神人的な負担という性格が強い。この神人的負担は敦賀郡江良浦の指出とも共通する性格であるが、そこにはもう一つの共通点として浦という生業の場の特質がある。年貢と公事を米や銭で表示することのできる農村と違って、多様な生業を米や銭で表示しにくい浦は現物で納入し、それらの多くが神事の供え物という形式を取っていた。これらの納入物を示すには百姓の指出、もしくは領主の定文がふさわしかったのである。

納入と同じように指出と共通するのが、神主から派遣された使者や河野浦から納入物を届けるために派遣された人夫に対する接待について記されていることである。まず神主から派遣される使者に対してはいつでも厨を開いてもてなせとあるが、その厨の内容については記していない。厨の基準が別に定められていたのであろう。河野浦からの人夫には台飯として一人あたり三文が与えられたが、五月四日から七日までの詰夫には一人あたり台飯三合が与えられた。江良浦の台飯が作業中（作業後）の食事であるのに対し、河野浦の公事を運んできた人は納入すると、すぐに帰るから銭が支給されるのであろう。ただ、表2において〈月宛神事公事〉としたものには台飯が支給されるが、末尾の〈公事〉には台飯のことが見えない。神事と関係する者には台飯が出されるが、より租税の性格の強い公事には台飯は不要ということなのであろうか。

正月一八日に河野浦の刀祢と百姓が拝賀したときの引出物について特別に記されており、領主の側でも正月の年始礼を重要視していたことがわかる。特にこの日には浦からの納入があり、その返礼としての引出物であった。

このように、領主の定文もまさに百姓の指出と共通する納入と下行の関係を重視していたことを確認することができた。次にもう一つの領主の定文を見よう

表３　大永６年（1526）２月　敦賀郡山泉納所等定文

<正月年始など>
正月 11 日、百姓分者祝儀米を出す、代官相伴で雑羹・吸物・酒、扇百姓分に１本宛
同 28 日、百姓睦月に 500 文持参、まわり３、汁２
人別一人の蓑・笠持ちにまわり１、中酒
<年中行事・公事>
３月２日、蓬摘み、一人出ると台飯３合、　５月、粽笹・蓬取、一人に台飯６合
庭夫、３合飯両度　　家造作、台飯は中食４合・夕飯３合、中酒　小歩、台飯なし
12 月 27 日立物、稲掃 10 枚、薦 10 枚、干蕨３連、ひらき大豆３升
３月朔日～10 月晦日馬草１疋分、近年は日別柴４束宛、8ヵ月入れる
<代成・年貢米>
代成、３月 28 日～12 月 28 日に６回に分けて 15 貫 25 文を納入
年貢米、30.91 石、店の升、口米 0.774 石、5.0 石沽却、0.5 石御供米引く
定米 26.184 石、７月中 2.0 石、８月中 2.0 石、９月中 5.0 石、10 月中皆済

第五節　敦賀郡山泉の納所定文

ここでは敦賀気比社の社家東河端氏が伝えた領主の作成した納所定文を取り上げる[27]。これは、大永六年（一五二六）二月に敦賀郡山泉の領主が作成したものである（表３）。山泉は東河端氏が住宅を構えるなど、東河端氏の私領的性格が強いことを外岡氏が指摘されており[28]、この領主は東河端氏と見て誤りない。最初に「山泉地頭領家共に諸納所等、百姓等かたへ被出物已下事」とあり、領主の取り分だけでなく下行物を記しており、これも百姓の指出に対応するものである。末尾に「右条々所定之状如件」とあって、この時に定めたものであるとし、さらに敦賀郡司朝倉教景（宗滴）が裏封の花押を据えている。郡司の裏封はこの領主の収納を保証するものであるとともに、百姓への下行において領主を義務づけるものである。そこで目指されているのは支配の安定化であろう。

まず、ここでも正月の祝いが重視され、河野浦と同じく睦月と称する行事には百姓への饗応もなされている。日別柴のほか公事はほとんど記されていないが、これは公事の多くが銭納化され代成にふくめられているからであろう。しかし、

そのなかで一二月二七日の稲掃などの立物が記されていることが注目される。これは領主の正月準備に百姓も現物を以て参加するということで、江良浦と同じく領主への奉仕の伝統は銭納化しえないものであったのであろう。夫役に関しては庭夫・小歩において制限がなく、これも江良浦の指出に対応している。

河野浦と山泉の領主の作成した納所の定文は、まさに百姓の指出に対応する上納と下行という支配のありかたを共有していると言える。

第六節　太良荘本所方における指出

次に、天文二〇年（一五五一）九月の太良荘本所方指出を検討したい[29]。その内容は表4に示した。応安元年（一三六八）年以来太良荘には守護による半済が行われ、東寺が支配していた領家方と地頭方は等分され、東寺の支配となった領家方半分と地頭方半分を合わせたものを本所方といい、残りのそれぞれ半分を合わせたものが半済方である。この天文二〇年に何が生じたのか不明であるが、指出は半済方の給人であった山県氏に提出されている。ここでは、太良荘指出の特徴を示す表4の米方・料足方・夫役について見ておきたい。

この指出については、網野氏が荘民たちが年貢・地子の負担を、名などの形式も含めて固定させたままにさせているとされ[30]、『小浜市史』通史編もそれを踏襲している[31]。この負担の固定化は指出という自己申告方式に伴う、半ば必然的な現象であるから、少し具体的に見ておきたい。まず、表4米方の保一色本役一九・二石が正長や康正の例によ

表4　天文20年（1551）太良荘本所方指出（単位：石）

<米方>
36.583　3名半本年貢　（正長2年領家方半名7名78.79611、康正2年領家方60.09236）
19.2　保一色本役　同斗半済より出申候（応安元年19.2、正長2年17.7、康正2年15.537）
計55.783　除分　3.95地下引物　24.0、8人百姓公事給国内人足給　残而27.833
30.701　地頭田分　（正長2年地頭方46.835、康正2年33.6535）
24.85　落下地　なか田隣向分落下地　4.0　5.6（日吉斗）　計34.45
以上92.984　定納　（=27.833 + 30.701 + 34.45）

<料足方>
200文 高塚に在之　200文 落下地地子　250文 殿様竹藪地子　500文 同竹藪地子
6321文　地子成銭　（正長2年領家方7909文、地頭方14702文＝22611文）
以上7470文　750文殿様竹藪地子に引、このうち567文半済より出申候
残而6721文　定納（＝7471文－750文）
政所山屋敷 在之　弐ヶ所　殿山在之

同半済方へ納所申分
16.28　預所の御本役　8980文　地子成銭半済へ納所、内1080文夏成

14109文　2月段銭　内藤玄蕃殿へ納所申　このうち390文はなか田隣向より出申候、
3687文　8月段銭　久村殿へ納所申
15000文　8月同銭　但役銭無之候　中村大蔵殿へ納所申　このうち520文はなか田隣向より出申候、

銭方惣以上　48852文　定納（6721文＋8980文＋段銭32796文＝48497文）
米方惣以上　74.814　定納（定納92.984－保一色本役19.2=73.784）

<夫役>　18000文　永夫銭　陣・在京時2人飯米・路銭、永夫なきときはこの額を納入
国こし夫　20人年中、夫役なきときは6000文を納入
<公事>　入木月柴30把
<正月礼>　265文　正月御礼銭　1升鏡5枚　小野寺より100文・茶10たい出申、雑煮・酒・杉原1束・扇1本下さる　扇19本百姓中へ下さる　その日に帰る人夫に中食下さる
<神事>　正月11日餅42・酒1升、2月11日餅40・酒1升上申、この時料足20文・紙1帖下さる
若宮神事、3月3日に饗1はい半、酒1升上申
一宮神事、前の如く上申、同日上申
山王神事、4月・11月の初申前の如く上申
節料物を作った大工に米1斗・100文、2度神事の楽頭に300文遣わさる

このほか川成計12ヵ所、分米11.935不納

註：括弧内は参考の年貢・地子額、あるいは内訳を示す。

表5　地下引物と公事給を控除しない時の比較（単位：石）

<天文20年>領家3名半36.583＋落下地34.45＋保一色19.2＋地頭田30.701=120.934
<正長2年>領家方名分78.79611＋保一色17.7＋地頭方46.836=143.33211
<康正2年>領家方名分60.09236＋保一色15.537＋地頭方33.6533=109.28266

らず、応安元年（一三六八）の年貢米を引き継いでいるように[32]、指出は復古的ですらある。次に、本所方全体の年貢米を正長二年（一四二九）の本所方（領家方・地頭方）検注と康正二年（一四五六）の本所方年貢米指出[33]に記された年貢米と比較してみたい。その比較が可能であるためには表4の「落下地」を網野氏のように新開地を領主が把握して年貢地としたという理解でなく、本来七名あった太良荘の領家方名田が三名半になっていることに注目し、「落下地」とは名から落とされた残り三名半の田地からの本所分耕地を指すと判断する。こう理解することによって三名半以外の耕地の行方が説明できると思う。その上で天文二〇年、正長二年、康正二年の三者を比較したものが表5であり、ここでは惣分米で比較するため除分は控除していない。これによると天文二〇年の惣分米は正長二年と康正二年のちょうど中間となり、天文二〇年の惣分米は荘園年貢を固定したものと見てよい。また本年貢米が荘園年貢であることも裏付けられる。

つぎに料足方において注目されるのは、二カ所の殿様（これ以前は桑原氏）の竹藪も地子を負担すべき地として書き上げられていることである。殿様は自分で負担しても自分で受け取るのであるから実際には殿様は負担する必要がないので、その分だけ百姓の定納からさしひかれている。指出は殿様の地子負担分を明記した上で、百姓の負担分を定納としているのである。指出が百姓の年貢・公事等の納入請文であることはこの点からもわかる。もう一つ注目されるのは、地子成銭が正長二年の三割にも満たないほど激減していることである。その理由は明らかでないが、武田氏の段銭給人への負担が三二貫文以上になることを考慮して地子成銭が引き下げられたのではなかろうか。

その次の「同半済方へ納所申分」に三回の段銭も含められるのかどうかはっきりしないが、半済方を経由したにせよ、納入先が内藤玄蕃などの武田氏段銭給人であることは明らかである。したがって、この段銭は本所方領主の得分ではないが、本所方百姓の負担の実態を記したものと言える。それは、その後すぐに「銭方惣以上」と「米方惣以上」を挙げていることからも裏付けられる。その推定分内訳を表4の括弧の中に示しておいた。細かいところまで数字が一致しないが、大筋では誤りないものと思う。これは本所方新領主が受け取る銭方と米方の総額を記したものではなく、本所方百姓が負担した（負担する）総額を示したものである。そのことをよく示すのが「米方惣以上」七四石で、本所方新領主が受け取る「定納」九二石余より少なくなるのは、内訳で示したように保一色本役米は半税方が負担するからである。[34]

次の夫役には米方の公事給二四石も含めて考えたい。というのは、この二四石について「公事給八人之百姓ニ御下行、是ハ国之内めしつかわれ候人足給也」とあって夫役を内容とするからである。これらの夫役については既に藤木氏により検討が加えられている。網野氏は百姓八人への公事給を太良荘の四つの谷に二人宛置かれた乙名への職務給と解釈されたが[35]、藤木氏はそれを誤読として退け、若狭国内で人足をつとめる百姓八人に年貢から二四石（百姓一人あたり三石）が控除されると述べられている。また、国こし夫は「国越しの夫」で国外への人夫役とされ、永夫と呼ばれる在京陣夫役（陣夫役・在京詰夫）とともに「夫銭」と相殺されると説明されており、これに従いたいと思う。[36]その上で公事給二四石がやはり注目される。その特徴はまず、国内夫役を勤める人が八人と特定されていることである。永夫も二人、国越夫も二〇人と人数が挙げられているが、それは夫役負担の上限を示す数である。それに対し、公事給の八人とは夫役負担の上限でなくして、この夫役の責任者として固定された人の数なのである。この八人とは太良荘の名が七あることから見て名主の家ではないかと思うが、彼らにそれぞれ三石の公事給が与えられ、領主の必要に応じて（むろん無制限ではない）夫役を勤めたのであろう。

こうしたやり方を先の江良浦の指出における夫役と比較すると、①江良浦が夫役の台飯の量のほかには国内夫と国外夫の区別がなかったのに対し、太良荘では国内夫と国外夫（永夫・国越の夫）が区別され、国外夫には人数の制限が加えられ、基本的に銭に換算しうるものとなってる。②国内夫については制限がないが、公事給二四石に換算しうる範囲内という目安がある。また、公事給方式をとったことにより、江良浦に見られる領主の年中行事への奉仕と下行が指出で確認の対象となっていない。江良浦が指出で領主への奉仕の一々において確認している台飯や酒手という領主の下行（饗応）は、太良荘においては正月礼を除いて公事給の付与と夫役銭との差し引きで処理されている。江良浦の指出や河野浦や山泉の納所定文が領主への神人的な奉仕と下行の慣行を維持する機能を果たしているとすれば、太良荘の指出は本所領主の台飯や酒手の下行でなく米・銭給付に対する、本所方百姓としての義務を記すという性格を強め、それだけここでは指出は契約関係の確認という意義を帯びている。

おわりに

いくつかの百姓の指出を見てきた。それらが示しているのは、支配は合意にもとづくべきものという考え方があったことである。その合意の内容は、上納と下行についての領主と百姓の双方の同意である。百姓の指出はこの条件ならば支配に同意するという請文であるといえよう。領主側でも河野浦と山泉の納所定文から、こうした上納と下行の関係を明らかにしようという意図を持っていたことが読み取れる。

指出の文書としての伝存と代官支配との関連について、次のような推定を試みたい。応仁の乱までの豊富な荘園史料を持つ太良荘では、荘民が東寺に提出した指出と見るべきものは伝わっていない。それは室町期の東寺の支配が寛正六年（一四六五）一二月に到るまで所務代官請負制を取っていたからである。[37] この請負代官の就任時の請文において、年貢納入・和市・損免などについて不正のないことを誓約させるというやり方を取るから、荘民から指出を取る必要はない。しかし、先に述べたように百姓から指出を出させている加賀郡家荘の二松竹夜叉も能登高座宮の五井兵庫も代官であった。そのほかの例をあげると、永正一〇年（一五一三）一二月に禁裏料所若狭遠敷郡上吉田に直務代官を下したところ、地下人は指出に及ばず、逃散したという。[38] これらの例は荘園領主の文書に指出が伝わっていなくとも、その代官が百姓から指出を提出させていた可能性を示している。そして指出は現地支配にあたるものにとって必要であったことを示唆する。しかし、現地に密着すればそれだけに合意できない場合も多く、能登高座宮や若狭上吉田のような対立も激しくなる。

最後に、下行において対蹠的な江良浦と太良荘を対比してみたい。江良浦の下行は台飯であるが、太良荘は基本的に公事給である。江良浦が領主の年中行事や祭礼に参加し台飯という饗応を受けるという神人的な奉仕のありかたを残しているのに対して、太良荘は非人格的な関係が強まっている。気比社や府中物社との神人的伝統を背景とする地域に指出や領主の納所定文が見られるのは偶然ではないだろう。

註

（1）戦国史研究会編『戦国期東国社会論』吉川弘文館、一九九〇年所収。藤木久志『村と領主の戦国世界』東京大学出版会、一九九七年に収録。

(2) 渡辺信夫編『近世日本の民衆文化と政治』河出書房新社、一九九二年所収。藤木前掲書に収録。

(3)『歴史学研究』六六四、一九九四年。湯浅治久『中世後期の地域と在地社会』吉川弘文館、二〇〇二年に収録。

(4) 本光寺文書『増訂加能古文書』八五七号。

(5) 勧修寺文書　同右、九七四号。

(6) 拙稿「戦国大名朝倉氏領国と寺社領」(『福井大学教育学部紀要』Ⅲ　社会科学　三三、一九八三年、二三頁)。本書第Ⅰ部第一章。

(7) 雄山神社前立社壇所蔵文書『富山県史』史料編Ⅱ、一〇七号。

(8) 須須神社文書『増訂加能古文書』九九二号。

(9)『珠洲市史』第六巻、通史・個別研究、一九八〇年、一一二頁以下。

(10) 県資⑧刀根春次郎家文書六号。

(11) 同右、五号。

(12) 岩波書店、一九四七年。

(13) 所有権の「現実性」、一九四二年～一九四四年。『川島武宜著作集』第七巻、所有権(岩波書店、一九八一年)に所収。

(14) 同右、三八七頁。

(15) 名主職を農民的土地所有権の視点から論じたものとしては、とりあえず永原慶二「中世農民的土地所有の性格」(同『日本中世社会構造の研究』岩波書店、一九七三年所収)を参照されたい。

(16) 仲村研「中世後期の村落」(同『荘園支配構造の研究』吉川弘文館、一九七七年所収、三六八頁、初出一九六七年)。

(17) 三浦圭一「南北朝内乱と畿内村落」(同『中世民衆生活史の研究』思文閣出版、一九八一年所収、一八八頁)。

(18)『豊臣平和令と戦国社会』東京大学出版会、一九八五年。『戦国の作法』平凡社、一九八七年。

(19)『所有権法の理論』一〇～一二頁。

(20)『逆光のなかの中世』日本エディタースクール出版部、一九八六年、二二五頁。

(21) Hans K. Schulze, Grundstrukturen der Verfassung im Mittelalter. Kohlhammer Urban-Taschenbücher, 1986, Bd. 2, S.71, 76.
(22) 前掲註（7）刀根春次郎家文書五・六号。
(23) 同右七号。
(24) 外岡慎一郎「中世の気比神人とその周辺」（『福井県史研究』一四号、一九九六年）。
(25) 拙稿「室町期太良荘の代官支配について」（『福井県文書館研究紀要』八号、二〇一一年）。太良荘では明徳元年（一三九〇）に守護方と交渉して守護夫は地下役として一二人と定められたが、応永元年（一三九四）に荘民たちは現在守護夫は以前の三～四倍にもなっているので、東寺から将軍に訴えて守護夫を廃止してもらうか、守護夫負担分を年貢から控除することを認めてほしいと訴えている。東寺がこれを無視したので荘民は応永四年分の年貢からの控除を敢行しており、応永一〇年からは年貢米からの控除を東寺も認めるようになる。
(26)『越前若狭古文書選』所収刀祢文書、四六八頁、現存せず。
(27) 山本元『敦賀郡古文書』（一九四三年）所収、社家東河端文書、現存せず。
(28) 外岡慎一郎「中世後期の気比社領について」（『敦賀論叢（敦賀女子短期大学紀要）』九号、一九九四年）。
(29) 県資⑨高鳥甚兵衛一七号。
(30)「中世荘園の様相」一九六六年、『網野善彦著作集』第一巻、二八三頁。
(31)『小浜市史』通史編、上巻、一九九二年、六二二頁。
(32)『若狭国太良荘史料集成』第四巻五二号。
(33) 東寺百合文書フ函二六。
(34) ただし、表4に示しているように料足方のうち五六七文は半済方より出すと記されていても「銭方惣以上」では本所方百姓の負担から控除されていないものもある。これは半済方に納入する地子銭（八九八〇文）において相殺されたためであろうか。
(35) 網野前掲書、二八五頁。
(36) 藤木前掲書、九九頁注18、同九三頁以下。ただし、「在京陣夫役」とされている原文は「陣御在京之時」とあるので括弧で示したように「陣夫役・在京詰夫」が妥当であろう。

(37) 東寺百合文書ヤ函一一四・一一五。

(38) 「守光公記」永正一一年正月二七日条、『大日本史料』九篇四、七九一頁。

第六章　柴田勝家の越前検地と村落

はじめに

織田政権下の個別大名領国制を考えるうえで、越前の柴田勝家の例が重要な位置を占めていることにはあまり異論があるまい。その勝家の領国支配のなかでも農民支配が基本的な問題としてあり、そのために勝家のおこなった検地の性格を究明する必要があることもまた多言を要しないと思われる。

勝家が天正五年（一五七七）に越前で検地を行ったことは、早く牧野信之助氏が『福井県史』（一九二〇年）のなかで指摘されているが、この検地の性格を論じられたのは宮川満氏である。[1] 宮川氏は勝家検地の検地帳を初めて利用され、勝家検地を氏の言われる中世後期の三占有（名主的占有・地主的占有・作人的占有）のうち作人的占有を追認したものと位置づけられた。宮川氏がそのように判断された根拠は、勝家検地の段当たり一・五石の分米額が、戦国期越前において新名が解体して散田となり領主的所有―作人的占有が形成されつつあった場合の反当たり分米と等しいことにある。勝家検地の反別斗代一・五石が荘園制下の本年貢・公事・加地子の合計に相当する額であることについては、宮川氏に従いたい。

宮川説の問題の一つは、斗代の額によって占有を推定する方法が果たして妥当性を持つかどうかにある。織田政権を全体的に分析した脇田修氏はそのような方法を批判し、検地帳にみえる「作職」とは名主職所持者を主としたとされており、それゆえ加地子得分を否定したかにみえる勝家検地の斗代と、天正四年の勝家の「国中江申出条々」にみえる「一、名主百姓手前内徳小成物、可為如先規事」という百姓内得（加地子）安堵策とは矛盾しないと述べられているのである。(2) 小稿では脇田氏の考えを支持したいと思うが、勝家が内徳を事実上否定するような斗代を付しているもとで実現される百姓間内徳とはどのようなものかということは問題として残る。

右に述べたのは勝家検地に関する先学の論についての問題点であるが、これらには勝家検地の実態を再検討することによって答えたいと思う。それともう一つ小稿で考えたい問題は、近年活発な戦国大名検地と勝家検地の関連である。藤木久志氏は、織田（柴田）検地について宮川氏の所説をほぼ踏襲しつつ、「本年貢・加地子を『検地』をつうじて統括しようとした諸戦国大名、例えば今川・武田・後北条氏などで検証される、大名検地政策の深化であった」とされている。(3) 小稿はこのような、戦国期から太閤検地までの検地を加地子得分の否定という一貫した視角から捉え、中世から近世への移行過程について従来の考えを再検討しようとする最近の動向について異を唱えようとするものではない。しかし、この時期の検地がもっぱら加地子得分の吸収・否定のみをめぐって論じられるならば、中世と近世の支配体制の差違を十分に捉えられないという側面が出てくるように思われる。具体的にその一つを挙げるならば、村の問題がある。中世では名が支配の単位であったのに対し、近世においては村がその位置を占めているが、村を定め「村高」を確定するという検地は、その検地が近世的検地であるか否かの指標の一つになるべきものだと思う。

小稿ではこの名から村へという支配体制の変化のなかで勝家の検地を位置づけることを意図しており、勝家検地の実態からみてそのような視角をとることがさしあたり最も適切であると考えるものである。そこでまず、戦国期越前の村の分析から始めることにする。

第一節　池田荘水海の名と小村

中世越前の村について考えるときいくつかの地域が対象としてあげられようが、ここでは今立郡池田荘を例に、とりわけ池田荘内水海を中心に検討したい。水海を例とする理由は、この地に伝わる応永三二年（一四二五）～天正一六年（一五八八）の売券・譲状を中心とする中世文書二一四点が、いわゆる領主側の文書でなく農民によって作成され、かつ農民間においてまずは効力を発揮すべきものと考えられていたため、領主側の史料では見られない村の実態を示してくれるからである。(4)

水海は池田盆地の東の水海川をはさむ谷あいの村で、近世の水海村は正保三年（一六四六）「越前国知行高之帳」（松平文庫蔵）で六三四石余という池田地域中最大の村高を有していた（池田地域の平均村高は一四八石）。至徳三年（一三八六）の賀宝五所明神の棟札写には「池田庄水海郷」とあり、(5)郷を称したこともあったらしいが、室町・戦国期には単に「池田下庄水海」とされることが多い（四・五号）。天文四年（一五三五）には水海の支配にあたる「御代官」がいたことが知られるものの（八号）、領主やその支配組織については明らかでない。

まず、中世水海の構成を示すものに文明九年（一四七七）の水海御百姓中による江三郎名八分一売券がある（三号）。これは「御百姓中の名田」である江三郎名八分一を売却したものであるが、売却人として連署している一四名のうち

表１　水海内の小村

小村名	初見年代
地蔵堂村	1425年
西　村	1477
上の村	1481
井口村	1506
道(堂)村	1551
上宮地村	1551

一二名は「いえふさ（兵衛）ひやうへ（兵衛）」「まさきよ衛門」「かう（江）三郎ひやうへ」のごとく名の名称を冠しており、このことから水海は少なくとも一二の名で構成され、これらの名の名主が水海の「御百姓中」を形成していたことがわかる。ただし、売却された名が「かう三郎名八分一」とされているように、名はいわゆる分数分割名の形態をとっており、他の史料においても名は「国末名八ふん一」（四号）、「助遠名卅弐分壱」（一四号）、「定末名四分一」（一九号）などとみえ多くの名が分数分割名であったから、右の文明九年の売券に署名している名主は親名主の地位にある者である。水海において名は分数的に分割されながらも親名主によって統轄されており、この親名主たちが結合して水海の惣を形成していたのである。

さて水海の史料で注目されるのは、水海内部に表1にみられるような小村が形成されていることである。これら小村は史料上どのようにあらわれるかといえば、

売主池田水海西村住人直恕（二号）

うりぬし池田下庄水海地さうたう村之住人衛門太郎（五号）

譲主井口村之住人妙忍（七号）

うりぬし水海堂村住人太郎五郎兵衛（一四号）

のように売却・譲与などのときに本人の居住地を表示するものとして記されている。したがって、この小村は農民の居住集落と判断されるのであるが、次の史料（二〇号）はこの小村集落民が自治的共同組織を持っていたことを示し

ている。

永代下中西村御地蔵之御神田之事

合弐ケ所者　分米四石也、但四方からみわその御ほへあるニ仍て乗西申候なり、

右之田地者不作有ニ付て、分米壱石八斗ニ相定申、永代おろし申候、但不作ほり明候共違乱煩有間敷候、但未進

有付て者村衆へ進退可申候、仍而永代之下状如件、

おろし主西村惣代　道善（花押）

元亀参年正月十九日

下田中（花押）

良光左衛門（花押）

彦九郎兵衛（花押）

善空兵衛（花押）

上田中兵衛太郎（花押）

下田中

次郎右衛門殿　参

水海の小村である西村には西村地蔵神田を進退する「惣代」を中心とする集団があり、この場合神田を下田中の次郎右衛門に小作地として宛行う主体となっているのである。「惣代」は荘官職や名主職と違って領主に補任されるものでなく、小村住人によって選出されたものと考えられるから、この小村集団は自立的・自治的性格の強いものであったと判断される。領有制度としての荘園の外被のもとで自立的・自治的に営まれている中世村落の様相を具体的に

追求しようとしたのが清水三男氏であったことは改めて言うまでもないが、右に示した小村の惣結合は清水氏の言う村人の村落生活の最も基礎的なありかたを示し、西村地蔵堂は「村人の自治生活の中心」としての「村民の堂」と考えてよかろう[(6)]。また、領主支配から自立し、小村の堂庵を中心とする信仰集団の存在は一向一揆の形成史を考えるうえでも重要だと思われる[(7)]。

しかし、小村集団の自立性とは領主支配のための政治的・制度的な村落とは次元を異にする場で形成されていることを見逃すべきでない。すなわち、領主の支配は池田荘→水海→名という制度を通じておこなわれており、それゆえ水海全体は小村の惣代連合としてではなく、先にみたように名主（親名主）の結合によって代表されているのである。小村において自立的で自治的な農民的世界が存在したとしても、政治的に言うならばそれは私的な事実にすぎないのであって[(8)]、そのことは、小村はもっぱら農民の居住地表示として記されるものの、売券・譲状などの有坪記載には記されることがないことからも推測される。したがって、小村にみられる自治的結合が政治的にも公認された地位を占めていくためには、さしあたり名体制の変質ないし解体を前提とするであろう。

既に述べたように水海の名は分数分割名となっていたが、それにもかかわらず分数分割名の持主相互間には名を維持しようとする規制力が働いていたと考えられる。文明九年西村住人直恕の売券（二号）には、

若此下地において子々孫々、又兄弟と申、名つれ・地つれなんと〻申違乱煩申者候ハ〻、地下・公方之御沙汰として盗人之御罪科被行候へく候、

と記し、「名つれ・地つれ」という特徴ある語がみえている。この語はその後の売券・譲状においても「又此下地ニおき候ておや子きやう代、又名つれ、し〻そん〳〵なんと〻申物」（五号）、「又子々孫々、又は名つれなと申候て」

（七号）、「於此上三子々孫々、又は地つれ・名つれなんと、申候て」（一四号）、「又ハ我々兄弟子々孫々、名つれなんと申候て」（一九号）のように多少の変化をもって記される水海の慣用語であった。このうち「地つれ」が何を指すのか判断しかねるが、「名つれ」とは同一名の他の分数分割名の持主を指すとしてよいであろう。

いま「名つれ」について考えると、名の相続は名主の家が代々相伝すべきものという社会的通念が存在したという指摘があり[9]、この点を考え併せると、右の「名つれ」が含まれる一連の文言は名田の保有権を主張するときの、社会的に認められている権利請求の序列を示すものと解しうる。一連の文言のうちで「名つれ」が占める位置には若干の変化があるが、全体として「名つれ」はその名の本主の子孫・一族につぐ名田請求権を有していたとしてよい。「名つれ」のそうした請求権が成立しうるのは、同一名内の分数分割名の持主は名全体の年貢公事負担につき潜在的にせよ、制度的にせよ共同責任者として考えられていたからであろう。そしてこの意味において彼ら「名つれ」相互間には名の解体を容易に許さない規制力がはたらいていたとみられる。

右に推定したような「名つれ」が名制度をいわば下から支えるものであるとすれば、いくつかの分数分割名を管轄する親名主の存在は直接に名を維持しようとするものである。一六世紀水海の親名主のありかたにはやや独自なものがみられるので、まずその例をあげよう。

①天文四年（一五三五）水海村住人藤五郎は勘当を許され「殊国末名之田頭しき譲被下候上者、於後日いさゝかふかう仕間敷候」との請文を提出している（八号）。

②永禄四年（一五六一）水海堂村住人太郎兵衛の助遠名三十二分一の売券には「但本役弐斗四合五夕小斗、五升大斗、田頭方へ納所百文、御服百卅文、四年壱度山番御沙汰候て永代作可有候」とある（一四号）。

③永禄三年に清友名[10]四分一を水海村下田中左衛門に預けた谷口大兵衛の預け状に「但此名ニ御服弐両壱分番頭方へ納所」と記されている（一三号）。

右の①②は名全体の本年貢を徴集する「田頭」がいたことを、③は名の公事である呉服を徴収する「番頭」が置かれていたことを示している。したがって、一六世紀になると、本来は年貢・公事ともに徴収の任にあった親名主の機能が、年貢は田頭、公事は番頭があつかうというように分化したと考えられる。親名主機能のこうした分化の理由は明らかでないが、やはりそれは名解体の動向に対して名を維持しようとするものであったと思われる。

このように一六世紀水海の名は解体と持続の二側面を含んでいるが、この名と小村の関係についてまず名が維持されている側面から考えたい。戦国末期にいたっても名が年貢公事の単位であったことは、水海内小村の自立的・自治的性格にもかかわらず、小村は領主の支配体制のなかでは公認された年貢公事負担の組織として定着しえなかったことを示すものである。個々の田頭や番頭の本拠地は小村にあったとしても、彼らの支配する名田は小村を越えて水海全体に散在しているから、田頭や番頭の支配はあくまで水海全体の、名を基礎とする惣結合によって保証されているとみるべきである。ここで注目されるのが天文四年以降、「池田下庄水海村住人藤五郎」（八号）、「水海村下田中左衛門殿」（一三号）、「水海村つほ之内太郎五郎」（一五号）のように水海が村と称されるようになることであり、天正八年には「水ミ村惣谷中」（二二号）もあらわれる。水海内の小村もいぜん村と称されているから、このことは水海において「村」の観念が混乱してきたようにみえるけれども、それは単なる混乱ではなく、水海村惣中と小村惣中の対立を反映したものと捉えることができる。そして、田頭・番頭の構成する水海全体の惣は小村との対立関係のなかで自らの惣結合を水海村惣谷中として再確認していったのである。近世の水海村の成立はその帰結であり、中世の小村は村として分立することなく終わった。小村は制度としての村にはならなかったが、正保三年の水海村念仏田下し状には下し主代表者七名の肩書として上宮地・下宮地・家房・井口・地蔵堂・上野・道・宮谷という中世の小村がみえており、近世においても村民の信仰集団として生き続けていたことが知られる（二七号）[11]。

再び話を戦国期に戻すが、一六世紀後半に形成されつつあった水海村惣結合は、解体過程にある名を基礎としている限り、もはや文明年間の名主連合の単なる再建としては立ちあらわれがたいとみなければならない。次の史料は同じ池田庄の上庄に属す恒安村・市村についての裁許状であるが[12]、名と村と小村の関連を示してくれる。

（花押）
池田上庄千代番（丸脱）之内小原村を相論之事、恒案（安）村申者、八幡之西大谷を堺之由一紙在之、然処市村より池田久時判形堺之証文池田平三方出帯に付て、則以検使相尋処ニ、古屋谷より西者千代丸番ニ不紛上者、公事足諸役等之儀彼居住者ニ申付可進退者也、若有違犯族者重而可成下知、仍不可有相違之状如件、

大永四年甲申二月廿七日

千代丸番

市村百姓中

右の史料にみえる恒安村・市村はともに近世の村として知られるが、相論の対象となっている小原村は近世の村としてみえないから、これは水海内の小村と同じものと考えてよいであろう。池田上荘千代丸番とはかつての池田上荘千代丸名の系譜を引くものであったと判断され、したがって番は形式的には名を単位とするが、内容的にみるならば恒安村・市村などの村が単位となっている。さて、帰属が争われている小原村について、「公事足諸役等」が名耕地

保有の有無を基準とするのでなく、「居住者」に課せとされているのが注目される。すなわち、名体制の変質は公事収取のための番編成をもたらすが、その番のもとで小村「居住者」が収取の対象として掌握されるようになりつつあり、ここに名の解体は番を中間的形態としてやがて小村（あるいは村）を支配の対象としていくという動向を確認しうるのである。

しかし、この裁許状は小原村という小村の課役負担単位としての自立性を否定している。小原村はこの裁許状発給人である領主の恣意によって負担単位としての自立性を否定されたのではなくして、本来居住集落として村境を持っていなかったがために恒安・市の両村による歴史的な「一紙」や「証文」にもとづく併合の主張に抗することができなかったのである。また、恒安・市の両村の提出した「一紙」「証文」の内容について推察されるところでは、両村とも相論の地が直接に自己の村のものであるとは主張せず、千代丸番のうちの村分という論理を展開したものとみられる。ここに、村も形式としての名を克服しえない段階であったことが知られるとともに、領主が名を形式的にも廃絶する段階にいたれば、村そのものの掌握が領主側においても改めて問題となることが予想されよう。それでは勝家検地はどのような村をどのように掌握したか、以下この本題の検討に移っていくことにしよう。

第二節　勝家検地の実態

天正三年九月に、越前一向一揆鎮圧後の混乱と荒廃の激しかった越前八郡を領知することになった柴田勝家の課題は、加賀北部二郡を拠点として勢力を保持し、かつ信長軍と対抗するため上杉氏との結びつきを強めつつあった加賀一向一揆との対決にあったと考えられる[13]。その課題を果たすため勝家がとったのは、まず何よりも荒廃した農村の復興策であったが[14]、次にはそれを基礎として年貢夫役の収取体制を構築し、さらに信長によって「国に立置」かれた「諸侍」と勝家自身の家臣に対し知行制編成を遂行しなければならなかった。検地はその具体策のひとつである。

勝家は天正五年三月二七日に、丹生郡剣神社織田寺社惣中に剣大明神領一四八九石三斗を「織田庄之内以検地之上相渡候[15]」と述べ、同四月七日には新開一衛門尉に対し知行分二百石を「於王見郷宮森村(坂井郡)以検地上渡遣[16]」としているから、このとき検地がおこなわれたこと、またはその予定であったことがわかる。今日勝家検地が実際におこなわれたことを示す史料は丹生郡織田荘、およびその周辺部にしかみられないので、検地が勝家支配下の全域に実施されたと考えることは困難である。勝家検地については宮川氏の論があるが、氏が用いられた織田剣大明神領の検地帳は、後述するように勝家検地の実態を直接に示すものではないと判断されるので、ここでは最近発見された丹生郡天谷(あまだん)の検地史料[17]を紹介したいと思う。まず勝家検地の検地帳に相当するのが次の史料である。

「　同所
畠五反十歩　同　三石七斗九升一合三夕九才
同所
山畑三反　同　壱石五斗
かたくろ
同宿町五反　同　七石五斗」

ゆの谷
田小五十五歩　　　　同　　七斗二升八合一夕二才
同所
畑三反小十四歩　　　同　　壱石六斗四升二合
宮坂はん頭地
同弐反　　　　　　　同　　壱石
水上　宮たら　此内半分番頭地
田壱反小　　　　　　同　　弐石
（中略）
うへの山より古川大くほ
田九反半四十歩　　　同　　拾四石四斗一升六合八才
屋敷之間
畠二反　　　　　　　同　　壱石五斗
居屋敷
三反半四十歩半　　　同　　五石四斗二升五合一夕
　以上七拾三石二斗五升四合七夕一才
右此分打渡申所如件、
天正五
二月廿四日　　　　　　　　　伏屋伝七（花押）

表2　勝家検地の段あたり分米・平均分銭

史　料	田・屋敷	畠
天谷村検地打渡坪付	1.5石	5斗または7.5斗
織田寺千手院領指出水帳	1.5	2520文
織田南料所本所分打渡状	1.5	2000文（6.7斗）

註：織田荘関係の資料の典拠は後述の註（25）（31）を参照。

吉田五右衛門尉（花押）
小野彦介（花押）
山田弥左衛門尉（花押）

天谷
御百姓中

右の検地打渡状は前欠で二四筆六二石余しか記していないが、それでも検地打渡高の八五％分が記されているので、全体を把握するのに大きな支障とはならない。検地の特徴としてはさしあたり次の点があげられよう。

まず名体制はみられず、耕地は一筆ごとに登録されており、田と畠（畠・畑・山畑と記される）の区別のほか居屋敷面積も独自に捉えられている。耕地面積は詳細に記されているが田品の区別がなく、名請作人も記されていないのが特徴である。斗代についてみると、畠はほぼ七・五斗（二筆）、五斗（一筆）、畑はほぼ五斗（五筆）、三・七七斗（一筆）、山畑は五斗（二筆）となっており、対象とするハタケの種類による区別は存したらしいが、この区別は斗代による区別とはなっていない。これに対し、田は段別斗代一・五石で統一されている。織田荘の勝家検地の例もあわせて斗代（分銭）について表示したものが表2であるが、畠についでは問題があるとはいえ、田は一・五石の斗代で統一されていたとしてよい。この田地段別斗代は戦国期織田荘指出帳にみえる散田分分米の段別平均一・三二石を上まわるから、[18]

勝家検地では荘園制下の本役米・公事・加地子をあわせた額が収取の最低の基準とされていたとしてよいであろう。したがって、勝家検地には農民の加地子（内徳）を吸収しようとする意図があったとみられるが、問題とすべきはその吸収のしかたである。そのことは勝家検地が名請人を記さず、検地坪付によって確定された村高を百姓中に打渡すという独自の形式を持っていることと関連する。

村高を打渡された百姓中は検地役人に次のような請文を提出しており、検地は検地坪付打渡状↓百姓中請文という手続きをとって完結するものであったことが知られる。

「（前略）
屋敷ノ間
　畠三段小五十歩　同　弐石二斗八合一才
　居屋敷三段半四十歩半　同　五石四斗二升五合一夕
　以上
右此分如御縄打、無別義請取申候、御理□儀者御領主御付候時可［　　　(四)］方からミハ、東ハ道祐田山の尾堺、南ハ岩ふき滝□堺、西ハ別役天谷之山堺、北ハ宿堂明山山を堺、此内山林預り申候、仍如件、
　天正五年二月廿九日　　道場兵衛（略押）
　伏屋伝七殿　　向衛門（略押）
　吉田五右衛門尉殿　　小［　　］屋（略押）
　山田弥左衛門尉殿　　下兵衛（略押）」

小野彦介殿

中屋衛門（略押）
兵衛三郎（略押）
南左衛門（略押）
衛門（花押）

御公儀さま上ヶ申つし

右の請文が述べているのは勝家より打渡された耕地と高を別儀なく請取ったということについてであり、具体的な収取については「御領主」が定められたときに決まるであろうことを予定している。したがって、勝家検地が確定しようとしたものは収取の細部なのではなく、何よりも「村高」であったといえよう。勝家検地のこうした性格は同じ北陸の前田氏初期検地と基本的に一致している。木越隆三氏は、天正一〇・一一年に前田利家が能登国でおこなった検地について、農民よりの指出にもとづく〈村〉惣面積をもとに、名請人の確定もおこなわないまま、一反に一律三俵を付して〈村高〉を定めたものと指摘し、そのような前田検地は「当時第一に要請されていた領国支配の基礎となるべき〈村高〉掌握作業を強行しなければならなかった政治状況」にもとづくものであると述べられている。[19]検地が何よりも「村高」把握を目的としていたこと、およびその理由についての木越氏のこの主張は、勝家検地にもあてはまると思う。勝家検地がおこなわれた天正五年には、前田利家もその一人であった越前府中三人衆の検地が丹生郡で実施されているから、[20]越前でのこの検地を基本的に踏襲したのが能登の前田初期検地であったといえよう。

勝家検地が掌握したのが何よりもこうした「村高」であり、また農民側も検地によって定まったのは「村高」だけであったと捉えていたことは、次に引用する検地二年後の天正七年の三郎兵衛譲状から知られる。

山林田畠［　　］

一所ありつほハかへ山一円ニうへかたいらのすゝたけわらまて

但此田地御なわ打［　　］

四百五十文本　在坪下之屋敷、うへの山共ニ、是ハ衛門二郎名内なり

百五十文本　在坪ハミやさかちやの木わらのほりつきのところまて

（中略・四筆略）

弐百文本　在坪かへ山くちミちの上　新二郎・弥五郎

百文本　ありつほハミやさかたけ一まい

已上、是ハこわりの持の地子本也、

六斗五升是ハ大谷ふん也　有坪ミなミかいちかた田の分、たてさかいこれあり

三斗五升　在坪大はたけあらい谷くち、おくくちわせ田まて

四斗　ありつほミやうか谷たきのうへ、新二郎

（中略・二筆略）

壱斗　在坪うね畠のした、弥二郎

已上

右こわりのちやう（小割帳）うへなり、しかれハ此地子本年く之内より、まい年ニ公方へさた候てしんたいあるへく候、但

此地子年貢ニそうけん（増減）あるへく候、小日記へつしニそへおき候、仍為後日ゆつり渡候所如件、

天正七年二月廿七日　　　　　三郎兵衛（花押）

妙珍方江

この譲状坪付のうち「うへかたいら」「ミやさか」「ミやうか谷」などは先の検地打渡坪付にもみえるから、この譲地は天谷村内の地を対象としているとみてよい。さて、この譲状で注目されるのは前半部分の地子本記載が勝家検地のありかたと一致せず、また後半の分米を記す部分も、もしこれが勝家検地に準拠したものであれば詳細な面積把握と反別一律一・五石斗代付与の結果として合勺才に及ぶ分米とならなければならないにもかかわらず、升どまりの分米しか記されていないから、これも勝家検地の結果と一致していない。したがって、この譲状は勝家検地の打渡坪付とは別の土地台帳によって記されたものと考えざるをえず、その台帳とは譲状に二ヵ所みえる「こわりのちやう（小割帳）」にほかならない。

慶長三年（一五九八）越前で太閤検地がおこなわれたとき、村民は検地帳とは別に村内で独自に耕地面積・斗代・作人を定めた「内検帳」を作成して、新たに定められた太閤検地村高に対応していたことが知られている(21)。譲状にみえる「小割帳」も、右の「内検帳」と同じく村内部で独自に定められた台帳であったと判断される。ただし、太閤検地時の「内検帳」においては、内検によって得られた耕地面積と既定の村高を対応させるため内検耕地一筆ごとの分米は合勺才に及ぶ数値となるが、右の「小割帳」では升以下はみられないから、耕地の内検がおこなわれ、村高をその内検耕地面積に割付けていたとは考えがたい。とするならば、「小割帳」は戦国期の耕地面積や負担額を継承したものではないかと思う。そうした場合の具体的な年貢負担は、勝家検地の村高を各人の持分分米・分銭比に応じて配分した額を納入するという方法をとらざるをえないのであり、譲状に毎年の地子・年貢に「そうけん（増減）」があるとしているのはその間の事情を示すものと思う。

右に各人の持分を述べたが、勝家検地は名請人を定めていないから各人の持分もまた村内で決定されなければならない。譲状には作人として弥五郎・新二郎・弥二郎がみえるが、先の天谷村百姓中請文に署名している者の内には彼らはみえない。したがって、天谷百姓中の村高請取とは天谷村人の一部、おそらく有力農民によっておこなわれているのであり、村内部での持分決定はこれら有力農民に有利なようにおこなわれたと推定される。彼ら有力農民が村内において、いぜん地主的あるいは加地子得分収取者としての地位を保っていたことは右の譲状からもうかがえよう。勝家検地は戦国期以来の農民間の支配秩序を直接に変更しようとするものではなく、またその加地子吸収も決して直接的なものでなく、反別一・五石という分米にもとづく収取のいわば結果として実現されるものであった。

しかし、右に述べたことをもって、勝家検地は農民の土地保有権や村落構造に何らの規制力を持つものでなかったと考えるならばそれは誤りである。その規制力として、さしあたり次の二点を指摘しうる。まず、勝家検地が村の御百姓中に高を打渡すという形式は、勝家と御百姓中との間で確定された百姓の高という観念を含んでおり、給人などがその内部に干渉すべきでないという原則を生み出す。ただし、これは原則であって、天正七年四月に勝家は織田寺社中に「織田寺社領田畠年々之未進付而、作職百姓前可取挙旨心得候、然者別作之儀可被任覚悟候」[22]として年貢未進百姓の作職改替を認めている。したがって、打渡された高はすべて百姓の高でなく、場合によっては領主・給人の手作も許容されていた。しかし、朝倉氏代に織田寺社が「作職進退」を原則的に認められていたのと違って[23]、勝家代にそれが原則的に禁止されつつあったがゆえに、織田寺社中は百姓前作職の改替について特別に勝家の許可を求めたとみるべきである。

もうひとつの点は名請人の決定に関連することであって、天谷村の「小割帳」方式をすべての村が採ったかどうか不明だが、名請人はまず村内で農民が決めたと考えられる。しかし、現実の農民は階層的に分裂しているのであるから、村内部の決定とは農民内部の対立と闘争の結果としてのみ存在する。同じ丹生郡の田中郷においては勝家検地後の村内持分決定について次のような文書がある。(24)

国中御縄打　　田中郷京方大百姓与小百姓互申之儀　相定一書之事

一、小百姓江おろし置候畠三分壱小百姓方へ可渡、残三分弐者長百姓□道□小百姓拘持三分弐之内、年貢米一粒も未□□者可取上候、自然無未進田地取上□□、

天正五　十一月廿一日　　　　　　　　　　徳　□（花押）
　　　　　　　　　　　　　　　　　　　　聞下三(斎)（花押）

田中郷長百姓中

これは勝家家老の裁許状であるが、文意は検地後の村内持分決定について、長百姓が小百姓に小作させている畠の三分一は小百姓の持分とする、残りの小百姓小作地三分二において小百姓に年貢未進があれば長百姓はその地を取り上げてよいが、未進がなければ取り上げてはならないことを命じたものである。ここでの対立は「村高」の配分をめぐる長百姓と小百姓の階層的対立であるが、かかる対立が顕在化したのもやはり「村高」を村に打渡すという勝家検地のありかたが前提となっているとみなければならない。勝家検地のもとでは小百姓の自立化はあくまで小百姓自身が勝ちとらなければならないものであり、「村高」の設定は単に村内部での高配分という問題を越えて、村のありかたをめぐる長百姓と小百姓の対立にまで展開していくであろうという展望を持つことができる。

第三節　織田荘検地と村

天谷村百姓中請文においては、具体的な収取は「御領主」が定められたときに決定されることが述べられているが、その「御領主」の具体的収取とはどのようなものかは未検討である。また、これまで一節で池田荘を例に村の問題を、二節の天谷村の史料から勝家検地の実態を考えてきたが、これらの問題の総合を試みるためにも、以下では勝家の織田荘検地を取り上げてみたい。

先にも述べたように、天正五年三月二七日に勝家は大明神領一四八九石三斗を「検地」の上をもって織田寺社惣中に寄進しているが、同年卯月八日にはこの寄進地の打渡がおこなわれている。その打渡状[25]は「織田庄之内南料所本所分大明神相付分之事」と題し、末尾に「右如目録千四百八十九石三斗相渡申候、但堺之事給人被仰談尤候、仍如件」という打渡文言が添えられている（以下、この文書を単に「打渡状」と記す）。「打渡状」の前半部分には一三ヵ所に分けて田・野畠が記されており、その総計は表3のごとくである。田地反別分米は一・五石、畠は反別二貫文でその代銭は一石＝三貫文の換算で分米高を出し、全体の分米高をもって寄進地高としている。

大明神に寄進された耕地については、天正五年閏七月二〇日に菅屋長行が再検地をおこなおうとした勝家に対し、「少之余分雖在之、当春傍爾如被相立候被仰付可然候[26]」と述べているから、一定の領域が定められていたことが知られる。また、これとの関連で「打渡状」後半部分の日付と打渡文言（前出）との間に上下二段に分けて記された記事が注目される。上段は院中村・上野村・市場村・堤村・高橋村・中村の六村名を記したあと「右相渡村九所可有相違候、但此外上戸村ハ給人と御相談之上を以、家数可有御請取候、以上」としている。下段には本所三崎村（二名）、同大王丸（三名）、同上戸村（一名）、同料所方（二名）、同南（一名）、鎌坂（一名）、上戸ノ上斎（一名）を肩書とする者がそれぞれ括弧内に示した人数だけ署名している（ただし、花押はない）。要するに、織田寺社中に対して耕地だけでなく「村」[27]が打渡されているのであるが、次の史料はこれらの「村」が大明神領の高を請負ったことを示す請文[28]と考えられる。

「　天正五年卯月八日　　　村々庄屋　」
　　　　　　　　　　　　長百姓
　　　　　　　　　　　十八人連判
　　　但高請之銘々無相違印形

表3　天正5年（1577）「打渡状」の耕地と分米

田	103町3段240歩	分米	1550.5石
野畠	5町7段243歩	代	115345文
			（分米にして38.458石）
惣都合			1588.958石
上記内訳	上戸よりの余分		99.658石
	勝家寄進分		1489.3石

これは近世の地誌に末尾だけ引用されたもので、近世的解釈による用語で略記されていて文書の原型をかなり損ねているものの、打渡された九村より二名宛の代表者による大明神領高請文とみることができる。織田荘南部の平等村住人等が「府中ノ御三人（前田・佐々・不破）ヨリ御上使衆之縄打之上を以」て定められた平等村内大明神領分二八八石余を天正五年九月に注進しているのも[29]、この請文と同じ性格をもつものである。天谷村において勝家と農民との間にみられた打渡→請文という形式は、「御領主」が介在する場合でも同様に採られた形式であった。

さて、「御領主」（給人）支配の実態や、打渡しの対象とされた「村」の性格などについて考えるため、越前国織田荘検地帳[30]（以下、単に「検地帳」という）の検討に移ろう。「検地帳」には検地人の署名や年代が記されていないが、「検地帳」と天正七年一〇月・同一〇年八月の二度にわたって作成された織田寺千手院領差出案[31]の坪付記事に一致するものが多いことから、この「検地帳」を勝家検地時のものだと宮川満氏は考えられている[32]。なお付言しておけば、「検地帳」と千手院領差出水帳で一致するのは分米地のみであるから「検地帳」が記しているのは田方のみであり、しかも後述するように田方の一部である。「検地帳」は村ごとにまとめて記されているが、いまそのうちの三ヵ村について、それぞれ三筆だけ抄出すると、

轟村

在坪ヤケヤ
大九拾歩半　　弥十郎

鎌坂
八拾歩　　兵へ三郎

浮橋
参百四拾八歩　　常法衛門二郎

辻村

かちかへ
大四拾弐歩　　新衛門

ヤケヤ

弐反五拾歩　六郎二郎
浮橋
半四拾三歩　三郎五郎
鎌坂村
ヤケヤ
八拾歩半　与助
鎌坂
壱反九拾歩　与次郎
かちかへ
半拾八歩　与二郎

のようになっており、表4は村ごとにその田積を表示したものである。「検地帳」と先の天谷村検地打渡坪付を比較すれば「検地帳」には名請人が記されており（段別一律一・五石の分米は必ずしも記す必要はない）、また「打渡状」と比すと田積が半減するとともに、打渡された村名との間に食い違いがみられる。これらの差違を考えるためには「検地帳」の「村」の性格を明らかにしておく必要があるので、まずこの点から取り上げる。

表4に示した村のうち厳密に言うと「寺家」は村とは称されておらず、また「寺家」としてまとめられている田地の名請人は全て織田寺の寺庵である。寺庵だけで構成される集落を想定することは可能であろうが、

表4　「検地帳」の田積

轟　村	100-240 半
寺　家	34-122 半
辻　村	68-234 半
西之村	65-186 半
鎌坂村	46-099 半
市場村	19-094 半
堤　村	28-106
三崎村	60-017 半
赤井谷村	30-254 半
（計）	453-276
推定分米	680.6499 石

単位：段

寺庵村落を想定することは甚だ不自然であるから、この「寺家」にまとめられている田地は寺家村落の耕地ではなく、寺家という身分にある者が名請人となっている田地を指すものと考えなければならない。そしてこの「寺家」にみられる特徴は他の「村」にも共通するものがあるのである。右に抄出した「検地帳」の一部からも知られるが、田地の小字名（ホノギ）の「ヤケヤ」「浮橋」「鎌坂」は「検地帳」の各村にあらわれている。「鎌坂」はひとつの村であるが、右の抄出部分にあるように轟村のなかにもみえている。こうした各村にあらわれる小字名の数はかなり多いのであるが、代表的なもの三例を表5に示し、また明治期の織田小全図（地籍図）によってそれらの小字および村の位置を図1に示しておく。この表と図から知られるように、空間的にも限定された小字名がいくつかの「村」の名請地としてあらわれることは、この「村」が村境や村域を持つ村落ではなく、池田荘水海でみたような集落としての小村であることを物語っている。したがって、これらの「村」の高とは近世の村高とは区別されるべきものであり、集落住人の持高の総計ということになる。

ただし、表5にもみえているように名請人のうちには二村において名請人として名を現わしている者があり、これは右の想定と矛盾する。この二村に現われる人のうち、表5－1の「浮橋」にみえる三郎五郎は辻村に三筆、西村に六筆を有しているが、天正七年の千手院領指出水帳には「辻ノ三郎五郎」と「西ノ三郎五郎」がみえ、この両人は別人であることが判明する。その他、二村にあらわれる名請人については不明であるが、同名別人が多いと考えれば右の矛盾はかなり解消されよう。しかし、すべてを同名別人と解することには不安が残るので、集落住人の持高が「村」にまとめられているのは原則としてそうであったと考えておきたい。

「検地帳」の「村」のうち三崎村と赤井谷村については慶長三年の太閤検地帳が伝えられており[33]、それとこの「検

表5-1　浮橋

田数(筆数)	(村) 人名	自村筆数	他村筆数
-242	(轟) 理右衛門	21	
1-004	(〃) 次郎兵衛	4	
-348	(〃) 常法衛門二郎	1	
1-264(2)	(辻) 又右衛門	4	
1-017	(〃) 兵衛二郎	3	
-223	(〃) 三郎五郎	3	6(市)
-240	(西) 小衛門	4	1(西)
1-022	(〃) 三郎太郎	3	
1-040 半	(市) 矢部助左衛門	1	
1-010 半	(三) 助衛門	5	
1-089	(〃) 衛門五郎	2	
-297 半	(赤) 助太郎	7	

表5-2　鎌坂

田数(筆数)	(村) 人名	自村筆数	他村筆数
-080	(轟) 兵へ三郎	3	
1-173	(〃) 理右衛門	21	
-162 半	(西) 次郎衛門	5	2(堤)
-189(2)	(鎌) 太郎衛門	10	3(轟)
1-090	(〃) 与次郎	7	1(轟)
-235 半	(〃) 左衛門三郎	9	2(三)
-331 半	(〃) 国延	4	

註：自村筆数とはその名請人が自村で持っている筆数である。なお（村）とは村名の最初の一字を示した略記。

表5-3　ヤケヤ

田数(筆数)	(村) 人名	自村筆数	他村筆数
-330	(轟) 弥十郎	6	1(辻)
-171	(〃) 蔵林坊	2	
-312	(〃) 理右衛門	21	
-307 半	(〃) 与太郎	2	1(鎌)
-255 半	(〃) 又次郎	3	1(堤)
-038	(〃) 掃部衛門	11	
-130	(〃) 喜内	4	
-192	(〃) 甚右衛門	11	
-324	(〃) 三郎兵衛	3	
1-050	(〃) 兵へ太郎	5	
2-050	(辻) 六郎二郎	5	2(赤)
-270	(〃) 新衛門	4	2(西)
1-246 半	(〃) 甚介	2	
-333	(〃) 兵衛二郎	3	
1-073	(〃) 市助	6	
-240 半	(〃) 弥四郎	6	
1-004 (3)	(〃) 猪介	13	
1-141	(西) 次郎衛門	5	2(堤)
-224	(〃) 彦四郎	3	9(辻)
1-020	(〃) 三郎四郎	1	
-240	(〃) 小右衛門	2	
-092 (2)	(鎌) 与助	11	
-256	(〃) 三尾野	4	
-031 半	(〃) 与介	1	
1-002 半	(〃) 甚九郎	5	
-310	(〃) 今池	1	
-111 半	(〃) 十郎左衛門	1	

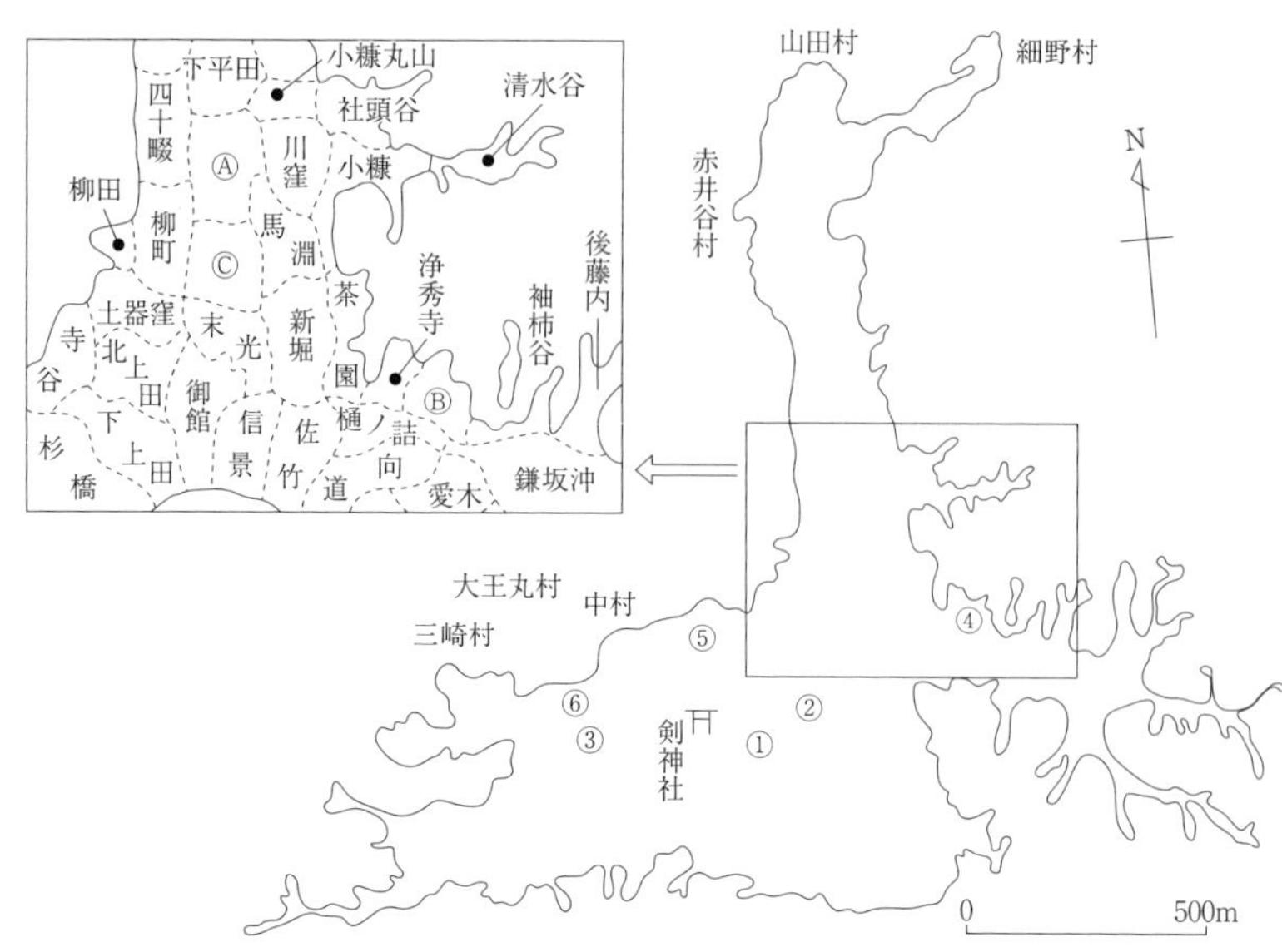

注：〔村名〕①寺家、②辻、③西野、④鎌坂、⑤市場、⑥堤、轟村は不詳。
〔小字名〕Ⓐ浮橋、Ⓑ鎌坂、Ⓒ家喜屋（ヤケヤ）。

図１　近世織田村の地形図と地籍図（部分）

地帳」を比較すると人名については共通する者が多いものの、耕地の小字名については全く一致しないことが知られるが、これも右のような「村」の性格からすれば容易に理解されよう。すなわち、「検地帳」の三崎村・赤井谷村の耕地とは太閤検地によって定められた近世の三崎村・赤井谷の村地域内耕地ではなく、三崎村と赤井谷村の住人が「検地帳」作成段階で大明神領に有していた耕地を指すだけなのである。また、「打渡状」にみえて「検地帳」にあらわれない村のうち、近世の織田村に含まれない中村・大王丸・上戸村は「検地帳」作成時には集落とその集落居住者の持つ耕地が大明神領でなかったため除かれたと考えられる。そのような推定を成り立たせるためにも、この「検地帳」が天正五年の「打渡状」当時のものでないことを示しておく必要があろう。

いま「検地帳」・天正七年千手院領指出案・同一〇年同院領指出案の三帳を通してあらわれる田地坪付の

表6　名請人の変化

小字名	田積	「検地帳」	天正７年指出	天正 10 年指出
曽林	大２歩半	（轟村）理右	七衛門	広部理右衛門
禅興寺ノ橋本	小 46 歩	（西村）彦四郎	西ノ村小衛門	西ノ村小衛門
ヤケヤ	半 44 歩	（西村）彦四郎	中村膳介	西村彦四郎
前山	大	（西村）甚次郎	忠兵衛尉	西村甚次郎

うち名請人名に変化のみられる四筆について表6に示す。表の名請人の変化のうち、「禅興寺ノ橋本」の一筆を除くと、「検地帳」の名請人は天正七年時のそれに一致せず、天正一〇年時の名請人と一致する。したがって、「検地帳」は天正七～一〇年の間か、あるいは天正一〇年以降のものとなろう。天正七～一〇年とすると「禅興寺ノ橋本」の名請人は小衛門↓彦四郎↓小衛門とめまぐるしく変ったこととなってやや不自然であるから、結局「検地帳」は天正一〇年以降の状態を記したものと判断される。あえてその成立年代を推定すれば、天正一二年の越前国検地の時のものではないかと思う。[34]「検地帳」の田積が「打渡状」より半減しているのは、この柴田勝家没後の状勢の変化に求めるのが妥当であろう。

「打渡状」と「検地帳」の差違のうち「検地帳」において田積が半減していることや、中村・大王丸・上戸村がみえないことの理由は右のように考えられるが、同じく「打渡状」に記されながら「検地帳」にみえない院中・上野・高橋の三村については別の説明が必要である。というのはこの三ヵ村はいずれも近世の織田村内に含まれる「村」であるから、[35]中村・大王丸・上戸村のように後に大明神領より除外されたと考えることができないからである。「検地帳」では院中・上野・高橋の三村がみえず、代わりに轟村・寺家・辻村・西村があらわれている。このうち寺家は「村」としてやや異質であるが、他の轟村・辻村・西村は天正七年千手院領指出案に名請人の肩書として記されているから、轟村など三ヵ村が院中村など三ヵ村に代わってあらわれるのはやはり天正五年のころとみなければならない。

この院中・上野・高橋の三ヵ村と、同じく近世織田村に含まれ、かつ「打渡状」・「検地帳」ともに現われる堤・市場の二村は、永正一七年（一五二〇）右衛門等連署請文写[36]、享禄元年（一五二八）大明神寺社領納米銭注文[37]、天文二年織田寺玉蔵坊領納帳写[38]、戦国期の織田荘内指出帳[39]のうちに「院中西之地下衆」・「高橋ノリタケノ上」・「上野日御供」・「堤御散田」・「市場ノ教道」などとみえているから、戦国期よりの村名もしくは地域名であったといえる。逆に轟・辻・西の三ヵ村は右に引用した「院中西之地下衆」のほかには史料に現われない。このことから、「打渡状」の村は比較的古くからの村であり、このうちには堤村・市場村のように「検地帳」にも継承された「村」もあるが、院中・上野・高橋の三ヵ村は集落としての実際の機能が弱まっていたため、「検地帳」に「村」として記されなかったのであるまいか。勝家より所領を打渡された織田寺社は具体的に支配をおこなうために名請人の確定と「村」の確認をおこなわなければならなかったが、在地においては新しい「村」を含めて農民の「村」結合が進展しており、織田寺社はこうした「村」を支配の単位として掌握したものとみられる。

この時期の領主が「村」を設定しなければならなかった理由は、池田荘水海でみたような自治的伝統を持つ「村」を領主側が否定しえなかったところに求められるが、それればかりでなく名制度にかわる公事（とりわけ夫役）収取のための組織として「村」が機能したからではあるまいか。公事収取組織が名→番→村と変化しつつあったことを池田上荘で推定したが、この点について織田荘ではどうであったか。天文二〇年に織田荘内千田村浄円が退転したとき、その持分の名職は「為番中諸済物等致取沙汰可調候[40]」と千田村百姓中に命じられており、名→番の変化が知られる。さらに、永禄六年には「千田浄円持分名職田畠山林等之事、近年番中へ申付如扱之、年貢諸済物諸公事等并諸臨事点役以下可其沙汰[41]」と赤井谷百姓中に命じられており、番→村という変化がみられる。しかし、河村昭一氏[42]が織田荘の例などによって指摘しているように、朝倉氏下では広く「名立」（名の再編成）がみられるから、名→番→村という変化のみを傾向として捉えるのは誤りであって逆の村→名の動向も存在する。だから、朝倉氏下では名と村は番を中間的形態として公事収取のためのどちらかが採用されるべき組織であったのであり、勝家検地において名は体制的に認められなかったため村を掌握したのである。「検地帳」の「村」は、その村の一形態にほかならない。

おわりに

天正五年の柴田勝家の検地は荘園制支配の基礎をなす名制度を廃止し、詳細に把握した耕地に対し荘園制下の本年貢・公事のみならず加地子をも吸収しうる反別斗代を設定して「村高」を定め、それを百姓中に打渡すというものであった。この検地が打渡された高の作職を農民側に原則的に認めたこと、「村高」の配分をめぐる長百姓と小百姓の闘争を公然化する契機となったことについてみれば、農民にとって大きな意味を持っていたといえる。

しかし、勝家検地は「村高」を掌握したものの領主・給人の農民支配、あるいはその村の内容については積極的・制度的に規定するところがなかったというところに特徴があり、これらの点は領主給人、あるいは農民内部の「自主性」——それゆえ領主・給人と農民、および農民内部の対立も激しさを増すのであるが——に委ねられていた。戦国期には池田荘水海の例で言えば、水海村と水海内小村（「村」）の双方が対立的に展開していたが、勝家検地はこうした村の多様性に対し、個々の場合には村を確定したものの、全体としてみれば明確な村理念にもとづいて統一的に村を設定していったとは言いがたい。剣大明神領の場合、その所領は「村」の集合体としてあらわれているが、この「村」の耕地の中世的散在性は勝家も織田寺社も、また農民たちも克服することができず、それゆえ大明神領の「村」は池田荘水海の小村と同じく近世の村に転化することができなかった。太閤検地はこうした村の問題に解決を与え、水海村と織田村が確立するのであるが、清水三男氏が描いた中世村民生活の一典型ともいうべき「村」は制度的には認められなかったものの、近世の村の内部にあって一七世紀前半までは村落「自治」の基礎をなしていたのではあるまいか(43)。しかし、そのように言ったとしても近世の村の「自治」性を単に中世の継承とみるだけでは不十分であろう。兵が農より分離していくある段階においては、兵の集団の自律性とともに農の集団の自律性もまた強化されるが、やがて階級的結束を幕藩体制というかたちで確立した兵は農の自律性に介入していく。そういう過程を中世から近世の移行は含んでいたように思われる。

註

（1）宮川満『太閤検地論』（御茶の水書房、一九五九年）第Ⅰ部、三一八頁以下。
（2）脇田修『織田政権の基礎構造　織豊政権の分析Ⅰ』（東京大学出版会、一九七五年）二〇五頁。
（3）藤木久志「統一政権の成立」（岩波講座『日本歴史』近世1、一九七五年）六四頁。
（4）県資⑥鵜甘神社神主原家文書。この文書については文書番号のみを示す。
（5）『池田町史』（一九七七年）八五頁。
（6）清水三男『日本中世の村落』（『清水三男著作集』第三巻、校倉書房、一九七五年〈初出は一九四二年〉、一七二頁）。
（7）井上鋭夫氏が指摘されている坂井郡三国町大字水居の道場はその具体的な例のひとつとなろう（同『一向一揆の研究』吉川弘文

館、一九六八年、二三五頁)。

(8) 清水三男氏の『日本中世の村落』はこの側面を自然村落における村民の自治的活動として描いたものと考えられる。氏はこれが一側面にしかすぎないことを知りつつも、当時の状況のなかであえて意図的に取り上げたことは、その「結語」において「自然村落生活」が「一種の抽象物」であることを断っているところからも推定される。

(9) 蔵持重裕「太良荘における名主家族結合と名主職」(『歴史学研究』五〇六号、一九八二年)。

(10) この清友名は水海の隣村谷口村の名である可能性が強いが、谷口も水海と同じ池田下庄内であるから、清友名も水海の名に準じて扱ってよいであろう。

(11) なお付言すると、このことから中世小村を信仰集団であったとすることは正しくない。信仰集団とは村という第一次集団から自立して形成される第二次集団であるが、小村にみられる信仰集団はあくまで村という地縁集団を基礎として形成されているからである。

(12) 県資⑥上島孝治五号。

(13) 前掲註(7)井上著書、五九八頁以下。また、勝家自ら伊達輝宗家臣宛書状のなかで「北国表為警固越前被居置候」と述べている(『加能古文書』一六二二号)。

(14) 天正四年三月、勝家の「国中江申出条々」(県資④大連三郎左衛門八号)。

(15) 劔神社文書(『福井県丹生郡誌』所収、劔神社一〇一号)。

(16) 県資③片岡五郎兵衛四号。

(17) 県資⑤野村志津雄九～一一号。天正五年検地関連文書は、一九八二年の『福井県史』史料調査で発見されたものである。

(18) 県資⑤山岸長一二号。この史料については、山本孝衛「織田荘の分数名と散田」(『若越郷土研究』六―二、一九六一年)、宮川満「室町後期の土地関係―越前国織田庄を中心に―」(『中世社会の基本構造』御茶の水書房、一九五九年所収)、古田憲司「戦国時代織田庄に出現した散田について」(『中世日本の歴史像』創元社、一九七八年所収)、神田千里「越前朝倉氏の在地支配の特質」(『史学雑誌』八九―一、一九八〇年)の諸研究がある。

(19) 木越隆三「前田初期検地と村落」(『北陸史学』一五号、一九六七年)。
(20) 県資⑤劔神社九八号、天正五年九月八日付指出。
(21) 松原信之「寺地村検地帳・内検帳」(『今立町誌』第一巻本巻、二八三頁)。
(22) 県資⑤劔神社一〇七号。
(23) 同右二九号。
(24) 明厳寺文書三号(『福井県丹生郡誌』所収)。『福井県丹生郡誌』では所蔵が明厳寺となっており、一部しか載せられていないが、現在は木下喜藏家文書として、全文が『福井県史研究』一〇号(一九九一年)に載せられている。
(25) 県資⑤劔神社九三号。
(26) 同右九五号。
(27) 「村」と括弧付にするのは、後述のようにこれが村落でなく集落だからである。以下、本文で「村」とするのはこの意味に用いる。
(28) 県資⑤劔神社九四号。
(29) 註(20)に同じ。
(30) 県資⑤北野七左衛門七号。県史では、文書名が「織田寺社領坪付帳」と改められている。
(31) 県資⑤劔神社一一三・一二〇号。
(32) 宮川満『太閤検地論』(御茶の水書房、一九六三年)第Ⅲ部一一三頁。筆者の考えは後述する。
(33) 三崎村太閤検地帳は北野七左衛門家所蔵文書(宮川氏同右一八号)、赤井谷村のものは県資⑤山岸長一四号。
(34) 天正一二年検地については改めて検討しなければならないが、さしあたり斗代は反別一・五石で勝家検地を継承していること、一筆ごとの耕地についての検地帳が作成されず、目録に記した田畠面積・分米を村に「相渡」すものであったことなどにおいて、木越氏前掲論文が明らかにしている能登の天正一〇・一一年検地を継承する天正一四年検地と共通する性格を持っていることを指摘しておきたい。
(35) 織田村については平凡社『福井県の地名』三五七頁の「織田村」の項を参照されたい。

(36) 県資⑤劔神社二四号。
(37) 同右三〇号。
(38) 県資⑤北野七左衛門三号。
(39) 註（18）に同じ。
(40) 県資⑤山岸長四号。
(41) 同右七号。
(42) 河村昭一「戦国大名朝倉氏の領国支配と名体制」（『史学研究』一二三号、一九七四年）。
(43) 中世との関連で近世初期の村の「自治」をめぐる問題を考えるとき、水本邦彦「初期〈村方騒動〉と近世村落」（『日本史研究』一三九・一四〇合併号、一九七四年）、同「近世初期の村政と自治」（同、二四四号、一九八二年）が興味深い。

【付記】　本稿は総合科学研究（A）「北陸における近世的支配体制形成期の基礎研究」（代表高澤裕一氏）の研究分担者としての報告である。

終章　内徳と在地社会

これまで十一章にわたり、戦国期を中心に色々な問題について論じてきた。そのなかには作職進退のように繰り返し取り上げてきたものもあり、読む人には甚だ迷惑であったかとお詫びするとともに、模索の跡と理解して頂けると幸いである。終章においては序章であげた内徳に対応させて、内徳について簡単にまとめておきたい。

第一節　戦国期の名と内徳

戦国期越前を特徴づけたのはこの内徳であると思う。序章で述べたように、内徳は、名の内部において形成されてくるものが主流であると判断される。それが形成されるための前提条件が本役米銭の固定化傾向であり、それを促進したのは指出による、年貢の固定化である。これが固定化されることにより、段あたり生産力の向上や耕地面積の拡大の成果を名の内部に保留することが可能になる。こうして固定化された年貢は、本米（銭）・本役米（銭）・公方年貢などと称されるようになり、こうした名称自体が固定化傾向を反映している。さらに、戦国期にはこうした本役米銭は形式化していた。本来、領主の賦課する年貢米は名主が作人より収納する段別の分米を実質的に規定していたと考えられる。しかし、Ⅰ部三章で取り上げた名主織田寺玉蔵坊の作人支配においては、本役米銭は作人からの分米収納に実質的な影響を与えているとは考えられず、分米収納はその耕地の実態や名主と作人との関係などによって決められていたと判断される。そして、玉蔵坊の名田の作人は原則として「惣納」の日に分米を玉蔵坊に納入し、玉蔵坊はその内から「会所」において本役米銭の納入などの清算を行ったのである。

名主の作人支配は名主が逐電あるいは名主職を上表したため、この地が散田とされたときの支配と同じ性格を持つ。そのことは玉蔵坊の作人からの分米である平均段別一・三石前後が戦国期の織田荘名・散田指出帳の散田分平均段別一・三二石とほぼ等しいことから推察される。また名などの所領が「沽却散在」となって年貢などが納入されなくなったときに、朝倉氏が命令するのは「沽却散在」も含めた指出の提出を名の百姓に求めることであって、領主に検地などを命じてはいない。この百姓の提出する指出は名主の作人支配、換言すれば名主の作人に対する散田支配の内容以外には考えられない。だから領主の散田支配とは、名主の散田支配が表に出たかたちに他ならない。

このような意味で、名は内徳の防護壁の役割を果たしていた。したがって、名の内徳が名主により売却され、名内部が「沽却散在」の状態になっていても、本役米や公事が納入されている限り、すぐには名の体制は崩れないようになっている。内徳を売却する場合には買主の本役米銭負担を免除し、売り主の名主が本役米銭を負担する場合（名抜き売却）と、本役米銭を算定し買主に納入を義務づける場合があった。名抜き売却では名主の経営はその分苦しくなるが、名としてのまとまりは維持されている。買主が本役米銭を負担する場合でも買主が直接本役米銭収納者に納入するのでなく、玉蔵坊が買主より本役米を集めているように、売主である名主のもとに集められ、それを名主が納入するから、この場合でも名のまとまりは維持されている(1)。今立郡池田郷水海では本役を集める名を「親名」と称して

いる。(2)

このように内徳の売買は表面に現れにくいかたちで行われるので、その分盛んに行われ、そのために名主経営の破綻を招くことが多かった。特に史料で目につくのが、名代による内徳売却の結果、破綻を招く場合が多いことである。織田寺や西福寺のような寺社が名主となったときには、名の夫役を勤めるのが困難であるから、名代を置くようになる。そして、夫役を中心とする公事を名代が負担するための補助として公事給が与えられた。序章で名の内徳の事例としてあげた徳円名も宗光名も、公事給が名代給を上回っている。それでも名代の経営は順調でなく、名代が名内の「沽却散在」の地を増やし、破綻して上表・逐電・誅伐される例が多いのである。そして、寺社は朝倉氏に頼み込んで「沽却散在」地を取り戻してもらうことになる。内徳売買が水面下で行われているため、朝倉氏としても「沽却散在」の状態を把握することができないので、現地の百姓の指出に頼るほかないのである。

第二節　買得地安堵と給恩地売買

名代などが売却した「沽却散在」の地は朝倉氏の命令で没収されて名主に戻されることが多いが、これは朝倉氏のもとでの跡職給与と関連がある。藤木久志氏が注目された、中世の百姓に見られた跡職保全の動向と共通するものがある。(3) I部四章で述べたように、朝倉氏が跡職を給与するときには、もとの内容に戻して与えるのが原則であり、文亀三年（一五〇三）一一月の家臣への知行宛行状において「沽却散在」となった部分は、朝倉氏が買得を安堵した地以外は、取り戻して知行せよとされている。跡職はもとに戻して知行せよというのが原則であるが、朝倉氏が跡職内の買得地を安堵すると、この原則は維持できなくなる。そこで、朝倉氏は明応四年（一四九五）から給恩地の売買を禁止するという原則を打ち出し、給恩地となっている跡職を保全するという態度を明らかにする。これによって、朝倉氏のもとでの内徳分のありかたは二つに区分されるようになった。一つは、朝倉氏によって安堵された寺庵・給人の持つ給恩地としての内徳地で、この売買は原則として禁止される。また給恩地を買得しても、朝倉氏から安堵されることはないだろう。もう一つのありかたは、朝倉氏の安堵や宛行いを受けていないものであり、後に検討する大野郡洞雲寺領で「百姓自名」と呼ばれているのがそれである。むろんこの内徳は農民以外の寺庵や家臣、さらには商人など誰が持っていてもよいのであるが、寺庵などはそれを買得（寄進）によって獲得すると、朝倉氏に目録安堵を申請して給恩地となるから、給恩地でない内徳とはⅠ部四章で述べたように農民的性格の強い百姓得分地ということになる。寺庵や家臣が買得して朝倉氏の安堵を求めた目録安堵状に載せられている土地は、この百姓得分地ということになる。

朝倉氏はこの百姓得分地を家臣に宛行う時には沽却散在地も取り戻して、本役米銭を負担して知行せよと命じている。これに関して、Ⅰ部四章では弘治三年（一五五七）に家臣の鳥居氏に六条保の良専・良如など百姓得分地と見られる地を与えたときには、沽却散在地も取り戻して支配せよとされていることについて、これは百姓得分地が朝倉氏によって闕所所分（公方闕所）とされたからであるとしている。ところが、永正一一年（一五一四）家臣の斎藤氏が小磯部村正賢跡などについて沽却散在地の取り戻しを認められているのは、これら百姓得分地と見られる地が斎藤氏の「御判の地」の内であり、「作職進退」の地であるからであるという説明をしている。これが「御判の地」であるというのは、この宛行状の冒頭に庄堺の四郎左衛門跡は朝倉氏景の安堵した地なので全て没収せよとあるのに引き連られて、小磯部村正賢跡なども「御判の地」と判断したためであった。しかし、「御判の地」であるとの注記がない以上、これらは朝倉氏による闕所地であったとみるべきであろう。百姓得分地であればそれを買得した寺庵や家臣たちは朝倉氏の安堵状を獲得している可能性が高いが、朝倉氏の鳥居氏への、また斎藤氏への宛行状において、そうした朝倉氏安堵状については顧慮されていない。朝倉氏による闕所は、朝倉氏の安堵状をも無効にするのであろう。

そう考えると天文九年(一五四〇)一二月に大野郡洞雲寺へ宛てた一乗谷奉行人の連署状は朝倉氏の知行と闕所の原則を物語っている。(4) それは、洞雲寺領の寄進・買得地に給恩地が混じっていても「売主跡於無相違者、可有知行之」で、「百姓自名」については「依無科至不及御闕所者、不可有別儀候之条」だから、「本役致其沙汰」し知行せよというものであった。最初に記す、禁止されている給恩地の売買も売主跡に相違がなければ知行を認めるということは、売主跡が朝倉氏による闕所などになった場合には認められないことを意味する。この規定が買得者にとって脅威であり続けるのは、将来において売主跡が闕所にされると、この地も没収される危険性があることである。そのため若狭武田氏においては、将来闕所になったとしても寄進・買得地の武田氏による安堵が武田氏の「新寄附」、あるいは「給分」化と見なされて将来の没収を免れるという方法がある。(5) しかし、朝倉氏においては祈願寺の沽却散在地を取り戻して事後的に「新寄進」とすることはあっても、(6) 将来の闕所化に対応するような保証策は取られていない。朝倉氏においては、本来のかたちでの跡職給与の原則を守ろうというのである。

次の洞雲寺領「百姓自名」というのは、明応三年の朝倉貞景安堵の目録安堵状に見える本寺領の庄林泉応半名・同金童名二九石などを指すのであろう。(7) こうした名について、朝倉氏が知行を認める理由として挙げるのは朝倉氏当主の目録安堵状があることではなく、本役を負担する名主もしくは名代が罪科により朝倉氏による「御闕所」になっていないことなのである。朝倉氏の闕所は、朝倉氏当主の目録安堵状をも破るということが原則として想定されていると判断される。

この点をもう少し広げて考えると、百姓からの本役米と内徳の収納が競合、あるいは対立したときにはどのように解決されていくのかという、長年の疑問にも見通しが得られるのではなかろうか。それは「御闕所」になれば洞雲寺の内徳収取も危うくなり、場合によっては散田支配となって内徳も本役米収取者に吸収されてしまうというもので、本役米収取者の優位は疑いない。考えてみれば、本役米徴収とは荘園領主のような人と領域を支配する権力によって行われたものであり、本来名主との私的契約にもとづく内徳収納権とは次元が異なるものである。われわれはこの時代の史料から本役米と内徳が同一の耕地に重層的に存在し、しかも内徳のほうが量が多いことを見ており、両者を何となく同じような得分と考えてしまうが、両者は収取の根拠において区別される。

内徳は、このように保護を必要とする不安定な得分であった。むろん序章で述べた各間郷宗光名の名代のように先祖伝来の田・畠・山での生業を基礎に内徳を保証する百姓もいた。しかし、寺庵や家臣はそのような基礎を持たないから、朝倉氏の安堵を受けなければならなかった。そのため、越前の戦国期の文書において内徳関係の占める比率が大きくなったのである。寺庵や家臣が買得し、朝倉氏の安堵を受ける内徳は百姓得分地の内徳でなければならなかった。こうして百姓得分地は朝倉氏の給恩地となり、また「御闕所」とされた百姓得分地も家臣に給恩地として与えられていった。給恩地から百姓得分地になるということは考えにくいので、百姓得分地は次第に買得が困難になっていったのではないだろうか。永禄一一年（一五六八）より、朝倉氏が給地の売買を認めるようになった理由の一つはそ

表1　元亀4年（1573）4月　木津宗久買得地目録

面積	上米（本役米）	代銭・段銭（本役銭）	内徳
15-180 5所	12.9106	1605	9.3（内抜地分 4.35）

＊単位　面積＝段、上米・内徳＝石　代銭・段銭＝文

れであったろう。朝倉氏が信長との対決に土豪層を動員するために元亀三年（一五七二）とその翌年に提出させた二通の土豪の買得地目録のうち、上米（本役米）と内徳の比率などが知られる木津宗久のものを示すと表1のようになっている[8]。内徳の半分近くが本役米負担のない抜地であるにもかかわらず、内徳総額よりも本役米銭の額が上回っており、百姓における本役米銭の比重の大きさを知ることができる。木津宗久の本来の経営地についてわからないため、全体の収支については不明であるが、百姓が百姓得分地を買得する時には内徳を上回る本役米負担がついてくることを覚悟する必要があった。逆に言えば、内徳を売却すると本役米銭の負担だけが残り、経営を危うくする。百姓が余裕を持って内徳を売却する状況ではなかったといえよう。このように見れば百姓得分地に余裕がなくなり、それを存立基盤とする朝倉氏の知行制もその展開の余裕を失いつつあったのではなかろうか。こうした状況を打開するために始まったのが給恩地の売買であり、朝倉氏もそれを認めざるをえなかった。だが、家臣や寺庵の多くは本役米銭を負担する内徳知行者であり、その給恩地の売買が広く行われるようになれば、家臣・寺庵の本役米銭の未進が起こり、朝倉氏は彼らを「御闕所」にしなければならなくなるだろう。そして、それは朝倉氏の知行制の解体だけでなく、権力自体の崩壊を招くであろう。それは知行制の内部に本役米銭の収取と納入という支配関係を含んでいたことの矛盾であった。

天正五年（一五七七）の柴田勝家の越前検地はそうした矛盾を解決した。まず内徳の防護壁であった名を廃止し、散田並みの分米を設定することで内徳そのものをなくそうとした。勝家検地は作人の決定など村の内部には立ち入らないが、村高を確定して村に打渡し、村から指出方式により年貢納入

を誓約させた。これによって家臣の知行制のなかに支配関係が含まれることはなくなった。やはり、勝家検地は越前の中世的構造を打破するという意図をもつものであったと評価できるであろう。

註

(1) 買主が本役米を直接に本役米収納者に納入するというありかただと、未進となった時に責任を追及され、内徳が没収される危険性がある。買主が売主＝名主に本役を納入するこうしたありかたを、既に河村昭一氏は「一般的だった」とされている（同「戦国大名朝倉氏の領国支配と名体制」〈『史学研究』一二三号、一九七四年、戦国大名論集４『中部大名の研究』吉川弘文館に再録〉）。
(2) 県資⑥鵜甘神社神主原家九号。
(3) 藤木久志「村の跡職」（同『村と領主の戦国世界』東京大学出版会、一九九七年に再録。初出一九九一年）。
(4) 県資⑦洞雲寺一二号。
(5) 拙稿「戦国大名若狭武田氏の買得地安堵」（『福井大学教育学部紀要』Ⅲ　社会科学　四〇号、一九九〇年。シリーズ中世西国武士の研究４『若狭武田氏』二〇一六年、戎光祥出版に再録、二六一頁）。
(6) 県資⑤剣神社三五号、県資⑦白山神社八号。
(7) 県資⑦洞雲寺六号。
(8) 県資⑥木津靖一号。

初出一覧

序章　朝倉氏の戦国大名化と名・内徳について（新稿）

第Ⅰ部　戦国期の朝倉氏領国

第一章　戦国大名朝倉氏領国と寺社領（『福井大学教育学部紀要』Ⅲ　社会科学　三三号、一九八三年）

第二章　朝倉氏領国制下の府中両人（『福井大学教育学部紀要』Ⅲ　社会科学　三七号、一九八七年）

第三章　戦国大名朝倉氏領国制下の寺庵・給人の所領支配について（楠瀬勝編『日本の前近代と北陸社会』思文閣出版、一九八九年）

第四章　戦国大名朝倉氏知行制の展開（『福井県文書館研究紀要』四号、二〇〇七年）

第五章　朝倉氏領国制下の路次と関（福井県教育委員会『福井県歴史の道調査報告書　第４集　朝倉街道・鯖街道』二〇〇四年）

第Ⅱ部　戦国期越前の在地社会

第一章　越前国人堀江氏の動向について（『福井大学教育学部紀要』Ⅲ　社会科学　五四号、一九九八年）

第二章　中世後期の大野郡（福井県教育委員会『福井県歴史の道調査報告書　第５集　美濃街道・勝山街道』二〇〇五年）

第三章　越前大野郡小山荘の市場について（『北陸都市史学会誌』一七号、二〇一一年）

第四章　中世越前の諸地域について（『福井県文書館研究紀要』六号、二〇〇九年）
第五章　戦国期北陸における指出について（一節・二節……原題「戦国期北陸における指出についての覚書」昭和六三年度科学研究費補助金（総合研究A）研究成果報告書『北陸における社会構造の史的研究――中世から近世への移行期を中心に』一九八九年。三節～五節……新稿）
第六章　柴田勝家の越前検地と村落（『史学研究』一六〇号、一九八三年）
終章　内徳と在地社会（新稿）

あとがき

本書は、黒田基樹氏と長谷川裕子氏の熱心なお薦めによって実現したものである。両人に厚くお礼申し上げたい。

本書に収めた論考は「初出一覧」に示しているように、古いものでは一九八三年に書かれたものがあり、新しいものでは二〇一一年に公表したものがある。この間は二八年間であるから、考えも変わったところもあり、私の関心も変化しているので、全体としてまとまりのよい本だとはいえないように思う。それでも戦国大名領国と戦国期の在地社会には関心を持ち続けてきたので、何とかまとまりがついたかと思う。

しかし、古い論考を収録したことにより、独自の困難も発生した。それは序章に関することであって、通常、序章では本書の主題に関して研究史を整理して問題点や課題を明らかにし、そうした状況のなかで本書の諸論考が果たそうとする役割などが述べられる。しかし、本書の論考は新しい研究動向にはまったく対応していない。また、三〇年も前の研究史を整理してもさして意味のあることとは思えないし、本書論考のそうした時代にもった意義を論じても現在に資することはほとんどないだろう。それで序章は本書の諸論考の基礎となる朝倉氏領国支配の権限についての考察と、くりかえし取り上げる内徳についての概観を叙述することにした。ご諒解を得たいと思う。

少し振り返ってみると、福井に赴任してきてまもなくの一九七八年に『福井県史』の編纂が始まり、その中世史部会の副部会長として福井県の中世史と関わることになった。そして、中世越前に関して初めて書いた論考が、第Ⅰ部第一章の「戦国大名朝倉氏領国と寺社領」であった。これを書いた時の感想は、もう朝倉氏についての論考は書けないだろうということであった。それまで戦国大名毛利氏を研究対象としていた者からすると、朝倉関係の史料ははるかに少ないし、しかも毛利氏の場合と違って家臣の文書がほとんど伝わっていない。当時は東国大名を例に、大名の検地が加地子得分を把握したものであったかどうかが問題になっていたので、それとの対比で越前戦国期の内徳に注目したのである。内徳の形成過程を示す史料がなく、安定した基礎が十分とはいえないままでの精一杯の論考であった。

そして、朝倉氏領国支配の性格を知るための新しい問題を発見できなかったので、その後も引き続き内徳を基本に考えていくこととなり、本書の諸論考においてはくりかえしが多くなってしまった。戦国期の越前を解明するためには、内徳の性格・内徳支配の実態・内徳収取を保証しているものなどについて深めていく必要があると考えた。その内徳について把握した上で、それを給恩地の一つの重要な内容としている朝倉氏の知行制を知ることにより、朝倉氏の領国支配の基本構造に迫ろうとした。その結果が本書の諸論考なのだが、目的を果たしているとは到底いえないであろう。

この点に関して、筆者を悩ませてきた問題がある。その一つは、本役米収納と内徳収納の重層性から派生する問題である。本役収納者は、本役米が未進となったときは「検地」を行い、散田として支配することができた。それに対し内徳収納者は、朝倉氏から給恩地とされたとき「作職進退」を認められている場合があった。そうすると、同じ耕地において本役収納と内徳収納が競合・対立したときにはどうなるのであろうか。こうした事例が生じたと思われるのに、それを示す史料が伝わっておらす、権限としての本役収納権と内徳収納権との優劣やその法的性格について深く追及できなかった。

もう一つが、「作職進退」の問題である。これは予想以上に難問であって、本書でも解釈が揺れていることを認めざるをえない。作職進退が朝倉氏の御判の地であれば内徳未進の作人を改替しうる権利であることは明らかであるが、作人が御判の地を沽却したときには問題が複雑となる。史料上は作人沽却地を給人が取り戻せる事例を挙げることができる。作人が給人の内徳分を売却できるとは考えられないので、売却されたのは百姓作得分であると判断される。しかし、百姓作得分の沽却地を給人が取り戻せるとすると、別の問題が発生する。朝倉氏の知行制はこの百姓作得分を買得して、朝倉氏から安堵を受けて御判の地とするという形で拡大している。百姓作得分沽却地を没収しうるとすると、それを買得して朝倉氏の安堵を受けている給人の御判の地を没収することになり、朝倉氏知行制自体が崩壊する。本書では、御判の地の百姓作得分沽却地は原則として取り返せるが、実際は困難であったという少し苦しい説明となっている。御判の地沽却問題はまだ解決の途上にあるといえよう。

その他については、地域の問題と指出について簡単に述べておきたい。越前内の地域に関心を持ったのは、府中両人を検討してからである。官僚としての府中両人を取り上げるつもりが、意外にも府中両人の独自の支配権に注目することになった。その独自の支配権の背景に、府中総社の権威と地域のなかで占める中心的役割があることに気がついた。敦賀郡では、気比社が同様の役割を担っていることも確かめることができた。政治権力による直接的な支配と違って、寺社の権威は目に見えがたいが、特に非農業民などの活動に正当性を付与する機能を果たしていた。また、府中惣社への関心が府中と大野郡・大野郡司とのつながりのあることに気づかせてくれた。

勝家検地の最も基礎となる丹生郡天谷（あまだん）の検地打渡坪付は、『福井県史』編纂のための史料調査の一員として参加したときに新たに見いだされた史料であった。この検地では、勝家検地の担当者が検地坪付を村に打ち渡すという普通のやり方に加えて、村人が打ち渡された村高の納入を請け負う請文を提出していることが特に印象に残った。そのことが北陸の指出に注目させることになったと思う。指出は単なる年貢注文ではなく、領主と百姓の支配についての「合意」のための文書であり、支配には百姓の「同意」が必要であることを示すものである。本書に載せているように、当時はこれを所有の社会性という方向に結びつけようとして、かえって考えを進めることができなかった。今回は領主の指出ともいうべき納所定文に言及できた。

それと付記させていただきたいのは、小山荘井嶋の仮屋のあった地を訪ねて、まさにその地に春日社という小祠を見いだしたときの感動である。どんな小祠にも歴史が刻まれているという実感を持つことができた。

最近の筆者は『若狭国太良荘史料集成』に関わっていることもあって、太良荘について考えており、越前については事情に疎いところがあり、最近の動向を盛り込むことはできなかった。弁解がましいが、お許しいただきたい。

未熟な私であるが、多くの人達の指導や援助を受けてなんとかやってきた。福井時代に限れば、まず上司として本当にお世話になった隼田嘉彦先生に感謝しなければならない。その次には、二〇年間も一緒に仕事をさせていただいた多くの福井県史編纂関係者の皆様に厚くお礼申し上げたい。編纂の苦楽とともに終生の思い出である。最後に、妻茂子と治美・里美の二人の娘にも感謝したい。

二〇一七年八月

松浦義則

人名・地名索引（50音順）

寺社名や城名なども含む。

（あ行）

（か行）

（さ行）

（た行）

（な行）

（は行）

（ま行）

（や行）

（ら行）

件名索引（50音順）

（あ行）

（か行）

（さ行）

（た行）

（な行）

（は行）

（ま行）

（や行）

（ら行）

（わ行）

【著者略歴】

松浦義則（まつうら・よしのり）

1946年生まれ。
広島大学大学院文学研究科国史学専攻博士課程単位取得退学。
福井大学名誉教授。

主要著書・論考に、「中世越前・若狭の歴史的特質」（『福井県史研究』13号、1995年）、『福井県の歴史』（共著、山川出版社、2000年）、『若狭国太良荘史料集成』1・2・4・5巻（共編、2001年～2013年）、『白山平泉寺』（共著、吉川弘文館、2017年）などがある。

装丁：川本　要

戎光祥研究叢書　第14巻

戦国期越前の領国支配（せんごくきえちぜんのりょうごくしはい）

二〇一七年一〇月二〇日　初版初刷発行

著　者　松浦義則
発行者　伊藤光祥
発行所　戎光祥出版株式会社
東京都千代田区麹町一－七
相互半蔵門ビル八階
電　話　〇三－五二七五－三三六一(代)
ＦＡＸ　〇三－五二七五－三三六五
編集協力　株式会社イズシエ・コーポレーション
印刷・製本　モリモト印刷株式会社

http://www.ebisukosyo.co.jp
info@ebisukosyo.co.jp

ISBN978-4-86403-266-7